Histoire
de la Milice
1918 — 1945
Tome 1

J. DELPERRIE DE BAYAC

Histoire de la Milice

1918 — 1945

Tome 1

marabout

Collection
marabout université

1.

D'une guerre a l'autre

Le coup de main historique. – Qui est Joseph Darnand ? Un soldat magnifique, un extrémiste de droite, un homme ordinaire. –
Conséquences de la guerre et de la révolution russe. – La grande
crise. – Déclin de l'Europe, déclin de la France. – Montée des fascismes. – L'Action française et ses dissidents. – La Cagoule. –
Arrestation de Darnand. – Mort d'Agnély. – La défaite.

La Première Guerre mondiale approche de son terme,
pourtant rien encore n'est tranché.

1917 n'a pas apporté la décision. A l'Est, rien ne va plus :
le rouleau compresseur est tombé en panne, en Russie c'est
la révolution, les bolcheviks ont fait une paix séparée avec
l'Allemagne. A l'Ouest, il y a du nouveau : menacés par le
développement de la guerre sous-marine et par les
intrigues allemandes au Mexique, les Etats-Unis sont
entrés dans la guerre.

Côté allemand, Guillaume II fait de la figuration. Le
Grand Quartier général, avec Hindenburg et Ludendorff,
s'est subordonné l'empereur. Il a la haute main sur tout.
Le traité de Brest-Litovsk l'a déchargé d'un gros souci : les
empires centraux n'ont plus à combattre sur deux fronts.
En janvier 1918, 61 500 soldats américains se trouvent en
Europe (une bagatelle), mais on en attend deux millions
avant la fin de l'année. En face, pour le moment, ce sont
toujours les mêmes : les Français (ils ont terriblement
souffert, ils ont des monceaux de morts), et les Anglais
(moins éprouvés, ils ont saigné aussi).

Avec les quarante divisions qu'il a ramenées de Russie,
Ludendorff a la supériorité du nombre : 195 divisions

contre 177 françaises, anglaises et américaines. Mais il lui faut faire vite. Les Allemands doivent crever le front et remporter la victoire avant que les Américains soient là en force. Le Grand Quartier général fignole, il est sûr de gagner, il a tout prévu.

Première offensive le 21 mars 1918 dans le Vermandois et le Cambrésis, ligne de jonction des Français et des Anglais. Ce sont les Anglais qui reçoivent le choc principal. Ils cèdent. Le front est enfoncé. Les Français rétablissent la situation.

Deuxième offensive le 9 avril dans les Flandres. Là encore les Anglais sont enfoncés. Une contre-attaque franco-anglaise arrête les Allemands.

Troisième offensive le 26 mai contre le front français, entre Reims et Soissons, au Chemin des Dames. Les Français sont enfoncés. Les Allemands arrivent sur la Marne, Paris est à portée des gros canons.

Ludendorff veut tirer parti de l'état de fatigue des troupes françaises, usées — espère-t-il — par les contre-attaques qu'elles ont menées depuis mars. L'armée allemande va donner l'assaut décisif dans le secteur de Reims. Cette quatrième offensive est celle de la dernière chance. Ludendorff en attend l'effondrement des Français et la victoire.

Dès le 8 juillet, l'état-major français sait que les Allemands se préparent à attaquer en Champagne. Il a une idée du mouvement que va tenter l'ennemi. Il ignore la date et l'heure de l'attaque. Pour les connaître, il faut faire des prisonniers. Un coup de main est décidé. Il aura lieu dans le sous-secteur du mont Sans-Nom. Il sera exécuté par une demi-compagnie de la 13e compagnie (lieutenant Balestié) du 4e bataillon (commandant Besnier) du 366e régiment d'infanterie (colonel Dresch) de la 132e division (général Huguenot).

Les tranchées allemandes sont distantes d'environ trois cents mètres des tranchées françaises. Entre elles, des réseaux de barbelés en partie détruits, des tranchées abandonnées. Les Allemands tiennent une ligne de crête. Ils ont de bons observatoires. Le terrain les favorise.

Le lieutenant Balestié assure en personne le commandement de la demi-compagnie qui va exécuter le coup de main. Mission : ramener des prisonniers, s'emparer de documents, reconnaître les préparatifs d'attaque, opérer des destructions. Des objectifs sont désignés. Le plus loin dans les lignes ennemies, à environ cinq cents mètres, est donné à un groupe de grenadiers d'élite que commande un jeune sous-officier à la bravoure déjà légendaire au 366e d'infanterie, le sergent Aimé-Joseph Darnand, titulaire de cinq citations, proposé pour la médaille militaire.

On dit du sergent Darnand, au 366e : « Où Darnand ne passe pas, personne ne passe. »

A 19 h 55, le 14 juillet 1918, quatre batteries de 75 et une de 155 encagent la portion du secteur ennemi où doit avoir lieu le coup de main. Couverts par des tirs de mitrailleuses, les Français s'élancent. La première et la deuxième ligne allemande sont franchies. En tête, le groupe du sergent Darnand arrive à l'entrée d'un abri souterrain, poste de commandement d'un régiment. Les Allemands sont sommés de sortir les bras en l'air. Ils refusent. Le sergent Darnand saute dans l'abri, une bombe de huit kilos dans chaque main, suivi de plusieurs grenadiers. Les Allemands se rendent. Ils sont vingt-quatre dont un lieutenant-colonel. Trois autres sont capturés par d'autres groupes. Au total, vingt-sept prisonniers. Le coup de main a coûté deux tués et quelques blessés aux Français.

Le fait d'armes du sergent Darnand lui vaut la médaille militaire que le général Pétain lui remettra sur le front des troupes, plus tard la Légion d'honneur et, du président Raymond Poincaré, le titre d'« artisan de la victoire ». Au général Gouraud qui commande la IVe armée il vaut de connaître, par l'interrogatoire des prisonniers et l'examen des documents pris, la date et l'heure de l'attaque. Elle aura lieu la nuit même du 14 au 15 juillet. L'artillerie commencera à tirer à 0 h 10, l'infanterie sortira des trous à 4 h 40.

Aussitôt, les Français dégarnissent leur première ligne de défense. La nuit gronde et s'illumine aux éclatements. Les obus pleuvent. Ils frappent le vide. A l'heure dite les fantassins allemands s'élancent. Ils passent la première ligne, mais en abordant la seconde ils essuient des pertes terribles : les Français les attendaient là. C'est raté.

Maintenant, ce sont les Français et leurs alliés qui passent à l'offensive. Les soldats allemands sont démoralisés. A l'arrière, le mécontentement gagne. Le 13 août, au conseil de guerre de Spa, Guillaume II et les chefs militaires conviennent que Wotan doit remettre l'épée au fourreau : il faut traiter.

L'armée allemande a été très régulièrement battue en campagne. Elle ne peut plus tenir le front. Elle est défaite. Pour Ludendorff, Hindenburg et la caste militaire, le problème épineux est de savoir qui va payer la note. Pas eux, naturellement. Le Kaiser est devenu compromettant. Ils le pressent de céder la place. Guillaume II résiste. En Allemagne, grèves, émeutes, mutinerie de la flotte. La situation ne peut s'éterniser. Les généraux ont recours aux grands moyens. Ils mettent le Kaiser à la porte. Guillaume II, tout surpris de cette trahison, s'enfuit en Hollande juste à temps pour que ce soit la République nouveau-née qui aille honteusement solliciter l'armistice.

11 novembre 1918 : le Grand Quartier général se retire sur la pointe des pieds. Il reviendra.

Aimé-Joseph Darnand est né le 19 mars 1897 à Coligny, Ain, dans une famille très modeste, très honorable, d'ascendance paysanne, catholique, d'esprit traditionaliste. Son père, Joseph Darnand, employé des chemins de fer, est chef de voie à la gare de Bourg. Sa mère tient le ménage. Il a trois sœurs, dont deux sont plus âgées que lui. La troisième, Madeleine, entrera plus tard en religion.

Les sœurs d'Aimé-Joseph Darnand (que nous appellerons désormais Joseph Darnand, Joseph étant le prénom qu'il choisit de porter usuellement) le peignent comme « gentil avec sa famille », « calme », « pas communicatif », « autoritaire ».

Au physique, c'est un garçon plutôt petit que grand, trapu, solide, avec un visage carré, massif. A la quaran-

taine il lui viendra un début de ventre et il aura tendance
à s'empâter.

Les parents de Joseph Darnand ne vivent pas en bonne
intelligence. Ils finiront par se séparer.

Bien plus tard, au temps de la Milice, la propagande
insistera sur les débuts difficiles du « Chef », petit pâtre de
Bresse, loué « à maître ». En fait, s'il fut petit pâtre, il le
fut peu de temps. Simplement, il est élève à l'école libre
Saint-Louis, à Bourg. En octobre 1911, il entre en qualité
d'interne au collège Lamartine à Bellay, en classe de 6ᵉ A.
Il le quitte dix-huit mois plus tard, en mars 1913, alors
qu'il est en 4ᵉ A. La pension coûte cher et, élève moyen, il
ne montre pas de dispositions éclatantes pour l'étude.

Il a seize ans. Il entre en apprentissage chez un ébéniste
de Bourg, M. Dumarchy. Quand la guerre éclate,
M. Dumarchy est mobilisé et son atelier fermé. Le jeune
Darnand tente de s'engager. Il est refusé parce qu'il ne
pèse pas assez. Il pleure de colère.

Enfin, le 8 janvier 1916, il est incorporé au 35ᵉ régiment
d'infanterie. Il est nommé caporal en avril 1917, sergent le
1ᵉʳ juin. Affecté au 366ᵉ d'infanterie, il monte au front en
octobre. Tout de suite, il est volontaire pour toutes les
patrouilles, pour tous les coups de main. Il fait preuve
d'une bravoure magnifique. Le 30 novembre 1917, il reçoit
sa première citation :

« Sergent Darnand. Peloton des grenadiers d'élite.

« Se distingue journellement dans la bonne exécution de patrouilles et d'embuscades en avant du front;
a fait preuve de beaucoup d'entrain au cours d'un
coup de main contre les premières lignes ennemies. »

Quand la guerre se termine, Darnand est adjudant, titulaire de six citations dont deux à l'ordre de l'Armée, de la
médaille militaire, de la croix de guerre belge; il a été
blessé deux fois.

Darnand est un guerrier. Il est fait pour l'action, pour le
baroud, pour la vie de camp. Il veut rester dans l'armée,
mais pas comme adjudant, comme officier. Il pense préparer Saint-Maixent. Il s'en ouvre à ses supérieurs, et là,
grosse déconvenue. Joseph Darnand est un soldat excep-

tionnel et un très bon sous-officier, mais c'est un garçon
fruste, sans beaucoup d'instruction, sans beaucoup d'éducation. Ses chefs le lanternent. Ils lui disent qu'il est inutile
qu'il passe par Saint-Maixent : il sera nommé au choix.

L'armée de papa ne prise aucunement les plébéiens [1].

Le 30 septembre 1919, Darnand, toujours sous l'uniforme, rengage pour deux ans. Il est envoyé au Levant où
il est affecté au 17e R. T. A. En Syrie, il comprend bientôt
qu'il ne sera jamais nommé sous-lieutenant d'active.
D'autres, oui. Pas lui. Il part en permission libérable le
26 juillet 1921.

Cet échec est le grand tournant de la vie de Darnand. On
ne l'a pas jugé digne d'être officier. Il en conçoit une
profonde amertume, qui le marque, qui l'aidera à croire,
plus tard, quand il sera devenu fasciste, qu'il est un « révolutionnaire ».

Si on avait accepté de faire de Darnand un lieutenant ou
un capitaine, il y aurait eu tout de même la Milice, mais
certainement l'histoire de Darnand eût été autre. Le
niveau intellectuel du corps des officiers et son prestige
auraient-ils subi de ce fait un tort irréparable? Je ne le
crois pas.

Démobilisé, Darnand rentre à Bourg où il entre comme
chef manutentionnaire à la fabrique de meubles Descher.
Le 25 février 1922, il épouse la nièce de M. Descher, qui lui
donnera deux enfants, une fille qui mourra en bas âge, et
un fils, Philippe.

En juin 1922, avec sa femme, il s'établit à Maillat (Ain).
Il travaille dans une exploitation forestière en qualité de
chef de chantier pour la fabrication et le montage de
baraquements en bois. Il y reste jusqu'en 1923, puis il entre
comme vendeur-décorateur à la fabrique de meubles
Chaleyssin à Lyon.

Pour M. Chaleyssin, Darnand « est un employé de
second ordre en tant qu'intelligence, mais travailleur, te-
nace et volontaire; très violent dans ses idées, ayant de

---

1. Avec la carrière militaire de Darnand, nous pouvons mettre en parallèle
celle du futur délégué permanent de Vichy en zone occupée, Fernand de Brinon,
incorporé comme 2e classe en 1915, lieutenant de cavalerie d'active en 1918
après une guerre passée à l'état-major.

fréquentes discussions avec des collègues de travail, au sujet politique, ne souffrant pas la contradiction ».

C'est à Lyon que Darnand adhère à l'Action française de Charles Maurras.

La maison Chaleyssin possède une succursale rue Pastorelli, à Nice. En 1925, il y est envoyé en qualité de sous-directeur.

A Nice, Darnand reprend ses activités au sein de la ligue d'Action française. Il plaît parce qu'il est un beau soldat, foncièrement antirépublicain et antidémocrate. Il est nommé chef du 4ᵉ secteur de Nice, puis président du comité directeur de l'association Marius Plateau qui réunit les anciens combattants d'Action française.

A la messe commémorative de la mort de Louis XVI, le 21 janvier 1927, l'association Marius Plateau a, à Nice, deux porte-drapeau : l'un est Joseph Darnand, l'autre s'appelle Félix Agnély. Les deux hommes ne se connaissent pas. Ils s'observent du coin de l'œil. Chacun compte les citations de l'autre. Ils en ont le même nombre; ils deviennent des amis, d'une amitié que la mort frappera mais ne détruira pas.

A la différence de Darnand, Agnély est un bourgeois, d'une famille connue à Nice. Il est plus instruit que Darnand, il a des relations, il a le goût et l'habitude de la société, il est brillant, mondain; il est à l'opposé du petit pâtre.

Par l'intermédiaire d'Agnély, Darnand fait la connaissance de celui qui restera jusqu'à la fin son premier bras droit, son homme-lige : Marcel Gombert. Marcel Gombert est un méridional du haut Var, de petite taille, brun, costaud. Il a à son actif une belle guerre comme sous-officier de chasseurs. C'est un paresseux, un bohème qui travaille de temps en temps. Sa femme est riche : elle possède des vignobles dans le Bordelais. Gombert aime les femmes. C'est un poète. C'est aussi un tueur. Il sera l'un des mauvais génies de Darnand.

Agnély aime jouer les éminences grises. Il pousse Darnand au sein de l'Action française. Darnand devient le chef des camelots du roi de Nice, puis de Provence. A cette même époque, il quitte la succursale de la maison Chaleyssin et achète des parts dans une entreprise de transports et de déménagements qui sera un peu plus tard la société anonyme Darnand et Cie. Darnand n'a pas un sou, mais une de ses sœurs lui a prêté une petite somme et ses amitiés dans l'Action française lui ont été utiles.

La société Darnand et Cie prospère. En 1929, tout en gardant son entreprise, il devient le directeur de la Société des autobus du littoral. Il abandonnera cette fonction en 1936, à cause de la crise économique.

Dans les années 1928-1930, Joseph Darnand est un homme. Les caractères de l'adolescent se sont précisés et durcis, ils resteront ce qu'ils sont. Darnand n'est pas une brute, mais il est violent, autoritaire, « massif dans ses jugements »[1]. Il est carré, d'un bloc. Il rudoie ceux qui l'abordent. Il n'est pas stupide, mais il n'est pas ce qu'on appelle un homme intelligent. Il manque de discernement, de sens critique. Il a du bon sens. Il est taciturne, secret, capable de ruse. Il ne demande pas carrément conseil, mais il écoute, car il est conscient de ses limites. Il ne dédaigne pas de se frotter à plus fin que lui. Même, il est attiré par ceux qui ont ce qu'il n'a pas, par les intellectuels. Sa fatalité, c'est qu'il n'accepte et n'acceptera jamais d'entendre que ceux qui abondent en son sens. Il est un extrémiste de droite. Ce qu'il attend des théories, ce sont des armes.

Que l'on n'imagine pas Darnand comme un homme qui fonce tête baissée dans n'importe quoi. Il est lent, prudent. Il hume le vent avant de charger. Mais une fois lancé, il est incapable de faire demi-tour. C'est un obstiné.

La carapace est rude. Qu'y a-t-il derrière? Bien sûr, pas du tout un monstre. Darnand est un sentimental, un crédule, un complexé, un timide. Il aime la nature, il aime les promenades en forêt, il aime Beethoven. Il dit à Agnély : « Tu en as de la chance, toi, d'avoir cinq gosses... »

Il a pourtant un fils. Mais Philippe est couvé par sa mère. Il est le fils à maman, pas à papa. Le ménage Darnand va cahin-caha. Elle, c'est une femme d'un caractère réservé, froid. Lui, comme souvent les terribles, il a besoin de cette chaleur et de cette affection qu'il n'a pas eues dans son enfance. Son foyer ne lui donne pas ce qui

1. Colonel Groussard, *Service secret, 1940-1945.*

lui manquait. Il s'y ennuie. Il est un homme seul qui se
rattrape avec les copains et les copines. Il a quantité de
maîtresses. Il couche à droite et à gauche. C'est « le matériel », c'est sans vraie importance. Gombert et lui font des
échanges. Il y a aussi l'Action française. Mais Darnand
n'est pas le genre d'homme que l'on s'attend à trouver
dans les salons des duchesses. Il est le capitaine Coignet, le
bon reître; il ne sait pas se tenir, il n'est pas réellement
admis, il le sent.

Où Darnand est vraiment à l'aise, c'est avec les copains,
à fumer la pipe autour d'une bouteille en parlant d'autre-
fois, de la guerre, du bon temps. Il n'en rajoute pas. La
vérité suffit. Tout le monde sait qu'il a fait une guerre
magnifique. A la guerre, il est chez lui.

L'autre côté de Darnand, c'est le partisan, le politique.
La politique pour lui c'est le recommencement des
copains. En amitié, il est d'une fidélité d'homme des bois.
Il a l'esprit de bande. Cela va chez lui jusqu'à une grande
faiblesse : il couvre, il couvrira les sottises, les crimes, du
moment que ce seront des hommes à lui qui seront dans le
coup. Avec ça, il a le respect des galons. La moindre ficelle
lui en impose. Il aime à dire : « Je suis pour l'ordre et la
hiérarchie. »

Darnand n'est pas un homme d'argent. D'origine
modeste, il voulait arriver, ce qui est naturel. Il est arrivé,
son affaire marche bien, mais les transports et les déménagements ne sont riches que de péripéties subalternes. Il
lui faut davantage. Il a besoin de se dépenser, de se
battre : la politique, les femmes, le rugby. Autoritaire et
timide, cela donne ce ton tranchant, cette opacité de forteresse. Patron, il est paternaliste, « social », pas mauvais
homme. Monarchiste, il s'abrite derrière ses médailles.
C'est grâce à elles qu'il est là. Il se surveille, il se barri-
cade. Quand il se relâche, il glisse dans le troupier, le
vulgaire, l'amateur de gueuletons. Il le sait. Il s'enferme
encore plus. Ces gens qui lui font bonne mine sont de la
même espèce que ceux qui l'ont empêché de devenir officier. Pour eux, il est, il reste un inférieur, un fils de petit
cheminot, un ouvrier ébéniste. Ce fossé-là, ni les citations
à l'ordre de l'Armée, ni son dévouement à la cause, ni
l'argent ne lui permettront de le franchir. Il a assez de

finesse pour le comprendre. Il ne restera pas très longtemps à l'Action française. Sa vraie carrière ne commencera qu'après.

Cette histoire et ces traits de caractère font au total un
homme qui n'a d'extraordinaire que sa bravoure au feu.
Un chef, mais un petit chef. Plus tard, Darnand sera un
homme de gouvernement. Il l'aura voulu, personne ne l'y
aura forcé, mais pour une grande part il sera alors un
homme fabriqué que l'on utilisera.

Le monde d'après 1918 est dominé par les conséquences
de la guerre et celles de la révolution soviétique.

L'Europe est saignée à blanc : 1 900 000 Allemands ont
été tués, 1 400 000 Français, 600 000 Britanniques. Les Américains ne sont arrivés que pour l'estocade finale. Pour une
population comparable à celles réunies de la France et de
l'Allemagne, les Etats-Unis n'ont eu que 125 000 tués [1].

L'Europe est ruinée. De créditrice qu'elle était, elle est
devenue débitrice. Crise politique : les empires se sont
effondrés; la carte de l'Europe est à refaire. Crise des
valeurs morales : le credo scientiste de la seconde moitié
du XIXᵉ siècle et l'humanisme théiste des grands ancêtres
ont été enfouis dans les charniers. Crise économique qui
suit immédiatement la guerre : chômage, déception des
anciens combattants, les bonnes places sont prises, la der
des der n'a rien changé, le soleil n'est pas à tout le monde.

Pour les Etats-Unis, la guerre a été une excellente affaire. De clients, ils sont devenus les fournisseurs de
l'Europe. L'industrie américaine a fait un bond formidable. Ses rivales européennes sont hors de course.

L'Europe qui naît de la défaite des empires sera fragile.
L'appétit des vainqueurs, les exigences des nations hier
captives nourrissent des rancunes et des irrédentismes que
les fascismes exploiteront. Le nouveau partage est sanc-
tionné par la création de la Société des Nations, dont les

1. En proportion de la population mâle active, c'est la France, des grandes
nations, qui a subi la perte la plus importante. Pour 100 hommes actifs, la
France a perdu 10,5 morts ou disparus ; l'Allemagne, 9,8 ; l'Autriche-Hongrie,
9,5 ; l'Italie, 6,2 ; la Grande-Bretagne, 5,1 ; la Russie, 5 ; les États-Unis, 0,2.

Etats-Unis refusent de faire partie. Provinciale et prude, l'Amérique s'écarte ostensiblement de l'Europe, qu'elle comprend mal et dont elle redoute la contagion révolutionnaire.

La France a été particulièrement touchée par la guerre. Elle s'est endettée. Ses départements du Nord et de l'Est sont en ruine. Le déclin démographique, très ancien, commencé avant 1789, accentue le fléchissement. Souvent en avance aux siècles passés, la France a vieilli, elle a pris du retard, elle a raté sa révolution industrielle. Au contraire de l'Angleterre et de l'Allemagne, elle est toujours essentiellement agricole et rurale, avec de petites villes où sont de petites industries et trop de paysans sur de trop petites exploitations. Agriculture et industrie sont stationnaires. Le capitalisme français a les inconvénients du capitalisme sans en avoir les avantages : il produit peu, il produit cher. Les modes de fabrication et les circuits de distribution sont archaïques, les structures sont sclérosées : la France appartient encore au XIXᵉ siècle.

Déclin politique. Le régime parlementaire a fait ses preuves à une époque antérieure à l'ère des masses, quand des notables siégeaient à côté d'autres notables, les uns et les autres d'accord sur le régime de la propriété. Cela n'a pas trop mal fonctionné tant qu'il n'y a pas eu de grosses secousses. Après 1918, le peuple, surpris de voir là-haut toujours les mêmes têtes, se mêle de vouloir secouer le cocotier, et d'autant plus que maintenant il y a un modèle; c'est donc que c'est possible : en Russie, la révolution a triomphé.

Le premier Etat socialiste est apparu dans un pays très vaste aux richesses virtuelles prodigieuses. C'est la chance de la révolution. C'est aussi son risque. Moyenâgeuse et policière, la Russie des tsars n'a pas de tradition démocratique. Grande puissance, l'U.R.S.S. prêchera l'internationalisme aux révolutionnaires du monde entier sans renoncer pour elle-même au nationalisme. Mais pour les plus défavorisés, la lueur rouge à l'Est est le signe d'une espérance formidable : là les chaînes ont été rompues.

La grande vague révolutionnaire des années 1918-1920 échoue. En Allemagne, en Italie, en Hongrie, c'est finalement la droite qui l'a emporté. La peur reste. Elle est

désormais le lot des possédants et de tous ceux qui craignent que le mouvement du monde soit leur condamnation.

Après le reflux qui suit l'assaut manqué, l'Union Soviétique, tirant parti du culte religieux que l'extrême gauche
lui voue, place les partis communistes dans sa stricte obéissance. Relégués au rang de succursales de la maison mère,
alignés sur la diplomatie soviétique, ceux-ci se trouvent
désormais dans l'impossibilité de faire de la révolution le
destin national. Sauf un énorme faux pas de la droite (qui
sera bien près d'avoir lieu de 1940 à 1944), la révolution en
Europe ne peut plus procéder que de l'Armée Rouge. Et
c'est ce qui arrivera à l'Est après la défaite hitlérienne.
Trente ans plus tard, en Chine, la révolution se fera contre
l'U. R. S. S.

Née au Japon, la grande crise de 1929 est celle du capitalisme américain, trop gourmand et qui a attrapé la fièvre.
Elle balaye le monde. En Europe, c'est l'Allemagne devenue après sa défaite le client et le lieu privilégié des Etats-
Unis qui est d'abord et sévèrement touchée : six millions
de chômeurs. S'ajoutant aux séquelles de la guerre, la
grande crise remet en question l'ordre bourgeois libéral de
l'Occident, tenu jusque-là pour fondamentalement admirable.

Les fascismes proposent leur solution. A la différence
des régimes de droite classique pour qui le peuple devait
seulement travailler et se tenir tranquille, ils l'enrégi-
mentent, ils le grisent. A la révolution les fascismes
empruntent son vocabulaire et son décor. Hitler commence
avec des drapeaux rouges. Mais les fascismes sont petits-
bourgeois et réactionnaires. Se disant révolutionnaires et
n'ayant rien de révolutionnaire à offrir à ceux qu'ils ont
embrigadés, électrisés, et que les harangues ne peuvent
tenir éternellement en haleine, leur démarche inéluctable
c'est l'aventure extérieure, ce sont les agressions, de victoire en victoire, et sans arrêt possible jusqu'à, bien sûr, la
catastrophe. La dynamique du fascisme, c'est la roulette
russe.

Les Japonais commencent en 1931 en Mandchourie; et
puis ce sera la Chine, l'Ethiopie, l'Espagne, l'Autriche, la
Tchécoslovaquie, l'Albanie, la Pologne, la Norvège, les

Pays-Bas, la Belgique, la France, la Grande-Bretagne, la Grèce, la Yougoslavie, l'U. R. S. S., les Etats-Unis, le monde en feu, le monde en ruine : quarante millions de morts.

De la crise de 1929 à la Deuxième Guerre mondiale, on n'en est pas là. Les fascismes, sur leur lancée, sont arrogants, glorieux, vainqueurs. On voit qu'ils sont brutaux et qu'ils s'inspirent de pseudo-philosophies niaises et macabres; on les croit solides.

Pour les conservateurs de tout poil les fascismes ont un avantage énorme : ils sont anticommunistes, antipopulaires, antidémocratiques.

A partir de 1931, la France vit dans la crise. Elle ne devient ni communiste ni fasciste, mais elle est ébranlée jusqu'aux racines.

Sous des appellations diverses, et trompeuses, c'est ordinairement la droite qui mène le jeu. Mais au contraire de l'Allemagne où la droite est industrielle et expansionniste, la droite française n'est pas de mouvement. Le ton y est donné par les conservateurs du XIX siècle, par les notables, par une oligarchie passéiste que le futur, quel qu'il soit, ne peut que contraindre à céder la place. C'est cette droite-là, bien plus que les « 200 familles », qui, après 1940, fera Vichy et la Milice.

Le conservatisme social, politique, économique, est renforcé par le vieillissement de la population, par la surreprésentation au Parlement des ruraux par rapport aux citadins, réputés trop perméables aux idées nouvelles. Il a pour complice le gros des centristes. La franc-maçonnerie, envahie par les Rastignac, et le parti radical, inspirateur traditionnel de la République, sont sur la pente. Alain écrit : « La pente mène à droite. » La hantise du communisme pousse vers la réaction les classes moyennes que la contestation de l'ordre bourgeois terrorise. Plus le « bolchevisme » se fait menaçant, plus les thèmes de la droite gagnent du terrain.

Le régime est mal préparé à faire face. Traditionnellement, la facilité le pousse à esquiver les vrais problèmes. Les partis politiques sont nombreux et faibles, ce qui favo-

rise les conservateurs. Les mécanismes économiques sont
mal connus des dirigeants, de Pierre Laval à Léon Blum
en passant par Edouard Herriot. Au Parlement, dans l'opinion, la droite et la gauche s'affrontent à coups de mythes.
Le malthusianisme est général. Le parlementarisme en
déclin use les talents à des guerres de couloir, à des strata-
gèmes électoraux, à des combines. Topaze dîne à la table
des ministres. A droite, l'obsession du communisme; à
gauche, le défaut de lucidité annoncent les pires abandons.
La sécession des communistes, condamnés à rester minoritaires, voue la gauche modérée à faire l'appoint de politiques conservatrices.

Contre cette République qui manque d'hommes d'Etat
hardis et que déconsidèrent son impuissance et ses scan-
dales, montée de l'antiparlementarisme, montée du fascisme. La réalité immédiate à partir de 1931, ce sont les
grèves, le chômage, les troubles sociaux. Mais la guerre
approche. Avec qui, avec quoi tiendra-t-on?

Depuis 1918, l'armée française passe pour la première
du monde. Par vanité et par paresse, c'est une armée qui
se donne un air d'ancien régime avec des seigneurs et des
manants. De Saint-Cyr à l'Ecole de guerre, les écoles militaires sont des citadelles du conservatisme social, ce qui
est ordinaire, mais aussi du conservatisme en matière de
technique militaire, ce qui est tout de même passablement
inquiétant. Le génie et tout bonnement l'intelligence sont
suspects. Le chic du chic des « fana tradi », c'est la
« basane », les bottes, le monocle, l'armée d'Afrique, les
spahis. On court après les rezzous, on mate les dissidents;
on rentre pour l'apéritif, au cercle, folklore élégant. Si les
Allemands attaquent, ça risque d'être plus sérieux. La pensée militaire française a son haut lieu en Alsace : une
muraille de Chine miniature, la ligne Maginot. Si les
boches ont la mauvaise idée de s'approcher, on les cassera
à dix kilomètres avec les grosses pièces, on les recassera à
deux kilomètres avec l'artillerie de campagne, on finira les
débris à la mitrailleuse, sous les remparts : c'est réglé
comme du papier à musique. Naturellement, la ligne Maginot ne servira à rien (les Allemands passeront ailleurs),
sauf à immobiliser des forces importantes qui seront
encerclées après la percée de Sedan et capturées, mais elle

plaît aux Français, elle est rassurante : nous, on sera à l'abri.

Parce que l'Allemagne, même malade du nazisme, est au xx° siècle et qu'elle n'a pas à mener de ces expéditions coloniales qui sont l'école des mauvaises habitudes, elle prévoit et prépare une guerre dynamique contre des adversaires capables de résister. Les jeunes officiers allemands apprennent leur métier. Ils ne commandent pas des mercenaires superbes, mais de jeunes Allemands. Il faudra 1940 pour s'apercevoir que le chef de section allemand sait le nom de chacun de ses hommes et que souvent le chef de section français ne le sait pas.

La victoire de 1918 a rendu l'Alsace et la Lorraine à la France. La France n'a plus rien à réclamer. Elle est sur la défensive. Après tant de guerres, depuis tant de siècles, les Français sont las des hécatombes périodiques en Europe, ils sont las de conquérir le Mexique. Chez quelques-uns, cela va jusqu'à la lassitude de la France, qui coûte cher et qui offre peu. Ceux-là regardent ailleurs. Passée du jacobinisme à un internationalisme vague, la gauche a abandonné le patriotisme à la droite. C'est un grand danger que de laisser aux privilégiés le monopole du patriotisme. C'est pour la gauche une grande erreur, qu'elle payera. Augmentation du courant pacifiste. Ce pacifisme est à l'image de la France de l'entre-deux-guerres : malthusien, avare. Nous retrouverons de ces pacifistes, et non des moindres, pétainistes ou carrément hitlériens : entre autres un Céline.

Vieillie et vieillotte, usée, la France ne détient qu'un record du monde : celui de l'alcoolisme. La stagnation sociale, économique et politique favorise le développement de forces centrifuges qui mettent en cause l'unité nationale et gangrènent le sens patriotique.

Darnand a quitté l'Action française. Il dira plus tard : « En 1928 j'ai donné ma démission de toutes ces organisations à la suite d'un différend avec le comité directeur de Paris sur une question d'organisation : J'aurais voulu que les camelots du roi soient indépendants alors qu'ils restaient sous la tutelle de la ligue d'Action française. J'étais d'ailleurs resté en bons termes avec les membres de la ligue [1]. »

Retenons la cause de la rupture. Chef des camelots du roi de Provence, Darnand voulait les prendre sous son commandement sans partage. Nous retrouverons la même situation en 1942 avec le S. O. L.

Convoqué à Paris par le comité directeur de l'Action française, Darnand refuse de s'y rendre, disant qu'il n'a pas d'argent pour le voyage. On lui envoie 1000 francs. Il vient. L'aréopage l'entend, mais le condamne. Darnand traite Maurras de « vieux con ». L'invective reflète le sentiment quasi général de la nouvelle génération de droite. Maurras en est resté à la Vieille France des corporations et des chartes, « hérissée de libertés », à sa Provence née de la Grèce et de Rome, héritière ensoleillée de civilisations agricoles dont il retient surtout les qualités esthétiques. Mais Maurras éprouve peu de tendresse pour les fascismes, plébéiens, grossiers. Il se méfie des Allemands, des « boches », béotiens brûleurs de cathédrales, pilleurs de trésors. Contre Siegfried, il est le dragon. Son disciple, son modèle, c'est Salazar. Ce qui fait la faiblesse de Maurras par rapport à la jeune droite fasciste, c'est que, totalitaire du XIXᵉ siècle, il néglige les masses. Les fascistes ont compris qu'il fallait les séduire, que les élites traditionnelles ont beaucoup perdu de leur attrait et de leur fraîcheur.

Cléricale et royaliste, l'Action française a été condamnée par le pape en 1926 et le sera par le prétendant au trône en 1938. L'audience de Maurras reste grande à droite, mais le maurrassisme décline au profit du fascisme. Ce que la jeune droite retient de sa doctrine, c'est l'antisémitisme, l'apologie de la dictature, la haine de la République et de la démocrassouille-démogratouille.

Le 30 janvier 1933, Hitler devient le chancelier du Reich. En France, l'affaire Stavisky. Le 6 février 1934, les ligues (Action française, Jeunesses patriotes, Croix de Feu du lieutenant-colonel de la Rocque) montent à l'assaut de la Chambre des députés aux cris de : « A bas les voleurs! »

1. Extrait d'un document inédit.

On relève une vingtaine de morts, Daladier démissionne, le régime reste en place. Darnand, toujours à Nice, adhère aux Croix de Feu.

1936, l'année cruciale, d'autres heurts. Le 13 février, lors des obsèques de l'historien monarchiste Jacques Bainville, un groupe de dissidents de l'Action française conduits par Jean Filliol attaquent la voiture de Léon Blum, qui est légèrement blessé. Le gouvernement croit que le coup vient de l'Action française. La ligue est dissoute.

— En août, Hitler choisit la guerre pour réaliser ses objectifs. Il fixe à l'armée allemande un délai de quatre ans pour s'y préparer;

— Victoire du Front populaire en Espagne; en juillet rébellion de l'armée et déclenchement de la guerre civile;

— En France, victoire du Front populaire; naissance de la Cagoule.

Après l'assaut manqué de février 1934, l'extrême droite a modifié son plan de bataille. Pour renverser la République elle se fait souterraine. L'objectif avoué sera de rassembler les « nationaux » pour faire échec à une insurrection communiste. Deux dissidents de l'Action française, le polytechnicien Eugène Deloncle et Jean Filliol, fondent le « Comité Secret d'Action révolutionnaire » (C. S. A. R.) qui s'adjoint des « unions d'autodéfense » et diverses filliales. Darnand est de l'affaire. Il dira [1] :

> « J'étais à l'époque très anticommuniste, très anti-Front populaire. J'avais vu 1936. Des camarades appartenant à tous les partis de droite ont pensé, tous ces partis pris isolément étant faibles, qu'il fallait les unir pour pouvoir faire front le cas échéant à l'émeute. Ce qu'il s'agissait de faire c'était de réunir pour chaque groupement et de rechercher parmi les indépendants des hommes qui étaient décidés à se battre. Ils n'étaient pas nombreux, il s'agissait de les connaître. Nous nous sommes consultés entre camarades, et nous avons appris qu'un peu partout les éléments nationaux faisaient de même. C'est ainsi que

1. Document inédit.

nous sommes arrivés à entrer en rapport avec
Deloncle, le général Dusseigneur, et les militaires avec
le général Giraud, le colonel Groussard, le 2ᵉ Bureau
de l'Armée et de la Marine, et la Marine elle-même.
J'ai eu des conversations avec ces personnes et
celles représentant les organismes dont j'ai parlé.
Elles comptaient sur moi pour organiser dans les
Alpes-Maritimes un groupement similaire à ceux qui
se montaient partout. C'est l'ensemble de ce mouvement qu'on a appelé à tort la Cagoule, nom venu du
fait qu'une dizaine de pauvres types[1] se réunissaient
dans une cave à Nice, la tête couverte d'une cagoule. »

La Cagoule est une organisation structurée, aux mailles
assez lâches, qui s'étend à la France : une franc-maçonnerie d'extrême droite. Après sa déconfiture il en restera des
copinages et un état d'esprit. Au total, la Cagoule fut extrêmement néfaste et malsaine. De bons bourgeois ayant
pignon sur rue, des généraux, des officiers se mettent à
conspirer, à former des réseaux, à nouer des relations avec
des agents de puissances étrangères : l'Italie et l'Espagne
nationaliste. Tous ces activistes acceptent la guerre civile.
Ils font plus que l'accepter : ils la préparent (Filliol, pré-
voyant, fait bâtir des cellules...). Leur modèle c'est Franco.
Leur rêve (celui de l'O. A. S. un quart de siècle plus tard),
c'est d'entraîner l'armée. L'armée se fait tirer l'oreille. Elle
n'a pas l'habitude des pronunciamentos : si les communistes commencent, on en reparlera.

Enormément de gens, pas forcément sanguinaires, font
leurs premières armes à la Cagoule : ils n'aiment pas
aujourd'hui qu'on le dise. Je citerai une personne qui NE
FIT PAS partie de la Cagoule : Charles de Gaulle. Et c'est
une des raisons majeures pour lesquelles Darnand, plus
tard, ne pourra jamais lui faire confiance.

Eugène Deloncle, le polytechnicien, est un tout-en-
chiffres, un musclé de l'équation. Ingénieur du Génie
maritime, industriel (il fut l'un des constructeurs de *Normandie*), il collectionne les honneurs et les conseils

---

1. Les « Chevaliers du Glaive », affiliés d'assez loin au C. S. A. R.

d'administration. Il a été monarchiste d'Action française, mais comme à bien d'autres le maurrassisme ne lui a pas suffi. Il aime les secrets, les complots, les intrigues. Il se croit l'étoffe d'un grand politique, moitié Richelieu moitié Machiavel. Pour Deloncle, la haute politique se situe au niveau du roman d'espionnage. Il sera tué en 1944 pour n'avoir pas compris que le jeu auquel il jouait n'est pas pour les amateurs.

Jean Filliol, né à Bergerac, est le fils d'un officier. Etudes secondaires pas spécialement brillantes. Il est employé chez Hachette. Il entre à l'Action française et devient le chef des camelots du roi du XVIᵉ arrondissement. C'est un garçon de petite taille, vif, un excité. Il plaît aux demoiselles royalistes. Pour les séduire, il les convie de temps à autre à un bel assassinat, car Filliol, exécuteur des hautes œuvres de Deloncle, d'autres fois pour son propre compte, est un tueur et un tortionnaire qui passera sa vie à commettre les crimes les plus lâches. Sa manière, c'est la fausse lettre, le rendez-vous truqué, le coup de couteau dans le dos. Entre deux meurtres, Filliol est un grand chrétien qui ne manquerait pas la messe pour un empire. Il a des crises de conscience. Tuer, tuer toujours... Il se jette à genoux, il lance au ciel la question des inquisiteurs : « Mon Dieu, pour que votre règne arrive, faudra-t-il donc les égorger tous ? » Dieu se tait, ou bien Filliol entend mal. Bientôt, il recommence. Cesser, ce serait avouer. Il a besoin de ces paroxysmes de ténèbres. Ainsi sont assassinés un émigré russe, l'ingénieur Navachine, une femme, Laetitia Toureaux, deux Italiens, les frères Rosselli. Et bien d'autres.

Le meurtre des Rosselli mérite une attention particulière. Journaliste, intellectuel antifasciste, Carlo Rosselli a adhéré au parti socialiste italien après l'assassinat de Matteoti par les mussoliniens. Arrêté en 1927, déporté à l'île Lipari, il s'en évade deux ans plus tard et se réfugie en France. Dès l'annonce de la rébellion franquiste, il se rend en Espagne où il forme un petit groupe de volontaires, Italiens en majorité, républicains de diverses tendances, la centurie « Justice et Liberté » qui combat en Aragon pendant l'été 1936 et qui se fondra ensuite dans les Brigades internationales. Le 28 août, Carlo Rosselli est blessé au

sud-est de Huesca, au monte Pelato. Il rentre en convalescence en France avec son frère Nello. Les services secrets
mussoliniens ont décidé la mort des Rosselli. La Cagoule a
besoin d'armes. Ce sera donnant-donnant. Carlo et Nello
Rosselli, attirés dans un guet-apens, sont assassinés par
Filliol et son équipe, le 9 juin 1937, à Bagnoles-de-l'Orne.
On retrouvera leurs corps criblés de coups de couteau. Les
mussoliniens tiennent leur part du marché. Ce sont Darnand et Gombert qui vont chercher les armes. Elles
arrivent de nuit, par bateau, dans une petite crique à
proximité de la frontière.

Dans les Alpes-Maritimes, puis pour toute la région du
Sud-Est, le grand chef de la Cagoule c'est Darnand. Il dira
plus tard qu'il était sous les ordres directs du général
Giraud, alors gouverneur militaire de Metz. A Nice, plaque
tournante (l'Italie est proche), Agnély et Gombert forment
l'état-major[1]. Les trois hommes tissent, conspirent. Ils
adorent ça. Ils sauvent la France et en même temps ils
s'amusent : quoi de mieux? Et d'autant plus que grâce à
ses accointances avec le 2ᵉ Bureau, la Cagoule peut profiter d'un parapluie en cas d'averse. C'est sans vrai risque.

C'est au sein de la Cagoule que Darnand fait la connaissance de Filliol, qui tout de suite le séduit par son caractère forcené, d'autres comme l'ingénieur agronome Jean
Degans, l'étudiant Henry Charbonneau (qui épousera l'une
de ses nièces), l'officier de marine Joseph Lécussan, l'officier d'aviation de réserve Robert Franc, que nous retrouverons à la Milice.

Apprentissage. Les réunions secrètes entre copains, les
transports d'armes dans les camions de déménagement ont
un parfum d'aventure. Où l'affaire se corse, c'est quand il
faut tuer. A San Remo, un trafiquant douteux, Auguste
Juif, sert d'intermédiaire pour l'achat des armes. A force
de manipuler les fonds, Juif a des envies. Il mange la
grenouille. Deloncle et Filliol décident son exécution. Darnand et son état-major se rendent à San Remo. Juif, sans
méfiance, leur ouvre sa porte. On retrouvera son corps
dans un fossé. C'est Gombert qui a tiré.

---

1. Darnand ayant obtenu un non-lieu en 1938, son rôle dans la Cagoule
ne fut pas évoqué lors de son procès en Haute Cour, le 3 octobre 1945. Les
informations que je donne ici sont inédites.

La préparation de la guerre civile coûte cher. Michelin des industriels subventionnent le complot. Pas assez Deloncle frappe un grand coup. Le 11 septembre 1937, à l'instigation de Méténier, l'ingénieur cagoulard Locuty fait sauter à la bombe les immeubles de la Confédération générale du Patronat français, rue de Presbourg, et du Groupe des Industries métallurgiques, rue Boissière, causant la mort de deux agents de police. Les chefs de la Cagoule espéraient que les attentats seraient imputés aux communistes. Double bénéfice : la répression se déchaînera contre eux et le patronat, convaincu que le péril n'est pas imaginaire, ne lésinera plus sur les crédits. Mais les cagoulards, amateurs maladroits, ont commis de graves imprudences. Le ministre socialiste de l'Intérieur, Marx Dormoy, évente la provocation. Il déclare le 23 novembre : « C'est un véritable complot contre les institutions républicaines qui a été découvert... Les perquisitions... ont établi qu'on se trouve en face d'une association secrète, paramilitaire, entièrement calquée sur les services de l'Armée... La répartition des effectifs... montre le caractère indiscutable de guerre civile de cette organisation. »

Les jours suivants, arrestation d'Eugène Deloncle, du duc Pozzo di Borgo, du général Dusseigneur. Filliol s'enfuit en Espagne franquiste. Il ne rentrera en France que fin 1940, assuré de l'impunité.

A l'exception du général Dusseigneur, trop compromis, c'est l'état-major civil de la Cagoule qui a été frappé. Les militaires rentrent dans le rang. Le gros des bons bourgeois, averti que la Cagoule n'est pas qu'une association folklorique, abandonne la partie. L'extrême droite n'oubliera pas. Dans quatre ans, Marx Dormoy sera assassiné.

Les années qui précèdent la guerre sont pour les Français le temps des grandes décisions. Déjà divisés, ils se divisent encore. La faiblesse des démocraties libérales encourage les agresseurs. Plus les fascismes se montrent belliqueux, plus Hitler augmente ses prétentions, plus la confusion grandit en France. A gauche, les plus lucides (ils sont rares) ont pris conscience de ce que la gravité du péril implique : il ne faut plus céder. A droite, le gros des « nationalistes » et des traîneurs de sabre ne veut à aucun prix entendre parler de résistance : M. Hitler est un homme raisonnable et, au fond, admirable; qu'on lui donne ce qu'il réclame et tout ira bien [1].

Pour la droite, l'Allemagne nazie est le « rempart de l'Europe contre le bolchevisme », mais Hitler, trop allemand, ne peut être proposé comme modèle. Les fascistes français lui préfèrent Mussolini, moins inquiétant. Cela ne marche guère. Les ligues déclinent. En 1936, l'ex-dirigeant communiste Jacques Doriot a fondé le Parti populaire français (P. P. F.) où des réactionnaires classiques côtoient des transfuges de la révolution prolétarienne. Le peuple ne suit pas, mais dans les salons le fascisme et le nazisme sont à la mode. Se laissent séduire des enfiévrés, des ambitieux, des intellectuels.

En Espagne, les franquistes marquent des points. La droite française est de cœur avec les rebelles, soutenus par l'Allemagne hitlérienne et par l'Italie fasciste. La France du Front populaire va-t-elle ou non courir le risque de la guerre pour voler au secours de la République espagnole? Léon Blum penche pour le oui, mais on le voit présider de grandes manifestations où l'on crie : « A bas la guerre! A bas le réarmement! »

L'Espagne républicaine n'a pas besoin de discours, mais d'avions et de canons. Désarroi de la gauche française placée devant l'alternative de renoncer à ses principes traditionnels ou de favoriser la victoire des agresseurs. On sait quelle réponse fut donnée [2]. Les grandes épreuves démasquent les subterfuges. Divisée à l'intérieur, la France est isolée. Conserver l'alliance avec la Grande-Bretagne est l'objectif majeur de sa diplomatie. Conservatrice, moins directement menacée que la France, l'Angleterre freine les velléités de fermeté du Front populaire.

---

1. Le général Gamelin écrit dans *Servir* : « La crise de mai-juin 1936 a terrorisé une grande partie de la bourgeoisie française. Beaucoup d'entre nous ont alors perdu de vue les dangers de l'hitlérisme et du fascisme, qui étaient à notre porte, parce que derrière le Front populaire ils voyaient le spectre du bolchevisme. D'où les slogans qui ont corrompu l'âme de la nation : « Plutôt Hitler que Staline » et « Pourquoi mourir pour Dantzig ? »

2. Il est juste de noter que le gouvernement du Front populaire envoya un peu de matériel de guerre aux Républicains espagnols et que Léon Blum fit adopter un programme de réarmement malgré l'opposition de la tendance de gauche du Parti socialiste, conduite par l'ultra-pacifiste Paul Faure qui, en 1940, devait se rallier au régime de Vichy.

Contre l'Allemagne, plus peuplée, plus industrialisée, la France des années 1936 à 1939 ne fait pas le poids.

A l'autre bout de l'Europe se trouve un grand pays, lui aussi isolé, lui aussi menacé, qui recherche l'alliance des démocraties occidentales, en premier lieu de la France. Pour imposer aux conservateurs et aux hystériques ce pacte avec le diable, il faudrait aux gouvernants français une somme de courage et de génie qu'ils ne possèdent pas. En 1935, un premier pas avait été fait. Laval a saboté l'entreprise. Immense soulagement de la droite. Son rêve secret c'est que l'Allemagne hitlérienne règle son compte à l'U. R. S. S. Celle-ci en a conscience. Elle se prépare à mettre en œuvre sa politique de rechange, qui aboutira au pacte germano-soviétique.

L'Espagne républicaine va succomber. Bientôt, ce sera le tour de la France.

Ses principaux chefs en prison ou devenus prudents, d'autres réfugiés en Italie ou en Espagne, la Cagoule se survit. Avec Filliol à Saint-Sébastien, c'est Darnand qui assure les liaisons [1]. En outre, il a adhéré au P. P. F. de Doriot où il ne jouera aucun rôle.

L'enquête sur la Cagoule se poursuit. Le 14 juillet 1938, vingt ans jour pour jour après le coup de main historique, Darnand est arrêté et écroué à la Santé. Il choisit pour défenseurs deux avocats de droite, le monarchiste Xavier Vallat et Robert Castille.

Alors qu'il est en prison, Darnand reçoit la visite d'un jeune officier de réserve, ancien des Jeunesses patriotes, le lieutenant Jean Bassompierre. Les deux hommes se lient d'amitié, une amitié qui conduira Bassompierre en 1943 sur le front de l'Est, en 1944 à la Milice, en 1948 devant un peloton d'exécution.

Cependant la crise de Munich secoue l'Europe. Darnand, bien sûr, est munichois et avec lui la majorité des activistes de droite. La France et l'Angleterre cèdent. Fascistes et pacifistes exultent. De démission en renoncement la

1. Sur le rôle de la Cagoule dans la guerre d'Espagne, se reporter à mon livre, *Les Brigades internationales.*

France est prête à subir. Rarement le conservatisme sans imagination de la droite et les phantasmes de la gauche se sont trouvés à ce point associés pour engendrer un désastre si écrasant.

En décembre, Darnand est libéré; il obtient un non-lieu. L'état-major de la Cagoule sera relâché un peu plus tard. Le Front populaire est mort. Le gouvernement a d'autres soucis que de traquer des conspirateurs infantiles. L'extrême droite récupère ses enfants imprudents. Ils recommenceront quand la France sera vaincue, avec la complicité de l'ennemi.

Le 26 septembre 1938, Hitler avait déclaré : « Une fois le problème des Sudètes résolu, il n'y aura plus de problèmes territoriaux en Europe. »

1939, c'est le tour de la Pologne. Hitler, pour commencer, réclame Dantzig. Cette fois Londres décide de tenir ferme. Paris suit. La nuit du 22 au 23 août, la radio annonce la conclusion du pacte germano-soviétique. Aussitôt la direction du parti communiste français passe du camp antimunichois au camp munichois. Il n'est plus question de barrer la route au fascisme ni de défendre la démocratie. L'Allemagne est l'alliée de l'U. R. S. S. La guerre contre l'Allemagne sera une guerre « impérialiste ». Chute de prestige du P. C. F. Désarroi des militants. La gauche s'effondre de plus en plus.

Darnand est rentré à Nice. Fin août, avec Gombert, il est chargé d'une mission en Italie par le capitaine Giscard d'Estaing, officier de renseignements de l'état-major de la XVᵉ Région militaire. Il s'agit de recueillir des informations sur les préparatifs de l'Italie et sur ce qu'on peut conjecturer de sa conduite en cas de conflit. Darnand et Gombert remplissent la mission qui leur a été confiée.

La paix vit ses dernières heures. Les chefs militaires français sont optimistes. A Lille, en juillet, le général Weygand a déclaré : « Nous avons une réserve mécanisée, motorisée, montée. En cas de guerre, nous serons bien tranquilles chez nous, il faudra aller chercher un champ de bataille ailleurs. »

Dans son livre : *Une invasion est-elle encore possible?* ouvrage préfacé par le maréchal Pétain qui en loue les vues « pleines de sagesse », le général Chavineau écrit :

« En France, la guerre d'invasion à vive allure, que l'on appelle encore la guerre de mouvement, a vécu. »

Le 1er septembre l'armée allemande entre en Pologne qui bientôt, sur le point d'être submergée, appelle à l'aide. Le 10 septembre, le général Gamelin, commandant en chef français, écrit à son homologue polonais : « Plus de la moitié de nos divisions actives sont engagées dans le Nord-Est. Il nous est impossible de faire plus. »

En fait, alors que le gros de l'armée allemande est engagé à l'Est et que l'armée française n'a plus en face d'elle que des forces nettement inférieures, le commandement français laisse écraser la Pologne sans réaction de quelque importance : la doctrine militaire officielle française n'avait pas prévu que l'armée française dût prendre l'offensive; ce qui était prévu, au contraire, c'est qu'elle attendrait le choc derrière la ligne Maginot tandis que la Tchécoslovaquie et la Pologne mordraient les jarrets de l'Allemagne.

Le 6 octobre, les dernières troupes polonaises mettent bas les armes. La « drôle de guerre » commence.

Sous-lieutenant, puis lieutenant de réserve, Darnand a été mobilisé comme officier de transport à la 6e demi-brigade de chasseurs alpins. Il est parti résolu à faire tout son devoir, mais sans l'enthousiasme de 1916. Il sent, et il a raison, que la France ne s'est pas préparée à cette deuxième manche et que beaucoup de Français, désorientés, manquent de la foi sans laquelle rien n'est possible. La 6e demi-brigade est sur les Alpes. Darnand demande à être affecté à une unité combattante pour y créer un corps franc. Il est envoyé au 24e bataillon de chasseurs de la 29e division d'infanterie. Il y retrouve Agnély, ce n'est pas une coïncidence. Le troisième mousquetaire, Marcel Gombert, s'est tout doucement fait affecter au 2e Bureau, à Toulon. Le gouvernement poursuit les communistes et les défaitistes. La première mission de Gombert consiste à aller arrêter l'écrivain Jean Giono. Giono première manière n'en est pas aux solitudes mexicaines d' « un roi sans divertissement ». Il est alors pacifiste forcené; il sera pétainiste. Marcel Gombert conduit Giono au fort Saint-Jean, à Marseille. Giono y concevra son tournant.

A l'automne, le corps franc du 24ᵉ bataillon de chasseurs est formé dans le secteur de Vesoul. Il comprend 13 officiers, 50 sous-officiers et environ 150 hommes de troupe, tous volontaires. Le lieutenant Agnély le commande en chef, Darnand en second. Fin janvier 1940, le corps franc monte au front en Moselle. Patrouilles et coups de main commencent.

Le 7 février 1940, le corps franc reçoit la mission de se rendre de nuit à la petite ville de Forbach, évacuée par les Français depuis le début de la guerre, pour y observer les mouvements de l'ennemi. Agnély et Darnand partent à la tête d'une trentaine d'hommes. Ils arrivent à Forbach et s'installent dans des maisons, près de la caserne de Guise. Au jour, les Allemands surviennent. Un combat s'engage. Le commando est cerné. Agnély mortellement blessé, Darnand prend le commandement. Il ramène quelques rescapés dans les lignes françaises. Le soir même, il repart avec un groupe de volontaires, à froid ; il va chercher Agnély. La neige, la nuit obscure sont les alliés des Français, mais c'est un cadavre qu'ils trouvent, qu'ils ramènent.

Le coup de main de Forbach a les honneurs du communiqué. Le général Georges, adjoint du général Gamelin, remet à Darnand la rosette d'officier de la Légion d'honneur. Photographiée, filmée, la scène passe aux actualités sur tous les écrans de France. Darnand saluant fait la couverture de *Match*. Le héros de 1918 s'impose comme un héros de 1940. Le lieutenant Darnand succède au lieutenant Agnély au commandement du corps franc. Il s'y montre un chef dur, strict sur la discipline, mais qui fait l'admiration de tous par sa bravoure. Darnand paye de sa personne.

Les corps francs se battent, le gros de l'armée française reste inactif. Ces mois de l'hiver 1939-1940, le commandement français aurait pu tirer parti des enseignements de la victoire allemande en Pologne. Il ne fait rien. Il attend [1]. Le bourrage de crâne sévit, non point pour armer les résolutions, mais pour tranquilliser : « L'armée allemande s'est

---

1. Notons, toutefois, que si la France et l'Angleterre avaient laissé écraser la Pologne sans réagir, leurs gouvernements et leurs états-majors avaient envisagé très sérieusement de voler au secours de la Finlande que l'U. R. S. S., en décembre, avait attaquée. Contre les « Rouges », le cœur y était.

épuisée à l'Est... les trois quarts de ses chars sont en panne... le temps travaille pour nous... », etc.

Le 9 avril, l'Allemagne envahit le Danemark et la Norvège. Les gouvernements français et britannique demandent au gouvernement belge l'autorisation de faire entrer leurs troupes en Belgique. Les Belges refusent : la Belgique s'en tient officiellement à la neutralité.

Le 10 mai, l'Allemagne envahit les Pays-Bas et la Belgique. L'attaque a essentiellement pour but d'attirer les forces alliées dans le Nord. Les chefs militaires français et anglais tombent dans le panneau. Alors que rien ne les y oblige, ils dépêchent en Belgique 33 divisions, dont les meilleures unités de l'armée française. Aussitôt, du 12 au 15 mai, 44 divisions allemandes foncent dans les Ardennes (que le commandement français tenait pour infranchissables), percent à Sedan, se ruent vers la mer. Le coup de faux réussit. L'armée française est coupée en deux.

Le 18 mai, le président du Conseil, Paul Reynaud, remplace le général Gamelin par le général Weygand et fait appel comme vice-président du Conseil au maréchal Pétain.

Les Panzerdivisionen pulvérisent ou débordent les résistances. Les Stukas bombardent et mitraillent les convois. Sur les routes envahies par le flot des réfugiés, la confusion règne. La démoralisation croissante provoque des paniques. L'espionnite fait cent fois plus de ravages que les parachutistes allemands déguisés en bonnes sœurs que l'on voit partout. Les Allemands galopent, les Français et les Anglais vont au pas. Contre des adversaires absolument inadaptés à la guerre de mouvement, toutes les audaces sont payantes. Cette fois, il n'y aura pas de bataille de la Marne : les Français sont incapables de profiter des imprudences de l'ennemi.

Le 12 juin, l'ordre de retraite générale est donné.

2

Le poids de la défaite

Parti civil et parti militaire. – L'humiliation. – De Gaulle et
Pétain. – Ce que veut Hitler. – Ce que veulent Pétain et la
droite : un traité de paix. – Le pari sur la défaite. – Mers el-
Kébir. – Le programme de Laval : la dictature, le parti unique. –
Darnand s'évade.

L'armée française a été très régulièrement battue en
campagne. Sa défaite, hélas! est consommée. Mais le poids,
mais les responsabilités du désastre, qui va les suppor-
ter?

De la réponse qui sera donnée à cette question dépend
pour des années, pour toujours peut-être, le sort de la
France.

Deux partis s'affrontent : le parti militaire, avec le général Weygand et le maréchal Pétain, le parti civil représenté par le président du Conseil, Paul Reynaud.

Dès le 5 juin, alors que les Panzerdivisionen lançaient
l'assaut décisif entre Abbeville et Péronne, le chancelier
Hitler a appris de ses services de renseignements que le
président de la République, Albert Lebrun, avait manifesté
l'intention, en cas de succès de l'offensive allemande, de
céder la place au maréchal Pétain qui rendrait le Front
populaire responsable de la catastrophe et qui annoncerait
qu'une paix séparée avec l'Allemagne était nécessaire. Hitler sait aussi que le général Weygand incline vers cette
solution.

Ce même 5 juin, le général Weygand déclare en Conseil
des ministres que « si la bataille qui s'engageait sur la

Somme était perdue, le véritable courage serait de traiter avec l'ennemi ». Cette prise de position est aussitôt approuvée et appuyée par le maréchal Pétain qui dit, parlant de Weygand, qu' « il le soutenait à fond ».

En vérité, exactement comme en 1918 le parti militaire allemand, avec Hindenburg et Ludendorff, était parvenu à transférer sur d'autres le poids de la défaite, en juin 1940 le parti militaire français va tenter la même opération, et y réussira. En 1940 comme en 1918, ce sont les civils, c'est l'arrière qui seront les responsables.

L'après-midi du 8 juin, le général Weygand dit au général de Gaulle qui vient d'être nommé sous-secrétaire d'Etat à la Guerre : « L'empire? C'est de l'enfantillage. Quant au monde, lorsque j'aurai été battu ici, l'Angleterre n'attendra pas huit jours pour négocier avec le Reich. »

Ce même 8 juin, le maréchal Pétain déclare au ministre d'Etat Louis Marin, parlementaire de droite qui rejoindra plus tard la Résistance, « ne s'effrayer en rien de rencontrer Hitler, qu'il aborderait volontiers entre soldats, et il en obtiendrait plus que d'une discussion entre hommes politiques ».

Le conflit entre le parti militaire et le parti civil s'exprime dans un choix : l'armée française doit-elle capituler en campagne comme se sont rendues les armées hollandaises et belges ou le gouvernement français doit-il solliciter un armistice?

Naturellement, le parti militaire est partisan de l'armistice, car si l'armée capitule, c'est l'état-major, c'est le corps des officiers qui seront rendus responsables du désastre; au contraire, l'armistice permettra de mettre en cause le régime.

Le 15 juin, le président Paul Reynaud demande au général Weygand de capituler avec l'armée de Terre métropolitaine tandis que le gouvernement se rendra en Afrique pour continuer la lutte. Weygand refuse « avec indignation » : « C'eût été un attentat accablant, définitif, irrémédiable à l'honneur militaire... »

Oui, il y a l'honneur de l'armée, mais cet honneur est sauf : il a été sauvé non pas par le haut commandement et ses chefs rétrogrades, passifs dans l'adversité, incapables de s'adapter aux conditions d'une guerre qu'ils ne réus-

sirent jamais à comprendre, mais par les 100 000 soldats
français tués en un mois, par tous ceux qui résistèrent
courageusement, parfois avec le plus pur héroïsme, à un
ennemi mieux préparé, mieux armé, mieux commandé par
des chefs plus intelligents.

Il y a aussi l'honneur de la France.

On sait quel fut le choix. Finalement c'est le parti militaire qui l'emporte. Il l'emporte parce que :

— Il a pour lui la grosse majorité de la droite, conservateurs classiques et fascistes; les propagandes pacifiste et
communiste jouent en sa faveur; le peuple est désorienté;
le sursaut du sentiment national que l'on pouvait espérer
d'un tel désastre n'a pas eu lieu.

— Aux projets du parti civil en faveur de la poursuite
de la guerre, les chefs militaires répondent par des arguments techniques en apparence irréfutables; le président
Reynaud n'impose pas sa volonté.

— La France est isolée. Le 11 juin, alors que l'armée
française était en cours de dislocation, Churchill a promis
QUATRE divisions britanniques en renfort « bientôt », et
vingt ou vingt-cinq... en 1941, « si l'armée française
peut tenir jusque-là ». A l'appel que lui ont lancé Paul
Reynaud et Churchill, le président américain, Roosevelt, a
répondu par de bonnes paroles : comme en 1917, les Etats-
Unis n'entreront dans la guerre que quand ils seront
directement menacés. Enfin, le 10 juin, Mussolini a déclaré
la guerre à la France.

— En coulisse, le parti militaire reçoit l'appui de l'ex-
socialiste pacifiste Pierre Laval qui va s'employer à « travailler » les parlementaires pour les rallier à la solution
Pétain.

— La crainte des communistes continue de peser
lourdement sur les choix de la droite. Le 8 novembre 1918,
l'un des parlementaires allemands, Erzberger, s'était écrié
devant les exigences de Foch : « Mais alors, nous sommes
perdus. Comment allons-nous nous défendre contre le bolchevisme?... Vous vous perdez et vous nous perdez aussi;
vous y passerez à votre tour. » Une inquiétude qui a même
origine anime le général Weygand quand il s'exclame le
8 juin 1940 : « Ah! si j'étais sûr que les Allemands me
laisseraient les forces nécessaires pour maintenir l'ordre! »

Et au Conseil des ministres du 13 juin, à Cangé, alors que les champions des deux thèses s'affrontent, pour ou contre la poursuite de la lutte, le général Weygand lit en pleine séance un message que son officier d'ordonnance vient de recevoir de Paris et selon lequel « la capitale serait aux mains des communistes, la police aurait été désarmée et Maurice Thorez serait installé à l'Elysée ».

Tout cela est faux. Deux coups de téléphone suffisent à désamorcer la bombe. Incident mineur donc, mais révélateur d'un état d'esprit, révélateur aussi des manœuvres qui se trament dans l'ombre.

Le 14 juin, les Allemands sont à Paris. Le 16, ils sont à Dijon tandis qu'à l'Ouest leurs avant-gardes foncent vers la Loire. La défaite est partout, et avec elle la honte. Certes, dans sa longue histoire, la France avait perdu d'autres batailles; déjà, elle avait été envahie; mais on s'était habitué à ce qu'elle succombât héroïquement. Cette fois, c'est la honte. Humiliation ces multitudes de soldats français en débandade que les Allemands poussent devant eux comme un troupeau. Humiliation ces civils français qui s'empressent, admiratifs, auprès des soldats ennemis. Humiliation ce « soulagement de la population » que notent les vainqueurs. Les Français sont contents que la guerre soit terminée ou presque : elle a coûté bien moins de vies que l'autre, elle a duré bien moins longtemps. Chacun va pouvoir reprendre ses occupations. Ne vaut-il pas mieux avoir reçu « une gifle dans la figure plutôt que des balles dans la peau [1] »? Les Allemands ne sont-ils pas « des hommes comme nous »? Pourquoi se battre? Méritait-elle de plus grands sacrifices cette patrie avare, figée dans ses querelles, engoncée dans ses mauvaises habitudes?

Les Français en veulent à leur pays. Ils lui reprochent cette aventure insensée, cette catastrophe : la guerre, la défaite. Bien avant 1939, on sentait que cela allait mal. Maintenant on le sait, les preuves sont là, elles accablent. Certes, au fond d'eux-mêmes, beaucoup éprouvent un vague sentiment de culpabilité. Mais les Français sont moins coupables que la France, qui les a trahis, qui leur a

---

1. Motion votée par le syndicat des instituteurs en 1930.

menti, qui leur a imposé cette suite d'humiliations. Grande
méfiance à l'égard des dirigeants. Hostilité à l'endroit d'un
régime dont on avait toléré la faiblesse, mais qu'aujour-
d'hui ses résultats condamnent. Chez certains, cela va
jusqu'à ce sentiment : par sa victoire, l'armée allemande a
vengé les Français de la France.

L'Allemagne a gagné. Elle est présente à chacun sans
recul par ses soldats victorieux, virils, musclés, des soldats
nets et propres qui sont fiers d'être soldats (les soldats
français en retraite sont sales, débraillés, honteux); présente par toute la force brutale de ses belles machines, de
ses avions, de ses canons, de ses chars d'assaut.

La France a perdu. Elle est coupable. Il est normal
qu'elle soit châtiée et qu'elle subisse sous ce vainqueur si
vigoureux.

Ce sentiment très répandu de culpabilité et de rancune
envers la patrie aide à comprendre que, chez quelques
hystériques, la « collaboration » empruntera à l'inver-
sion sexuelle ses modes. Mais il explique aussi la facilité avec laquelle l'Assemblée nationale décidera son suicide et la République disparaîtra. Et en effet, c'est surtout
à gauche, chez les antimunichois, que l'on se sent coupable : la droite dans sa majorité était hostile à la
guerre.

Cependant, l'armée française disloquée poursuit sa
retraite. Le 17 juin, les Allemands sont à Pontarlier, le 18,
à Briare, le 19, à Brest et à Saumur où, pour l'honneur des
armes, les cadets de l'école de cavalerie opposent une belle
résistance.

Pendant toute la retraite, le lieutenant Darnand a combattu avec son corps franc à l'arrière-garde de la 29e division d'infanterie. Il a montré ses qualités habituelles, des
qualités exceptionnelles. Sa conduite lui vaut du général
Gérodias sa huitième citation. En voici le texte :

> « Officier de tout premier ordre, d'un calme, d'un
> sang-froid et d'une bravoure reconnus par tous, d'une
> valeur morale et animé du plus bel esprit de sacri-
> fice.
>
> « A su faire de son corps franc une troupe d'élite

toujours prête à remplir les missions les plus délicates.

« Avait déjà donné des preuves de sa bravoure le 8 février 1940 au combat de Forbach. N'a cessé de se signaler au cours des combats livrés par le bataillon au cours de la première quinzaine de juin.

« Le 7 juin, apprenant qu'un capitaine aviateur blessé se trouvait à proximité d'un village occupé par les Allemands, a franchi nos lignes en plein jour avec des brancardiers et des hommes du corps franc, volontaires, pour se porter à son secours et le ramener dans nos lignes.

« Le 10 juin 1940, un point d'appui étant sur le point d'être encerclé, s'est porté spontanément à la contre-attaque avec son corps franc et l'a dégagé, infligeant des pertes sévères à l'ennemi.

« Au cours des opérations de décrochage du bataillon, a quitté la position le dernier, en liaison avec la section d'éclaireurs motocyclistes, bien après les derniers éléments du bataillon, contribuant chaque fois au succès de l'opération. »

Harassé, à bout de forces, le lieutenant Darnand est surpris et fait prisonnier à Lamotte-Beuvron, en Sologne, le 19 juin. Des 200 hommes du corps franc il en reste quatre-vingts. Les Allemands emmènent Darnand à l'écart avec quelques autres officiers. Un officier allemand leur offre des cigarettes. Tous les officiers français acceptent, sauf un : Darnand.

La nuit du 16 au 17 juin 1940, à Bordeaux où le gouvernement s'est réfugié, Paul Reynaud démissionne; le parti militaire a gagné : le maréchal Pétain prend la tête du nouveau gouvernement; son ministre des Affaires étrangères, Baudouin, fait demander aux Allemands quelles seraient les conditions de l'armistice.

Quelques heures plus tard, le 17 juin à midi, alors que les Allemands n'ont pas encore fait connaître leur réponse, alors que l'armée française combat et, dans certains sec-

teurs, dispute ardemment le terrain, alors que l'armée italienne se prépare à attaquer sur les Alpes, le maréchal
Pétain lance à la nation un appel où il déclare :

> « A l'appel de M. le président de la République,
> j'assume à partir d'aujourd'hui la direction du gou-
> vernement...
> « En ces heures douloureuses, je pense aux malheu-
> reux réfugiés qui, dans un dénuement extrême, sil-
> lonnent nos routes. Je leur exprime ma compassion et
> ma sollicitude. C'est le cœur serré que je vous dis
> aujourd'hui qu'IL FAUT CESSER LE COMBAT.
> « Je me suis adressé cette nuit à l'adversaire
> pour lui demander s'il est prêt à rechercher avec nous,
> entre soldats, après la lutte et dans l'honneur, les
> moyens de mettre un terme aux hostilités... »

Selon le général Georges, commandant le front Nord-
Est, l'appel du maréchal Pétain « achève de briser le ressort de résistance de l'armée française ». « IL FAUT CESSER
LE COMBAT » : les Allemands diffusent l'ordre de Pétain
par radio et par tracts. Des divisions entières mettent
bas les armes. Il y aura deux millions de prisonniers.

Sans doute Pétain croit sincèrement que la partie est
perdue, mais s'il a lancé cet appel avec tant de précipita-
tion, c'est pour couper court à toute velléité de sursaut du
parti de la résistance.

La défaite est-elle irrémédiable ?

Le lendemain, 18 juin 1940, à la radio de Londres, un
général de brigade, Charles de Gaulle, sous-secrétaire
d'Etat à la Guerre dans le ministère Reynaud, lance lui
aussi un appel. Ce que dit de Gaulle, c'est que la guerre
n'est pas terminée et que la défaite n'est pas définitive :

> « Car la France n'est pas seule. Elle n'est pas seule.
> Elle a un vaste empire derrière elle. Elle peut faire
> bloc avec l'empire bitannique qui tient la mer et
> continue la lutte. Elle peut, comme l'Angleterre, utili-
> ser sans limites l'immense industrie des Etats-Unis.
> « Cette guerre n'est pas limitée au territoire malheu-
> reux de notre pays. Cette guerre n'est pas tranchée par

la bataille de France. Cette guerre est une guerre mondiale... Foudroyés aujourd'hui par la force mécanique,
nous pourrons vaincre dans l'avenir par une force
mécanique supérieure. Le destin du monde est là.

« Moi, général de Gaulle, actuellement à Londres,
j'invite les officiers et les soldats français qui se
trouvent en territoire britannique ou qui viendraient à
s'y trouver... j'invite les ingénieurs et les ouvriers spé-
cialisés des industries d'armement... à se mettre en
rapport avec moi.

« Quoi qu'il arrive, la flamme de la résistance française ne saurait s'éteindre, et ne s'éteindra pas... »

Champion de l'emploi des blindés en grandes formations, cela depuis bien des années avant la guerre, le général de Gaulle, pour la grande masse des Français, est un
inconnu. Sur l'heure, son appel passe généralement
inaperçu. Peu l'entendent. Si même beaucoup l'enten-
daient, combien seraient-ils à y répondre ? En Angleterre
même où se trouvent un grand nombre de soldats rescapés
de Dunkerque, les résultats sont maigres : à peine
quelques centaines d'hommes. N'y a-t-il pas maintenant à
la barre du navire en perdition un grand soldat, un grand
Français, un chef au prestige incomparable : Pétain, le
vainqueur de Verdun ?

Entre Pétain et de Gaulle, qui pourrait hésiter ? Et en
effet, qui hésite ?

Du film dont je déroule, pour l'intelligence de la Milice,
quelques images, nous savons aujourd'hui la fin. Mais en
juin 1940, Pétain représente la raison, le bon sens. Derrière
le maréchal Pétain se trouve la grande majorité des Français, y compris des Français de gauche, des francs-maçons,
des communistes, peut-être 80 ou 90 % de la nation, car
Pétain c'est la paix, et les Français désemparés par la
catastrophe voient en lui l'un de ces hommes providentiels
que le destin fait surgir pour incarner la volonté d'un
peuple de survivre. De Gaulle est un général à l'esprit
aventureux qui rompt la règle de discipline, qui désobéit à
ses chefs, qui sera condamné à mort en août.

La défaite militaire aura d'autres conséquences.

Parce que l'armée allemande a battu l'armée française que l'on croyait, à tort, la première du monde :

— L'armée allemande est invincible. Elle ne peut pas ne pas triompher très vite de l'Angleterre. Elle est capable de briser toutes les résistances, d'où qu'elles viennent.

— Les solutions de l'Allemagne aux problèmes de notre temps sont justes et bonnes. Ces solutions ce sont la dictature policière, le totalitarisme, le parti unique, l'anti-communisme, l'antisémitisme. Déjà avant la guerre certains éprouvaient une fascination pour l'Allemagne nazie, si disciplinée, si dynamique. En ce temps-là, la plupart se refusaient à avouer leur passion. Aujourd'hui, plus de doute. L'Allemagne d'Hitler, si belle, a gagné parce qu'elle est ce que l'on soupçonnait qu'elle était : plus forte, plus juste, meilleure que la France. L'amour honteux se déclare et, chez quelques-uns, deviendra forcené : c'est l'Allemagne nazie qu'il faudra imiter, toujours, en toute chose; c'est sur elle qu'il faudra prendre exemple.

— Vaincus d'une façon si humiliante, les Français doivent se racheter; et ils doivent se racheter aux yeux des Allemands puisque ce sont eux qui leur ont infligé cette terrible défaite. En particulier, pour que les Allemands cessent de mépriser les Français (et ce mépris brûle la peau), il faut que les Français montrent aux Allemands qu'ils sont capables, eux aussi, d'être de bons soldats et de faire aussi bien qu'eux. C'est des Allemands que les Français déshonorés, les Français qui sont « les honteux de la défaite [1] » devront « tout faire pour forcer l'estime [2] ».

— Les Munichois avaient raison et les antimunichois, qui ont voulu cette guerre désastreuse, sont les grands coupables. Qui sont les antimunichois ? Ce sont les francs-maçons, les Juifs, les démocrates. C'est la République qui a fait de l'armée française ce troupeau cahotant; c'est la « gueuse » qui a émasculé les Français : elle doit payer.

— Il est clair que la France n'est plus une grande puissance. Son intérêt est donc de se soumettre et d'accepter la tutelle de l'Allemagne. Contre les communistes et le

1. Jean Hérold-Paquis.
2. Philippe Henriot.

risque de subversion sociale, la France a besoin d'un protecteur robuste.

On conçoit que les thèmes ci-dessus ne reflètent pas l'état d'esprit de tous les Français en juin 1940, mais déjà ils cheminent dans certaines consciences qu'ils corrodent avec d'autant plus de force que le désastre ne cesse de s'étendre. Malgré la demande d'armistice du maréchal Pétain, les Allemands continuent d'avancer, et ils avancent de plus en plus vite puisqu'ils rencontrent de moins en moins de résistance.

Succès des armes françaises sur les Alpes : le 20 juin, les Italiens attaquent. Ils sont partout contenus. Parmi les artisans de cette victoire défensive qui ne peut rien changer à l'issue du duel franco-allemand, le lieutenant Bassompierre qui commande l'avant-poste de Conchetas au-dessus de Saint-Martin de Vésubie.

Ce 20 juin, les Allemands sont à Lyon, à Vichy, à Nantes. Ils avancent en direction de Saint-Etienne, de Clermont-Ferrand et de Bordeaux. Sur leur lancée, ils peuvent occuper la totalité du territoire métropolitain. On le craint à Bordeaux, aussi le maréchal Pétain fait-il demander aux Allemands que soit épargné au moins un département où son gouvernement pourra s'installer : les Basses-Pyrénées...

En vérité, Hitler ne tient pas à ce que ses armées occupent la totalité du territoire français. Le 17 juin, il a fait connaître à ses généraux des directives, qui sont :

— Le gouvernement français doit subsister comme facteur souverain. C'est seulement ainsi que l'on peut escompter que l'empire colonial ne passera pas à l'Angleterre;

— L'occupation totale de la métropole est donc contre-indiquée. Le gouvernement français doit conserver un domaine de souveraineté;

— L'armée française sera ramenée dans la zone occupée pour y être démobilisée. Le maintien de certaines unités en zone non occupée est à consentir pour assurer l'ordre. La flotte doit être neutralisée. En aucun cas il ne faut exiger sa livraison, car elle se retirerait outre-mer ou en Angleterre;

— Les exigences territoriales appartiennent au
règlement de la paix dont il ne peut être question
actuellement;

— Aucune exigence concernant l'empire ne sera
formulée pour le moment. Cela n'aboutirait qu'à faire
passer les colonies du côté de l'Angleterre. Du reste,
en cas de refus, nous ne pourrions pas actuellement
réaliser ces exigences par la force.

Sur les exigences territoriales que Hitler eût formulées
pour la conclusion d'un traité de paix, nous sommes
aujourd'hui à peu près renseignés. Au début de juillet 1940, il fera préparer par son secrétaire d'Etat à l'Intérieur, Stuckart, une étude sur la nouvelle frontière occi-
dentale de l'Allemagne. Dans le projet que soumettra
Stuckart, la nouvelle frontière, selon les volontés mêmes
d'Hitler, va des Flandres au plateau de Langres. Ce
projet fut jugé par Hitler insuffisant et remis en chantier : le grand Reich devait comprendre aussi les régions
riveraines de la Manche jusqu'à la Bretagne, qui aurait
reçu son autonomie. En outre, un Etat de Bourgogne eût
été créé, vassal de l'Allemagne. Ainsi le grand Reich eût
englobé à l'Ouest, outre les Pays-Bas, la Belgique et le
Luxembourg, plus d'un tiers de la France.

A ces exigences il faut ajouter celles de Mussolini : non
seulement Nice, la Savoie, la Corse et la Tunisie, mais
la côte française des Somalis, des escales dans l'Empire,
la flotte et l'aviation, aussi celles de Franco si l'Espagne
était entrée dans la guerre aux côtés des puissances de
l'Axe : le Maroc et l'Oranais.

Le 18 juin, à Munich où il rencontre son brillant second,
Hitler s'emploie à persuader Mussolini de ne pas crier trop
fort ses réclamations. Pour le moment, il s'agit de séparer
la France de l'Angleterre et pour y réussir il faut présenter
des conditions d'armistice acceptables par le gouvernement Pétain dont les dispositions favorables sont connues.
Bien sûr, les Français devront être tenus dans l'ignorance
du sort réservé à leur pays dans la nouvelle Europe. S'ils
savaient, perdus pour perdus, il serait à craindre qu'un
sursaut national évinçât la droite et ramenât au pouvoir le
parti de la résistance. « Il fallait tenir les Français dans

l'expectative et tirer le plus possible de leur attente »,
écrira Goebbels dans son Journal les 17 mars et 30 avril
1942.

Et c'est pourquoi, de 1940 à 1944, tant que ses armées
occuperont la France, Hitler refusera toujours de faire
connaître ses conditions de paix, pas plus aux ultras de
Paris qu'à Pétain ou à Laval. C'est pourquoi aussi Hitler
n'envisagera pas un seul instant ce qui eût comblé les
espérances de Laval en 1940 et des ultras jusqu'au dernier
jour : que la France, vaincue devenue alliée à part entière,
rentrât dans la guerre aux côtés de l'Allemagne. Hitler est
un joueur, il veut tout le gâteau.

Dès ce moment, la « collaboration » est en germe dans
la situation et les arrière-pensées des deux partenaires.
Hitler, par son apparente modération, favorise les pétainistes. Il est prêt à accorder au Maréchal et à son parti les
égards formels qui leur permettront de faire avaler la
pilule aux Français. Le « vainqueur de Verdun » et ceux
arrivés au pouvoir avec lui pourront sauver la face; ils
pourront faire le chant du coq et se draper dans des drapeaux tricolores autant qu'il leur plaira. A une condition :
qu'ils acceptent entièrement la défaite, à haute et intelli-
gible voix, et qu'ils convainquent les Français de l'accepter.

Le malheur, c'est que les pétainistes, eux aussi, ont intérêt à accepter la défaite et à la déclarer irrévocable : plus
la défaite sera écrasante, plus la République sera coupable. Pour liquider l'ancien régime et assurer sa domination, la droite est prête à aller très loin : elle le montrera.

Remarquons qu'à ce jeu-là, Hitler est forcément le
gagnant. Une fois que les pétainistes auront pris cette
direction, ils ne pourront plus en changer. Né de la défaite
et de la honte et faisant d'elles ses fondations, leur régime
tout entier devra être bâti sur l'abaissement et la surbordi-
nation de la France. Quoi que l'ennemi exige ensuite,
Pétain, Laval et leur parti subiront. Hitler les tient.

Pour qu'il en soit autrement, il existe un remède : que
les pétainistes obtiennent non seulement cet armistice que
Hitler est tout disposé à leur accorder, mais un traité de
paix et l'évacuation du territoire. Ils vont essayer.

Le 21 juin, dans le wagon de Rethondes, les émissaires français demandent aux Allemands quelles sont les conditions de l'armistice ET DE LA PAIX. Keitel rétorque sèchement qu'il n'est question que de l'armistice. Accord est pris sur les conditions suivantes : les trois cinquièmes du territoire seront occupés, les deux autres cinquièmes constitueront une zone de pleine souveraineté française où subsistera une armée de 100 000 hommes; l'aviation sera désarmée; la France conservera sa flotte de guerre.

Au total, si les conditions d'armistice ne paraissent pas de prime abord exorbitantes, certaines clauses sont suffisamment vagues pour permettre au plus fort les interprétations qui serviront le mieux ses intérêts. De l'avenir rien n'est dit sauf que le gouvernement allemand s'engage à ne pas formuler de revendications sur la flotte française à la conclusion de la paix.

Les Français n'ont pas obtenu de connaître les conditions du règlement définitif de la guerre. Ils passent outre, car ils sont convaincus que l'Angleterre devra bientôt cesser le combat. En vérité, ce dénouement n'est pas si sûr (l'Angleterre est une île; la flotte allemande est loin d'égaler la flotte britannique; au surplus, les Etats-Unis laisseraient-ils écraser la Grande-Bretagne comme ils ont laissé écraser la France? On peut en douter), mais cela arrange les pétainistes de le croire et on se convainc aisément de ce que l'on souhaite. Et puis traiter tout de suite, outre l'avantage politique pour la droite, c'est manifester de la bonne volonté envers le « vainqueur ». Peut-être réussira-t-on à le persuader de faire payer une bonne part des pots cassés à l'Angleterre.

Hitler admire le grand empire britannique qui a porté si haut la domination sans mélange de l'homme blanc. Ses ambitions sont continentales et il n'a jamais pensé sérieusement qu'il lui faudrait envahir l'île. Sa grande idée, la France étant hors de combat, c'est d'arriver à un accord avec la Grande-Bretagne.

A une erreur de jugement (la défaite de l'Angleterre tenue pour certaine) s'ajoute donc chez les pétainistes une illusion : Hitler n'a jamais eu d'autre intention que de faire payer le prix fort à la France.

Résolus à conclure les uns et les autres, délégués français et allemands se trouvent finalement d'accord pour laisser de côté tout ce qui pourrait empêcher l'armistice. Il est signé le 22 juin. Il consacre le grand pari de ce qui sera le régime de Vichy sur la victoire de l'Allemagne et la défaite de la France. Ce pari contient tout le futur du régime, y compris la Milice.

C'est plus que jamais le « soulagement ». La guerre est finie. Quant aux Allemands, dont on disait tant de mal, ils sont là certes, et on préférerait qu'ils soient ailleurs, mais enfin « ils sont corrects ». C'est ainsi qu'à Paris, dans le métro, on en verra céder leur place à de vieilles dames.

Les Allemands ne sont pas toujours corrects. Le 17 juin, au village de Luray, en Eure-et-Loir, une vieille femme, Mme Bourgeois, parce qu'elle protestait contre l'occupation de sa maison, a été liée à un arbre et fusillée en présence de sa fille. Les Allemands ont ordonné que le corps soit laissé lié à l'arbre pendant 24 heures, pour servir d'exemple. Les 18 et 19 juin (donc bien avant la signature de l'armistice) des dizaines de soldats français capturés au combat ont été assassinés. De nombreux soldats noirs sont roués de coups, certains sont exécutés.

Le 20 juin, à Rouen, un civil, un isolé, Etienne Achavanne, précurseur héroïque de ce que sera demain la Résistance intérieure, sabote les lignes téléphoniques entre la Feldkommandantur et le terrain d'aviation de Boos. L'aviation britannique attaque le terrain rendu vulnérable, dix-huit appareils allemands sont détruits. Déféré à une cour martiale, Etienne Achavanne sera fusillé le 6 juillet.

Les derniers jours de juin 1940, si la grande majorité des Français se réjouit de ce qu'elle croit être la fin de la guerre, elle n'est pas disposée à admettre davantage, par exemple, que la France renversât ses alliances. Un événement va beaucoup contribuer à affaiblir au sein de la population la tendance favorable à la résistance : le 3 juillet, la flotte anglaise du vice-amiral Somerville attaque et détruit à Mers el-Kébir la flotte française de l'amiral Gensoul. Les navires français sont en rade, à l'ancre, en cours de désarmement; la plupart des grosses pièces ne pourront être utilisées. Sauf le cuirassé *Strasbourg* et trois contre-torpilleurs qui réussissent à gagner Toulon, tous les bâtiments français sont coulés et endommagés en quelques minutes d'un combat inégal : 1 297 marins français sont tués ou noyés.

Pourquoi ce massacre? Avant l'armistice, l'amiral Darlan, ministre de la Marine du gouvernement Pétain, avait donné l'assurance aux Britanniques qu'aucun bâtiment français ne serait livré aux Allemands. Cet engagement fut tenu, mais Churchill craignait que les Allemands ne respectent pas la convention d'armistice, que d'une façon ou d'une autre le Reich mette la main sur la flotte française. Pour légitimes qu'elles soient, ces craintes ne peuvent faire oublier qu'un mois plus tôt soldats français et anglais combattaient côte à côte un ennemi commun. Faut-il aller jusqu'à penser que l'Angleterre, engagée dans un duel à mort contre l'Allemagne, ne devait plus trouver sur le continent en cas de victoire que des vaincus, y compris parmi ces vaincus son alliée de la veille? Des Français le crurent à l'époque.

Depuis Dunkerque, des centaines de navires français sont dans les ports britanniques, à Portsmouth, à Plymouth, à Southampton. Le 4 juillet, des détachements de marins britanniques en armes abordent par surprise les navires français à l'ancre. Chez les Français, le premier sentiment est la stupéfaction. Ils réagissent. Un officier du sous-marin *Surcouf* est tué. Des navires tentent de se saborder. C'est le cas, à Plymouth, du torpilleur *Mistral*, commandé par le commandant de Toulouse-Lautrec, et dont l'un des jeunes officiers, l'enseigne de vaisseau Carus, incline à se rallier à de Gaulle.

Les Anglais intiment l'ordre au commandant de Toulouse-Lautrec de cesser le sabordage. Sur son refus, ils enferment les officiers dans leur carré après leur avoir dit : « Vous coulerez avec votre bateau. » La menace restant sans effet, les Anglais rassemblent les matelots du *Mistral* dans des chaloupes sur lesquelles ils braquent des mitrailleuses. Nouvel ultimatum au commandant de Toulouse-Lautrec : « Si vous ne cessez pas immédiatement le sabordage, nous tirons sur vos matelots. » Cette fois, Toulouse-Lautrec ne peut que céder : le *Mistral* portera le pavillon britannique. Le 7 juillet à Alexandrie, le 8 à Dakar, d'autres bâtiments français sont capturés ou attaqués.

En France, le retentissement est immense. Sur les murs de Paris apparaissent des affiches sur lesquelles on voit un marin français en train de se noyer qui brandit au-dessus des flots un drapeau tricolore. Légende : « N'OUBLIEZ PAS ORAN. »

Déjà après les batailles du Nord et le rembarquement de Dunkerque, beaucoup de Français nourrissaient un sentiment de rancune à l'égard des Britanniques. Née surtout de l'amertume de la défaite [1], cette rancune était loin d'être toujours fondée : si les rôles avaient été inversés, les Français auraient-ils risqué toutes leurs forces pour sauver l'Angleterre en déroute? Après Mers el-Kébir, Plymouth, Alexandrie et Dakar, les Français ont de plus sérieuses raisons de croire à la perfidie britannique. Qui oserait maintenant rejoindre Londres quand du fait des Anglais le sang français vient de couler à flots et qu'une partie importante de la flotte, sauvée du désastre, soustraite hier à l'appétit du vainqueur, vient d'être prise ou détruite par l'alliée de la veille?

Indignation des marins français. Darlan et la Marine, par haine des Anglais, feront bloc derrière le Maréchal. L'enseigne de vaisseau Carus que tentait le ralliement à de Gaulle suivra un tout autre chemin.

Le centre de gravité de la France s'est déplacé de Bordeaux à Vichy où commence la liquidation du régime républicain. Mers el-Kébir a fourni des armes à Laval. Le 5 juillet, il déclare : « La France n'a jamais eu et n'aura jamais d'ennemi plus acharné que la Grande-Bretagne... Nous sommes aujourd'hui au fond de l'abîme où elle nous a conduits. »

1. Aussi du sentiment que l'une des causes de cette guerre désastreuse était que la France avait fait preuve de trop de dépendance envers l'Angleterre. Notons qu'il était difficile qu'il en fût autrement dès lors que les États-Unis s'en tenaient à l'isolationnisme et que la droite et le centre ne voulaient pas entendre parler d'un rapprochement avec l'U. R. S. S.

A propos de l'après-République : « Nous voulons détruire la totalité de ce qui est. Ensuite, cette destruction accomplie, créer autre chose qui soit entièrement différent de ce qui a été, de ce qui est. » Cet « autre chose » sera la dictature. Laval dit aux députés : « De deux choses l'une : ou bien vous acceptez ce que nous vous demandons, et vous vous alignez sur la Constitution allemande ou italienne, ou bien Hitler vous l'imposera. »

Le nouvel Etat, copié sur l'une ou l'autre forme du fascisme, aura pour ossature le parti unique : « Désormais... il n'y aura qu'un seul parti, celui de tous les Français, un parti national qui fournira les cadres de l'activité nationale. »

La droite et le centre presque uanimes soutiennent le maréchal Pétain et Laval, son propagandiste. A cause de la défaite la gauche a mauvaise conscience, le soutien populaire lui fait défaut. Apeurée, intimidée, elle cède.

Le 10 juillet, par 569 voix contre 80 et 17 abstentions (donc avec une majorité très supérieure à la majorité constitutionnelle la plus rigoureuse), l'Assemblée nationale « donne tous pouvoirs au gouvernement de la République, sous la signature et l'autorité du maréchal Pétain, président du Conseil, à l'effet de promulguer la nouvelle Constitution de l'Etat Français. Cette Constitution devra garantir les droits du Travail, de la Famille et de la Patrie ».

En août 1940, Darnand est dans un camp, à Pithiviers. Deux mois ont passé depuis sa capture. Il se morfond.

Darnand n'aime pas sa condition de prisonnier. Il n'aime pas ceux, autour de lui, qui semblent accepter trop vite, trop bien, trop facilement leur nouvel état. Lui ne se considère pas déjà comme démobilisé. Le bagarreur, le patriote reprend le dessus : non, ce n'est pas fini; ça ne peut pas être fini; il y a sûrement quelque chose à faire.

Quoi?

Darnand est isolé à Pithiviers. Il n'a pas près de lui ses copains, ses conseillers. Seul, il pense lentement; il a toujours peur de s'engager inconsidérément, de faire un faux pas. Déjà, pourtant, son choix est fait. Il n'a pas entendu l'appel du 18 juin, mais il le connaît. Il dira plus tard qu'il a été sensible à sa résonance héroïque. De l'autre côté il y a Pétain, le vainqueur de Verdun, le chef prestigieux, Pétain qui lui a remis la médaille militaire en 1918 sur le front des troupes.

Pétain est maréchal de France. Il est le chef légitime. Il a reçu régulièrement les pleins pouvoirs. Sur les ruines de l'ancienne qui s'est effondrée parce qu'elle était faible, bavarde, désordonnée, misérable, il prépare une nouvelle France qui sera forte, qui sera fière, qui sera capable de se faire respecter.

De Gaulle? Qui est de Gaulle et où est-il? C'est un général « un peu théoricien »[1], qui a quitté son pays en guerre. Il est à Londres, à Londres avec les Anglais qui après Mers el-Kébir s'emploient maintenant à dépouiller la France de son Empire : le 30 juillet ils ont débarqué des troupes à Douala, au Cameroun, et adressé un ultimatum aux autorités françaises de Madagascar.

Non, Darnand ne peut hésiter : il suivra le maréchal Pétain.

D'abord (car à la différence de tant de prisonniers qui pourraient s'évader et qui ne le font pas, Darnand ne croit pas à la mansuétude des Allemands), il lui faut reconquérir sa liberté et pour cela non seulement sortir du camp, ce qui ne pose pas de grands problèmes, mais franchir la ligne de démarcation : Pithiviers est en zone nord, en zone occupée.

Alerté, le fidèle des fidèles, Marcel Gombert, arrive de Nice avec un autre copain, Philippe Fournier. Ils ont une voiture, des faux papiers, de l'argent. Tout réussit au mieux. Ils font évader Darnand et plusieurs autres officiers. Ils regagnent Nice.

---

1. Joseph Darnand.

3

Maréchal, nous voilà!

Pétain et Laval. – La Révolution nationale : sa philosophie, ses problèmes. – Faire accepter la défaite aux Français. – Le professeur Déat. – Échec du grand P. U. – Création de la Légion des Combattants. – Les Allemands ont perdu la bataille d'Angleterre. – Montoire. – Pétain ordonne la collaboration.

A l'étranger, en particulier dans les pays de langue anglaise, le désastre militaire français et l'armistice ont convaincu que la France n'était plus désormais qu'un facteur secondaire, voire négligeable.

Le journaliste américain Walter Lippman écrit : « Pendant plusieurs générations, la France sera une puissance de troisième ordre et il est très douteux que ce pays, après son effondrement actuel, puisse jamais devenir à nouveau une grande puissance. » Quant au *Saturday Evening Post*, il déclare crûment : « La France d'après la défaite est une épave dont chacun peut faire ce qu'il lui plaît. »

Si elle n'est pas tout à fait l'homme mort de l'Europe, à coup sûr la France semble en être l'agonisant, et un agonisant terrassé, botte sur la poitrine. Aussi les Français des deux camps seront-ils traités par leurs partenaires respectifs avec une certaine désinvolture. Pétain, Laval, les collaborationnistes de Paris, pour les Allemands; de Gaulle, plus tard Giraud, pour les Alliés, sont en quelque sorte des chefs de tribu plus ou moins importants, plus ou moins utiles, qui, en conséquence, ont droit à des ménagements plus ou moins grands. A l'occasion, il peut être profitable de susciter des rivalités, de dresser tel chef de tribu contre tel autre. Les Allemands d'un côté, les Alliés de l'autre ne manqueront pas d'employer ces procédés, en vertu du précepte « diviser pour régner ».

Au départ, le maréchal Pétain est de loin le chef de tribu le plus considérable, non seulement par son prestige mais parce qu'il a derrière lui la grande majorité des Français. Trente-deux Etats seront représentés auprès du chef de l'Etat Français, à Vichy. Cela va des Etats-Unis à l'U. R. S. S., en passant par le Saint-Siège.

Pétain, Laval, ces deux figures dominantes de l'histoire de la France occupée ont eu déjà leurs biographes et leurs portraitistes. Gardons en mémoire ce qui est hors de toute polémique.

Vainqueur à Verdun : le maréchal Pétain. Verdun, la bataille colossale, le charnier monstrueux. Comme d'habitude, cela avait fort mal commencé pour les Français [1]. Et puis ce fut le coup d'arrêt, la « voie sacrée », les contre-attaques sous des pluies d'obus. Au total, Français et Allemands, plus d'un demi-million de morts.

Prestige du vainqueur, mais aussi prestige du chef économe de la vie de ses hommes : Pétain a découvert que « le feu tue [2] ».

En 1917, après les mutineries qui suivent l'offensive manquée de Nivelle, Pétain ramène l'ordre dans l'armée française. Il montre dans la répression un souci de modération : une quarantaine d'exécutions [3].

Dans l'entre-deux-guerres, malgré les sollicitations de la droite [4] (Maurras, en particulier, verrait volontiers en lui le Monck d'une restauration monarchique), Pétain, s'il ne cache pas ses sympathies conservatrices, garde ses distances.

Chef valeureux de la Première Guerre mondiale, Pétain s'est montré mauvais prophète quant à ce qu'allait être la

---

1. Le fort de Douaumont, désarmé, où ne se trouvaient que quelques territoriaux, est pris par les Allemands sans combat. Des milliers de Français seront tués pour le reconquérir...
2. Le mot est du général Lanrezac dont Pétain avait été l'élève à l'École de guerre.
3. Il aurait peut-être pu ramener l'ordre par d'autres moyens.
4. Un maréchal de France qui n'était pas Pétain fut en relations étroites avec la Cagoule.

seconde. Hostile aux innovations, « défensif », pessimiste,
il n'a pas compris que les machines imposaient à la guerre
un nouveau visage. Très âgé, il sent mal un monde qui n'est
plus le sien. Il croit que la victoire allemande a tranché
un duel franco-allemand ; en fait, c'est une nouvelle guerre
mondiale qui commence.

Le maréchal Pétain a quatre-vingt-quatre ans. Encore
très alerte, il n'a plus l'entière possession de ses moyens. Il
a des absences, des trous de mémoire. Derrière le beau
visage de chef gaulois, un vieillard usé par les ans à qui
est venu le goût du pouvoir.

Pétain, qui bien sûr n'a été d'aucun parti politique, est
très représentatif de la droite de cette première moitié du
XXᵉ siècle qui pour la France n'est qu'une difficile prolon-
gation du XIXᵉ. Après l'armistice de 1918, Ludendorff avait
dit : « Nous avons sauvé l'industrie lourde, c'est l'essentiel. » Après l'armistice de 1940, l'un des thèmes favoris de
Pétain est « le retour à la terre ».

Dans ces signes mineurs, nous retrouvons la différence
fondamentale entre la droite allemande, industrielle,
dynamique, et la droite française, rurale, statique.

Pour les Français de l'été 1940 de qui monte un cri
d'amour au Maréchal, Pétain est le phare dans la tempête.
Il n'est pas le père des Français. Il n'est pas celui qui dit :
« Sois un homme, mon fils. » Il est leur grand-père à
cheveux blancs, qui rassure. Avec une majesté naturelle il
est photogénique, il plaît. Il plaît d'autant plus aux timorés
qu'il habille d'héroïsme le renoncement et la soumission.
Les Français doivent tout simplement se remettre au travail : il faut panser les plaies.

Tout à l'opposé de Pétain, son vice-président du Conseil,
plus tard chef du gouvernement, plus tard chef de la Milice,
Pierre Laval.

Laval. Auvergnat à visage gitan. Fils d'aubergiste, avocat, a amassé une énorme fortune grâce à son énergie et à
son sens du commerce. Vieux parlementaire, socialiste,
pacifiste, ultra-républicain, puis grand admirateur de Mussolini, séduit par les régimes autoritaires de droite ; munichois de la plus belle facture : à la fois contre la guerre et
par sympathie pour ceux qui la préparent. Une immense
confiance en soi, un orgueil que Pucheu, qui ne l'aimait

pas, qualifiera de « monstrueux ». Le goût d'arriver, de
gagner, de se placer toujours dans le bon courant. Laval
manque de principes fermes.

Notons un trait de caractère de Laval : il reçoit, il fré-
quente tout un tas d'hommes en marge, d'aventuriers plus
ou moins douteux, même de la pègre. Chef du gouvernement, il sera à tu et à toi avec le policier gangster Bonny de
la sinistre équipe de la rue Lauriston. Parti de rien, arrivé
très haut, Laval gouverne par le bas. Parce qu'il aime
trouver beaucoup de boue chez les hommes, il se juge un
profond réaliste.

Le Maréchal n'aime pas Laval, qui « ne vaut pas mieux
que les autres », qui est vulgaire, qui méconnaît « les
facteurs spirituels », qui lui souffle à la figure la fumée de
sa cigarette.

Laval n'aime pas Pétain qui n'est qu'un « militaire »,
« une potiche », « une baudruche », et sa Révolution nationale, « une foutaise ».

Si différents, Pétain et Laval se rejoignent dans la volonté de mettre en place un régime autoritaire et conserva-
teur.

De 1940 à 1944, le régime de Vichy va agir sur deux
plans imbriqués : l'intérieur et l'extérieur.

A l'intérieur, la Révolution nationale. Une monarchie
patriarcale, morose. Le Maréchal dit :

> « Il arrive qu'un paysan de chez nous voie son
> champ dévasté par la grêle. Il ne désespère pas de la
> moisson prochaine. Il creuse avec la même foi le
> même sillon pour le grain futur. »
> « Je hais les mensonges qui vous ont fait tant de
> mal. La terre, elle, ne ment pas. »

L'espoir donc, mais dans une longue persévérance :

> « Le renouveau français, il faut l'attendre bien plus
> de l'âme de notre pays que nous préserverons en res-
> tant sur place, plutôt que d'une reconquête de notre
> territoire par des canons alliés, dans un délai impos-
> sible à prévoir. »

L'espoir, mais dans la peine d'un châtiment mérité :

« La première pensée qui me vient chaque matin à l'esprit en m'éveillant est : nous sommes vaincus. »

La défaite est le prix douloureux du péché et du mal. Le relèvement de la France se fera petit à petit, par le travail, l'application, la contrition. Il n'est d'autre chemin que de subir. C'est la rédemption augustienne par la souffrance. A cet égard, le désastre aura été utile; il peut être l'occasion d'un grand bienfait si les Français, conscients de leur culpabilité, font l'effort de retourner aux sources. Pour que la France que les mensonges ont pervertie (les mensonges de la gauche, de la République) retrouve son âme séculaire, il faut que les Français retrouvent ces « vertus paysannes » dont parle Saint-Exupéry. Alors seulement le redressement sera possible.

Dans l'entourage du maréchal Pétain, une majorité de maurrassiens qui manquent d'expérience politique : Henri Dumoulin de La Barthète, Raphaël Alibert, Paul Baudoin, le général Laure, le docteur Ménétrel.

Dans le pays, avec Pétain et le parti militaire, c'est la droite la plus traditionaliste, la moins dynamique, la moins ouverte aux problèmes du temps, qui accède au pouvoir. Aussi la Révolution nationale est-elle la revanche de 1789, celle de la province sur Paris, des ruraux sur les citadins, des bien-pensants sur les mal-pensants, des anciens riches sur les nouveaux, des émigrés de l'intérieur sur les bleus. Partout des généraux, des amiraux, des hobereaux. La grande peur de 1936 est vengée. Retour aux bons principes. Reprise en main par les notables au nom des valeurs traditionnelles. Réinstallation en force du XIXe siècle dans le XXe à peine ébauché.

Au total, contrairement à ce que Laval avait laissé prévoir le 5 juillet, le régime de Vichy s'inspirera bien davantage de Salazar que de Hitler ou de Mussolini : influence de Maurras, mais surtout la droite traditionaliste ne souhaite pas vraiment le fascisme. Ecartée du pouvoir depuis la restauration manquée des années 1871-1875, condamnée au musée et le sachant, elle est soudain rappelée aux affaires publiques comme par un miracle, par cette défaite inouïe qui lui donne raison, et par-dessus le marché, semble-t-il, tous les Français sont d'accord pour qu'on lui rende sa place, à elle, la Vieille France.

L'occasion est formidable. C'est un cadeau du ciel (la Vieille France, c'est-à-dire la vieille droite, s'apercevra trop tard qu'il était empoisonné). En attendant, quand on a Pétain on n'a pas besoin de Führer (que ferait la vieille droite d'un Führer? Avec un Führer ce serait encore des aventures; la vieille droite ne veut pas d'aventures, elle veut digérer en paix cette victoire inattendue). A défaut d'être Monck (mais peut-être sera-t-il Monck tout de même, on verra), Pétain sera Mac-Mahon. Un nouvel ordre moral suffit.

Plus tard, mais seulement plus tard, quand le miracle ne sera plus tout à fait un miracle et que les choses seront en train de se gâter, pour sauver cette occasion merveilleuse, sa chance, la vieille droite se durcira; elle offrira à Darnand ses petits nobles et ses bons bourgeois pour former les cadres de la Milice.

On voit ce qu'il y a, dès le départ, d'ambigu et d'étrange dans le nouvel ordre que Vichy va tenter de mettre en place. Alors que la défaite a pour cause profonde que la France de 1940 est par rapport à l'Allemagne un pays sous-développé, le régime s'inspire d'une philosophie essentiellement passéiste. Ainsi, Vichy contient le germe de sa propre destruction. Pour prédire son échec, il n'est nul besoin de faire intervenir les événements extérieurs, l'évolution du conflit. La France n'est pas le Portugal. Elle participe de l'histoire du monde et de son mouvement. Elle ne peut se figer dans le XIXe siècle. Ses efforts rétrogrades sont des efforts perdus.

Quatre-vingt-dix pour cent des Français font confiance au maréchal Pétain et acceptent les thèmes de la droite parce qu'elle fut munichoise et donc qu'elle sort grandie et embellie de la défaite (que l'on imagine Cassandre offrant ses services aux Troyens rescapés), mais 90 pour cent des Français ne sont pas pour autant devenus réactionnaires et la plupart ne soutiennent le Maréchal que dans la mesure où « Pétain c'est la paix »[1].

1. Déclaration du cardinal Gerlier.

Justement la paix manque, elle manque terriblement, elle va manquer de plus en plus puisque le conflit, loin de finir, ne va pas cesser de s'étendre. Le parti militaire et la droite ont réussi à faire porter la responsabilité du désastre à la gauche, au Front populaire, à la République (et il était assez normal qu'une telle catastrophe entraînât la chute du régime : jusque-là donc, rien que d'assez facile). Maintenant, il s'agit de savoir s'ils parviendront à faire accepter la défaite aux Français.

En août, l'Angleterre ne donnant aucun signe qu'elle désire cesser le combat, la Luftwaffe passe à l'attaque. Ce même mois, Vichy commence la mise en place des institutions de la Révolution nationale :

— 13 août, loi sur les associations secrètes (essentiellement dirigée contre la franc-maçonnerie);

— 29 août, création de la Légion des Combattants;

— Première tentative pour créer ce parti unique que Laval avait annoncé le 5 juillet. Echec.

Cette tentative manquée (il y en aura d'autres) précède dans l'ordre chronologique la création de la Légion. Elle mérite l'attention à double titre. D'abord, par le rôle qu'y joue celui qui va être pendant quatre ans en zone occupée le super-logicien de l'ultra-collaborationnisme : Marcel Déat. Ensuite, par les conséquences de l'échec. Car le parti unique ne sera jamais créé officiellement, et d'avatar en avatar, à la fin, quand tout se sera effondré de la Révolution nationale et des espoirs que Vichy avait fait naître, et que l'on se battra partout en France, au lieu et place du parti unique il y aura la Milice.

Né en 1894 dans la Nièvre, Marcel Déat, en 1940, est âgé de quarante-six ans. Beau soldat de la Première Guerre mondiale, parti simple soldat, revenu capitaine. Agrégé de philosophie en 1920, président de la Fédération des étudiants socialistes, il est élu député socialiste de la Marne en 1926. En 1933, rupture avec le parti socialiste S. F. I. O. Déat devient le secrétaire général du Parti socialiste de France qu'ont fondé les « néo-socialistes » de la tendance Renaudel. A cette époque, il est tout à la fois anticapitaliste, antifasciste et anticommuniste. Chez lui comme chez bien d'autres, l'anticommunisme l'emporte.

A partir de 1936 et du Front populaire (auquel il a

refusé d'adhérer), le néo-socialiste Déat va de plus en plus à droite. Il est l'un des plus acharnés munichois : il ne veut pas mourir pour la Tchécoslovaquie. En 1939, élu député d'Angoulême sur un programme pacifiste, il ne veut pas mourir pour la Pologne. Le 4 mai 1939, en première page de *l'Œuvre*, c'est le fameux *mourir pour Dantzig*.

> « Il ne s'agit pas du tout de fléchir devant les fantaisies conquérantes de M. Hitler, écrit-il, mais je le dis tout net : flanquer la guerre en Europe à cause de Dantzig, c'est y aller un peu fort, et les paysans français n'ont aucune envie de « mourir pour les Poldèves. »

Viennent la guerre et la défaite. Sous le choc, les tendances secrètes que Déat nourrissait se découvrent, explosent. Pacifiste, antimilitariste, laïc, républicain, il est fasciné par le nazisme, par l'empire hitlérien, par ces robustes carnivores. Lui qui ne voulait pas « fléchir devant les fantaisies conquérantes de M. Hitler » sera en 1941 l'un des fondateurs de la L. V. F. Il approuvera tout des Allemands. Il les servira. Il leur donnera son âme. En mars 1944, quand la radio de Londres annoncera que des milliers de Français sont en train de mourir dans les camps de concentration allemands, il s'esclaffera : « Faut-il que les Anglais soient près de la défaite pour inventer des histoires pareilles? »

Déat était sincère. Peut-on croire à la vilenie de ceux que l'on aime?

La pente de Déat c'est l'orgueil et la solitude. Ce provincial austère et sans grâce, de petite taille, intègre, est un excité à froid, un intellectuel à système, un professeur dévoré par la politique et l'ambition. Déat est l'homme qui a compris, qui sait, qui sait tout mieux que tous. C'est ainsi qu'il sait que l'Allemagne gagnera la guerre, parce qu'elle ne peut pas la perdre, c'est évident.

Déat a lu *Mein Kampf*, mais il ne connaît pas vraiment le nazisme, ni l'Allemagne hitlérienne. Pendant quatre ans, dans ses éditoriaux de *l'Œuvre*, il va les reconstruire en les faisant comme il voudrait qu'ils fussent. Et il en sera de même de bien d'autres collaborationnistes pour qui l'hitlérisme sera une auberge espagnole : chacun y apportera ce qu'il aura envie d'y trouver.

Le 4 juillet, six jours avant le vote des pleins pouvoirs, Déat rédige avec le radical Bergery un manifeste qui préconise l'instauration d'un régime autoritaire anticapitaliste pour assurer l'indépendance et le relèvement de la France qui devra s'intégrer dans le « nouvel ordre européen ». Le manifeste est signé par dix-sept parlementaires, approuvé par cinquante et un. Déat conduit une délégation au Maréchal, pour tenter de le convaincre de se rallier à la formule du grand parti unique. Naturellement, le professeur Déat a sa petite idée sur le futur chef du grand P. U. Qui serait plus digne de cette haute charge que Déat soi-même ?

Les espoirs de Déat sont déçus. A toutes ces histoires modernes de « parti unique » et de « nouvel ordre européen », Pétain ne comprend pas grand-chose. Lui, il est de la vieille école : plus de partis du tout.

Econduit par le Maréchal, Déat ne se décourage pas. Dans *l'Œuvre*, il expose à grands traits son programme :

> « La nécessité matérielle impose la Collaboration. Mais elle est aussi de haute sagesse politique. On ne reconstruira pas n'importe quelle France. On refera une France intégrée à la nouvelle Europe, y ayant sa grande et légitime influence mais, pour cela même, changée dans ses mœurs politiques et dans son esprit social. Avec dix ans de retard et dans la défaite militaire, il nous faut entreprendre, conduire et réussir cette révolution dirigée, intelligente, efficace et constructive que, dans la victoire, dans la paix, dans l'entente volontaire des peuples libres, nous avons été incapables de réaliser, et même de concevoir. »

Critique sévère mais non pas sans fondement du passé, dont Déat tire des enseignements discutables qu'il introduit dans un avenir très problématique. C'est qu'il croit à la « mission révolutionnaire de l'Allemagne ». Le but est grandiose : il s'agit d'intégrer la France vermoulue dans l'Europe vigoureuse, l'Europe pacifique, l'Europe sociale, l'Europe de Hitler. Jusqu'à l'heure de s'enfuir avec les

Allemands vaincus, en août 1944, et encore après, en Allemagne, Déat ne va pas cesser de fustiger le « nationalisme » et le « chauvinisme périmé » des Français qui refusent de devenir nazis. Pour les convertir à l'hitlérisme, tous les moyens seront bons : « La France se couvrira s'il le faut de camps de concentration, et des pelotons d'exécution fonctionneront en permanence. L'enfantement d'un nouveau régime se fait au forceps et dans la douleur. »

Sa campagne de propagande et de séduction, Déat la mène d'abord à Vichy, nouvelle capitale de la France, et à Vichy, en ces mois de l'été 1940, ça grouille, ça grenouille énormément. La République est morte, on va faire du nouveau. Du nouveau, cela signifie des places et des prébendes : les crabes arrivent de partout pour participer à la curée. Il y a là aussi un comité plaisamment surnommé le « Comité des Singes » où sont représentés les grands patrons des diverses tendances collaborationnistes, de Laval à Deloncle en passant par Doriot, Déat, de moindres seigneurs. La grande idée du Comité, c'est l'union sacrée pour décrocher la timbale. Ces messieurs discutent du futur régime. Naturellement, ça ne marche pas, ils se haïssent trop. Ils se mettent tout de même d'accord sur l'uniforme (car ce sera avec uniforme) des futurs militants du grand P. U. : béret chasseur style ancien combattant, chemise grise ou bleue (on verra plus tard), Coût : cent millions.

Dans la course au grand P. U., Déat a pris la tête, mais il lui faut l'appui de Laval. Laval dit plutôt oui. Déat lui fait des sourires, des appels du pied : son programme et celui de Déat, c'est bonnet blanc et blanc bonnet. On comprend qu'ils ne s'aiment pas du tout. Déat pour Laval c'est, ce sera, le rival en puissance, l'homme à surveiller.

Finalement, ça rate. Déat (que représente Déat ?) a trop montré son ambition. Tout le monde va s'employer à torpiller son beau projet.

A l'époque, il y a en France deux mouvements politiques de droite qui comptent vraiment. En zone Nord, le P. P. F. de Doriot : pas la grande foule, mais organisé, dynamique. En zone Sud, Maurras, l'Action française, avec le journal, les cadres, la masse des plus ou moins sympathisants. Il y a aussi la Cagoule, mais elle divisée : nous en reparlerons.

Les doriotistes veulent bien du grand parti unique, mais ils sont gourmands. A eux le gros morceau, au professeur Déat la portion congrue : il pourra toujours écrire dans son journal.

Les maurrassiens et toute la vieille droite sont des adversaires farouches aussi bien des ex-communistes doriotistes que de Déat. Pas question de ce grand P. U. où traînent des relents de gauche anticléricale et antimilitariste. Hostilité de l'entourage du Maréchal, hostilité du général Weygand : la vieille droite ne veut pas plus d'un parti nazi que d'un Führer. Hostilité aussi de Bergery, corédacteur du manifeste, qui ne voit pas au grand P. U. d'autre fondateur que Bergery.

Laval, pas fâché au fond, lâche Déat. Tilt. Premier enterrement du grand P. U. Déat, ulcéré, prend sa machine à écrire et s'en va à Paris. A défaut du grand parti unique, il fondera bientôt son petit parti à lui, le Rassemblement national populaire.

La vieille droite a fait avorter l'opération parti unique. Un autre projet lui sourit bien davantage : la Légion des Combattants que va créer et organiser l'un de ses représentants, le monarchiste maurrassien Xavier Vallat, député de l'Ardèche, secrétaire général aux Anciens Combattants.

Née le 29 août 1940, la Légion des Combattants « unifie dans son sein les divers mouvements déjà existants ». Présidée par le maréchal Pétain, elle n'est pas un parti, mais elle peut rendre les mêmes services qu'un parti sans en avoir les inconvénients : ses chefs sont nommés et non pas élus comme c'était le cas jusque-là dans les associations d'anciens combattants. Au directoire de la Légion, autour de Xavier Vallat, des anciens combattants éminents comme François Valentin, Loustanau-Lacau, Pierre Héricourt, Heurteaux, Péricard. Tous ces hommes appartiennent à la droite traditionaliste, mais tous ne sont pas maurrassiens. En majorité, ce sont des traditionalistes modérés.

La Légion, à sa création, se trouve donc très loin de Laval et des collaborationnistes comme Déat ou Doriot. L'Allemand reste l'ennemi. Un jour (un jour lointain), ce sera la revanche. En attendant, la règle est d'obéissance et de fidélité au Maréchal.

La Légion a beaucoup de succès. Quantité d'anciens combattants y adhèrent.

Alors que la Légion des Combattants s'organise, les Allemands connaissent leur premier échec grave. Pour faire céder l'Angleterre, ils ont eu recours à leur méthode favorite : le terrorisme. A partir du 7 septembre la Luftwaffe bombarde les villes anglaises. Les hôpitaux, les églises, les maisons brûlent. Il n'est pas plus question d'objectifs militaires qu'à Rotterdam ou jadis à Guernica : c'est la population que l'on frappe pour briser sa volonté de résistance. Mais les Anglais tiennent. Les bombardements aériens seuls ne suffisent jamais à contraindre un peuple à la capitulation. Même dans notre siècle de machines, ce sont les hommes qui gagnent les batailles.

Tenus en échec, les Allemands en reviennent aux Français. Dès le 16 juillet, Hitler a exigé que la flotte et l'empire français soient engagés dans la lutte contre l'Angleterre. Vichy unanime a refusé. Cette unanimité dissimule de profondes divergences : le parti militaire en la personne de ses trois principaux représentants — Pétain, Weygand, Laval — est sur le point d'éclater.

Bien moins convaincu que le 8 juin que « l'Angleterre n'attendra pas huit jours pour négocier avec le Reich », le général Weygand, ministre de la Défense nationale, entend préserver l'avenir et pour cela s'en tenir à la stricte observation des clauses de l'armistice.

Laval, vice-président du Conseil, entend lui aussi préserver l'avenir, mais l'avenir pour Laval c'est la victoire de l'Allemagne. Il souhaite faire rentrer la France dans la guerre aux côtés de l'Allemagne pour obtenir plus tard « la moins mauvaise paix possible ».

Entre ces deux thèses, le maréchal Pétain hésite. Pour lui le problème principal n'est pas la guerre, mais la mise en place du nouveau régime et le « redressement ». Il reste convaincu que l'Allemagne triomphera. Il penche donc plutôt du côté de Laval.

De fin juillet à fin août 1940, les événements se précipitent. Ils apportent des arguments aux deux thèses en présence :

— Fin juillet, c'est l'annexion *de facto* de l'Alsace et de la Lorraine par les Allemands, en violation de la convention d'armistice. Le 29 juillet, la langue française est interdite en Alsace. Des douaniers allemands prennent position sur l'ancienne frontière de 1914. Le 16 août, expulsion de l'évêque de Metz.

— du 27 au 30 août, on apprend à Vichy que les territoires de l'Afrique équatoriale française se sont ralliés à la France Libre. Vichy impute ces défections aux Britanniques. Dès le 26 août, de sa propre autorité, Laval est allé proposer au maréchal von Brauchitsch le concours de l'aviation française pour attaquer l'Angleterre. Brauchitsch a repoussé l'offre avec dédain. Le 30 août, au Conseil des ministres, Laval revient à la charge. Il se déclare partisan de déclarer la guerre à l'Angleterre. Pétain et Weygand s'y opposent. L'affaire pour le moment en reste là.

En apparence, c'est le *statu quo*. En fait, le ressentiment est plus grand à Vichy contre l'Angleterre après le ralliement à de Gaulle de l'A. E. F. que contre l'Allemagne après l'annexion de l'Alsace et de la Lorraine. Pétain se rapproche de Laval. Cela n'ira pas jusqu'à la guerre contre l'Angleterre, cela sera la « collaboration ».

D'abord, le général Weygand est éliminé du gouvernement, le 6 septembre, et nommé délégué général en Afrique française (A. F. N. et A. O. F.) Ensuite, le maréchal Pétain fait savoir à Hitler qu'il souhaite le rencontrer.

Le 11 octobre, dans un message, Pétain déclare aux Français :

« Le régime nouveau, s'il entend être national, doit se libérer de ses amitiés ou de ses inimitiés dites « traditionnelles » qui n'ont, en fait, cessé de se modifier à travers l'Histoire pour le plus grand profit des émetteurs d'emprunts et des trafiquants d'armes. Le régime... remettra en honneur le véritable nationalisme, celui qui, renonçant à se concentrer sur lui-même, se dépasse pour atteindre la collaboration internationale.

« Cette collaboration, la France est prête à la rechercher dans tous les domaines avec tous ses voisins; elle sait d'ailleurs que, quelle que soit la carte politique de l'Europe et du monde, le problème des rapports franco-allemands, si criminellement traité dans le passé, continuera de déterminer son avenir. Sans doute l'Allemagne peut-elle, au lendemain de sa victoire sur nos armes, choisir entre une paix traditionnelle d'oppression et une paix toute nouvelle de collaboration... Le choix appartient d'abord au vainqueur; il dépend aussi du vaincu.

« Si toutes les voies nous sont fermées, nous saurons attendre et souffrir; si un espoir, au contraire, se lève sur le monde, nous saurons dominer notre humiliation, nos deuils, nos ruines. En présence d'un vainqueur qui aura su dominer sa victoire, nous saurons dominer notre défaite. »

Grand appel du pied à l'Allemagne [1]. Notons ce que contient de pacifisme et même d'antimilitarisme cette allocution d'un grand soldat, d'un professionnel. Notons qu'il y est question du « véritable nationalisme », celui qui « se dépasse ». Au total, ce message du maréchal Pétain pourrait avoir pour auteur Marcel Déat.

En octobre, la bataille d'Angleterre s'achève. L'insuccès de ses armes incite Hitler à procéder à un nouvel examen général de la situation. Les 22 et 24 octobre 1940, à Montoire, il rencontre Pétain puis Laval.

Que s'est-il passé à Montoire?

Le 9 novembre 1940, le maréchal Pétain écrit au général Weygand :

« Moi aussi, j'ai été l'objet de questions nombreuses de la part de Winston Churchill et de Lord Halifax, curieux de connaître l'objet de mes conversations avec Hitler. J'ai pu leur affirmer, car c'était la vérité, qu'il n'avait été question que d'une collaboration de prin-

---

1. Peut-être, aussi, petit appel du pied à l'Angleterre dont Pétain souhaite qu'elle cesse de soutenir les gaullistes.

cipe. Aucune modalité n'avait été envisagée. Je me
suis d'ailleurs borné, dans cette entrevue, à réclamer
l'amélioration du sort des prisonniers, du ravitaillement, des communications entre les deux zones et la
suppression de la ligne de démarcation, etc. Il est
probable que la « collaboration » se reposera un jour.
Je ferai en sorte qu'elle ne se pose que sur des consi-
dérations d'ordre économique, ou sur la défense de
notre empire africain, en écartant toute idée d'agression contre l'Angleterre. Je suis bien résolu à ne
m'associer, pour cette tâche, ni aux Italiens ni aux
Allemands. »

Ce que Pétain ne dit pas à Weygand, c'est qu'à Montoire
il a tâté Hitler sur le futur traité de paix et que celui-ci,
éludant les questions précises, est resté dans le vague,
faisant toutefois miroiter la possibilité pour la France
d'obtenir un sort favorable, en proportion des bonnes dispositions qu'elle montrera aux exigences du Reich. Quant
à Laval, sans attendre de la part d'Hitler la moindre proposition il a offert ses services, étant, a-t-il déclaré, partisan de la collaboration dès avant la guerre, dont la déclaration fut « le plus grand crime jamais commis dans l'histoire de France ».

Coup nul? Non, car si Hitler s'est refusé à tout engagement précis, Pétain saute le pas. Le 30 octobre, il s'adresse
au pays en ces termes :

« Français,

« J'ai rencontré, jeudi dernier, le chancelier du
Reich. Cette rencontre a suscité des espérances et provoqué des inquiétudes. Je vous dois à ce sujet quelques
explications.

« Une telle entrevue n'a été possible, quatre mois
après la défaite de nos armes, que grâce à la dignité
des Français devant l'épreuve, grâce à l'immense
effort de régénération auquel ils se sont prêtés, grâce
aussi à l'héroïsme de nos marins, à l'énergie de nos
chefs coloniaux, au loyalisme de nos populations indi-
gènes. La France s'est ressaisie. Cette première ren-

contre entre le vainqueur et le vaincu marque le premier redressement de notre pays.

« C'est librement que je me suis rendu à l'invitation du Führer. Je n'ai subi de sa part aucun « diktat », aucune pression. Une collaboration a été envisagée entre nos deux pays. J'en ai accepté le principe. Les modalités en seront discutées ultérieurement. A tous ceux qui attendent aujourd'hui le salut de la France, je tiens à dire que le salut est d'abord entre nos mains. A tous ceux que de nobles scrupules tiendraient éloignés de notre pensée, je tiens à dire que le premier devoir de tout Français est d'avoir confiance. A ceux qui doutent comme à ceux qui s'obstinent, je rappellerai qu'en se raidissant à l'excès, les plus belles attitudes de réserve et de fierté risquent de perdre de leur force. Celui qui a pris en main les destinées de la France a le devoir de créer l'atmosphère la plus favorable à la sauvegarde des intérêts du pays.

« C'est dans l'honneur et pour maintenir l'unité française — une unité de dix siècles — dans le cadre d'une activité constructive du nouvel ordre européen que j'entre aujourd'hui dans la voie de la collaboration.

« Ainsi, dans un avenir prochain, pourrait être allégé le poids des souffrances de notre pays, amélioré le sort de nos prisonniers, atténuée la charge des frais d'occupation. Ainsi pourrait être assouplie la ligne de démarcation et facilités l'administration et le ravitaillement du territoire. Cette collaboration doit être sincère. Elle doit être exclusive de toute pensée d'agression. Elle doit comporter un effort patient et confiant. L'armistice, au demeurant, n'est pas la paix. La France est tenue par des obligations nombreuses vis-à-vis du vainqueur. Du moins reste-t-elle souveraine. Cette souveraineté lui impose de défendre son sol, d'éteindre les divergences de l'opinion, de réduire les dissidences de ses colonies. Cette politique est la mienne. Les ministres ne sont responsables que devant moi. C'est moi seul que l'Histoire jugera.

« Je vous ai tenu jusqu'ici le langage d'un père. Je

vous tiens aujourd'hui le langage du chef. Suivez-moi.
Gardez confiance en la France éternelle. »

Ce message qui est un ordre, tous les Français
l'entendent et tous les journaux de France reproduisent en
première page la photo de la poignée de main historique :
le maréchal Pétain et Hitler face à face sur le quai de la
gare, à Montoire.

Satisfaction de Laval. Satisfaction des collaborationnistes de Paris. Moins d'enthousiasme chez Maurras qui
dans *l'Action française,* dans un dialogue avec soi-même,
expose ainsi sa position : « — Etes-vous partisan de cette
collaboration? — Je n'ai pas à en être partisan. — Adversaire, alors? — Non plus. — Neutre? — Pas davantage.
— Vous l'admettez donc? — Je n'ai pas à l'admettre ni
à la discuter... »

Obéissance au Maréchal sans hésitation ni murmures :
l'antiallemand Maurras se résigne à la collaboration.

Pour tous les Français, de la métropole, de Londres ou
de l'Empire, pour « ceux qui s'obstinent » comme pour
ceux qui hésitent, pour Leclerc au Tchad et pour Darnand
à Nice, le maréchal Pétain, chef de l'Etat, a indiqué clairement quel était son choix et quelle route il ordonnait que
l'on suivît. Désormais, on sait où l'on va.

4.

Darnand embarque

La Légion des Combattants à Nice. – Pétain encourage Darnand. – Les Groupes de Protection. – Arrestation de Laval. – Le petit monde de l'ultra-collaboration : ses ambitions, ses vanités. – La Cagoule gaulliste. – Libération de Laval. – La promesse de Darnand au colonel Groussard. – Fondation du Service d'ordre légionnaire.

A l'avant-poste de Conchetas, après la signature de l'armistice, le lieutenant Jean Bassompierre a réuni ses hommes. Il a partagé entre eux sa dernière solde et il leur a dit : « Certains d'entre vous vont rentrer en zone occupée. Ils vont souffrir. Il faudra penser à eux. Il ne faudra pas avoir peur de regarder l'occupant en face, car nous ne sommes pas battus. Nous n'avons seulement pas su aimer la France. J'emploierai toute ma vie à préparer la revanche [1]. »

Démobilisé le 15 août, Bassompierre regagne Nice où il retrouve Darnand tout juste évadé du camp de Pithiviers.

> « Nous tombons immédiatement d'accord — écrit Bassompierre; nous voulons continuer à servir la France; nous avons encore un gouvernement; celui-ci nous parle de Révolution nationale, mots prestigieux qui nous redonnent espoir. Car il est manifeste que notre désastre militaire provient surtout de la carence complète d'un régime honni par tous les honnêtes

---

1. *Sacrifice de Bassompierre*, de Me Charles-Ambroise Colin.

gens. Nous espérons tous un peu plus de propreté morale et de justice sociale. Une noble tâche nous attend : montrer au monde que nous ne sommes pas devenus un peuple d'esclaves, que nous sommes encore un grand pays à la tête d'un Empire intact et de la flotte de guerre la plus moderne. Le Maréchal nous convie à cette grande œuvre; nous nous donnons à lui corps et âme [1]. »

A Nice, la Légion des Combattants va naître. C'est tout naturellement Darnand que choisit Xavier Vallat, après avis très favorable du maréchal Pétain, pour en devenir le chef dans les Alpes-Maritimes. Bassompierre est nommé secrétaire général. Et Darnand, pour la grande œuvre de redressement dont la Légion doit être l'outil, bat le rappel des vieux copains et des nouveaux amis. C'est ainsi qu'il écrit à l'un de ses compagnons d'armes du corps franc, le dominicain Bruckberger, grièvement blessé en juin, fait prisonnier, qui vient lui aussi de s'évader (tout comme Pierre Gallet dont nous parlerons plus loin). Répondant à l'invitation, Bruckberger vient à Nice. Retrouvailles. Dès alors Bruckberger incline vers le gaullisme, Darnand pas le moins du monde. Il explique à Bruckberger qu'il veut « grouper les combattants pour essayer de redresser le pays, l'enlever aux mains des politiciens et préparer enfin la revanche [2] ». Chacun restant sur ses positions, les deux hommes tombent d'accord sur ceci : il y a beaucoup à faire. Bruckberger accepte de participer à la fondation de la Légion des Combattants.

Entre le dominicain en bure blanche et le héros des corps francs, tous deux passionnés et courageux, il y a une amitié sincère qui restera jusqu'à la dernière seconde, jusqu'à la salve du peloton d'exécution qui tuera Darnand, mais leur rapprochement de l'été 1940 ne durera pas. Déjà, ils sont loin l'un de l'autre : leurs choix, leur caractère, les circonstances aussi et les hasards, tout va concourir à les placer dans des camps inconciliables.

Pour Bruckberger comme pour de Gaulle à Londres et la poignée d'hommes qui a repris le combat en Afrique, si

1. *Frères ennemis*, de Jean Bassompierre.
2. *Si Grande Peine*, de R.-L. Bruckberger.

beaucoup pensent que le régime a une part de la responsabilité du désastre, dans l'ordre des priorités tous placent d'abord la poursuite de la guerre. Pour Darnand, pour Bassompierre, pour ceux qui s'engageront plus tard dans les péripéties catastrophiques de l'aventure milicienne, le premier devoir est de tirer la leçon de la défaite, c'est-à-dire de faire table rase de cette République « qui a fait tant de mal ». Ensuite, ensuite seulement, on pourra reprendre les armes; le voudrait-on aujourd'hui que ni militairement ni psychologiquement le pays ne serait prêt, car les Allemands sont forts et à une nation qui a accepté trop facilement le désastre et la honte, il y a juste quelques semaines, on ne peut rendre du jour au lendemain son âme héroïque de Valmy, de Verdun, de cent autres batailles.

Peut-être. Mais quand le sursaut qui n'eut pas lieu en juin 1940 se produira, né comme il devait naître de la Résistance et dans la Résistance, Darnand ne le sentira pas, Darnand ne le comprendra pas, Darnand passera à côté; et il passera à côté parce que rien ne l'avait préparé à entendre cette voix qui, dans sa signification, sera celle du peuple.

Qui sont les Résistants? Ce sont des gens qui gardaient les moutons et à qui l'archange a parlé. Ce sont des illuminés, des déraisonnables. Qui pouvait penser en juin 1940 que moins de cinq ans plus tard la France recevrait aux côtés des Etats-Unis, de l'Angleterre et de l'Union soviétique la reddition sans condition de l'Allemagne nazie effondrée et en ruine?

Darnand reste Darnand. Il a été traumatisé par la défaite; il en souffre jusqu'au désespoir; de cette souffrance naît une rancune qu'il ne saura pas surmonter et qui l'entraînera. C'est que pour lui aucun doute n'existe. Quand la propagande de Vichy accuse du désastre les démocrates, les Juifs, les francs-maçons, les pourris, Darnand retrouve en elle les thèmes de la droite dont il est imprégné; elle prêche un convaincu; elle attise sa colère.

Rappelons-nous : Darnand fut un très bon soldat de la Première Guerre mondiale. De cette guerre-là, la France était sortie saignée et épuisée mais victorieuse. Elle a gaspillé cette paix de gloire payée de tant de sacrifices et de souffrances. Elle s'est jetée dans un nouveau conflit pour lequel elle ne s'était pas préparée, qu'elle n'a pas su gagner. A qui la faute? « *S'ils s'obstinent, ces cannibales, à faire de nous des héros, il faut que nos premières balles soient pour Mandel, Blum et Reynaud* », disait *l'Action française* au moment de Munich, et *Je Suis Partout* prenait le relais : « *C'est la guerre des Juifs. Nous ne la ferons pas, mais nous la ferons payer.* »

Si Mandel, Blum, Reynaud, les Juifs et quelques autres sont réellement les responsables de ce gâchis, de cette humiliation atroce, de l'effondrement de la France jadis victorieuse, puissante, respectée, peut-on imaginer pour de si grands coupables des supplices assez rigoureux?

Déjà bien avant la guerre Darnand était passé du maurrassisme au fascisme. Après cette défaite écrasante qui confirme ses craintes et qui semble indiquer que ses choix étaient bons, il ne peut se repentir d'avoir été un extrémiste. Au contraire, son sentiment est qu'il ne fut pas assez « révolutionnaire », c'est-à-dire pas assez fasciste. Cela, c'est la pente de Darnand; c'est à quoi le portent son tempérament, sa violence intérieure, son manque de recul. Au fil des mois, cette tendance va être renforcée par diverses influences, au premier rang celle du maréchal Pétain.

L'été de 1940, Pétain a reçu Darnand à Vichy. Les mois qui suivent, les deux hommes se rencontrent à plusieurs reprises. Pétain et Darnand, c'est le grand chef militaire et le héros du rang. Le Maréchal a de l'estime pour Darnand. Il ne s'aveugle pas sur ses capacités. Pour Pétain, Darnand est un soldat magnifique, mais un sous-ordre. Cependant, il l'encourage. Au cours d'un de leurs entretiens, fin 1940, dans la maison de campagne du Maréchal à Villeneuve-Loubet [1], il le félicite pour les succès de la Légion dans les Alpes-Maritimes et il lui déclare en présence de Pierre Gallet : « Poursuivez votre activité et continuez à dénoncer les ennemis de l'ordre nouveau en vous inspirant de ma formule que je vous donne : je n'aime pas les Juifs, je déteste les communistes, je hais les francs-maçons. »

---

1. Pas très loin de Nice.

Juifs, communistes et francs-maçons seront plus tard les cibles de la Milice.

A la différence d'hommes tels que Marcel Déat ou Jacques Doriot, transfuges de la gauche ou de l'extrême gauche, Darnand vient de la vieille droite traditionaliste; il est respectueux des galons. Les fascistes de Paris n'ont pas attendu le maréchal Pétain pour se déclarer partisans de la collaboration. Darnand, au début, se contente de suivre.

Montoire, octobre 1940 : à partir du moment où le Maréchal ordonne aux Français de s'engager dans la collaboration « sincère » avec l'Allemagne, il légitime le parti des collaborationnistes de Paris; il encourage tous ceux, fascistes avoués ou traditionalistes, qui sont fascinés par cette magnifique force allemande.

Darnand ne connaît pas d'Allemands. Il n'en a jamais rencontrés que sur les champs de bataille. Il ne les aime pas et, au fond, il ne les aimera jamais. Mais il éprouve au plus haut degré l'attirance du nazisme victorieux. Avec très bonne conscience (le Maréchal n'a-t-il pas montré le chemin?), il finira par se persuader que la France, pour se sauver et pour renaître, doit devenir nazie. Une fois lancé dans cette direction, il ne s'arrêtera plus. Il voudra renverser, comme Laval, tous les obstacles. Il succombera au terme d'une aventure atroce, victime d'un siècle trop compliqué, victime des autres, victime de son ambition, de ses passions, de soi.

On devine que Darnand sera très déçu par l'échec du procès de Riom. Et on comprend qu'il hait de Gaulle et les gaullistes comme il haïra plus tard la Résistance intérieure. Car enfin, alors qu'un grand Français au patriotisme insoupçonnable, un grand chef qui a fait ses preuves, Pétain, le vainqueur de Verdun, invite les Français pour réparer la défaite à se rapprocher des Allemands; alors que Pétain prépare la régénération de la patrie abaissée et sa reconstruction sur des bases solides en faisant table rase des erreurs et des mensonges qui produisirent le désastre (et on sent bien que chaque Français a pour premier devoir l'obéissance et la fidélité au Maréchal; il faut faire bloc; la France ne gardera une chance de sauver ce qui peut être sauvé qu'autant qu'elle restera unie), de Gaulle s'efforce de diviser les Français; il sabote la Révolution nationale; il crée au maréchal Pétain, aux prises avec de grandes difficultés, des difficultés supplémentaires; officier d'active, général, il donne l'exemple le plus pernicieux, le plus funeste : celui de la désobéissance. Il critique, il rejette la hiérarchie; il prêche la dissidence, l'insoumission, l'irrespect, ces péchés ordinaires des démocraties enjuivées et décadentes, ce que fut la France, ce qu'elle ne doit plus être.

Pourquoi ce comportement scandaleux de de Gaulle? La réponse est simple et Vichy la donne jour après jour : à Londres, il n'y a que des Juifs, des francs-maçons, des lâches qui ont abandonné leur pays en détresse, des déserteurs qui pactisent avec la plus ancienne ennemie de la France : autour d'un général ambitieux se sont regroupés, pour échapper à la colère des bons Français, ceux-là mêmes qui furent les auteurs de cette guerre désastreuse. Là-bas, à l'abri, impunis, ils recommencent leur travail de sape.

Vichy, par sa radio et sa presse, et bien sûr les fascistes de la zone Nord, insistent à ce point sur le fait que les gaullistes ne sont qu'une abominable racaille qu'il sera envisagé par certains à Londres de constituer un commando fort présentable composé de jeunes gens de la noblesse et de la haute bourgeoisie, et si ce projet ne fut pas poursuivi, on sait que l'un des premiers agents envoyés par la France Libre en France occupée fut le capitaine de corvette comte d'Estienne d'Orves, fin décembre 1940.

Il y a le grand besoin d'agir qui anime Darnand. Il y a sa volonté de servir son pays (et il mourra convaincu de l'avoir servi avec la Milice et en revêtant l'uniforme allemand). Il y a que le maréchal Pétain l'encourage. Il y a aussi l'influence de son entourage, et cet entourage, depuis la mort d'Agnély, c'est Marcel Gombert, le bohème spadassin; c'est, ce sera des anciens de la Cagoule comme Degans, Filliol, Charbonneau, des hommes tarés comme Max Knipping et Georges-Louis Marionnet, des intellectuels convertis au fascisme, de ces intellectuels de combat auxquels Darnand le primaire aime se frotter : Noël de Tissot, professeur, licencié ès sciences; Francis Bout de l'An, professeur d'histoire et de géographie; Pierre Gallet, admissible à Normale supérieure en 1939.

C'est en novembre 1939, au 24ᵉ bataillon de chasseurs alpins, que Darnand a fait la connaissance de l'aspirant Pierre Gallet. Pendant la retraite, Pierre Gallet est grièvement blessé au cours d'un combat d'arrière-garde très en avant des lignes françaises. Darnand, sous le feu, le ramène. Quelques jours plus tard, Pierre Gallet est fait prisonnier. Il s'évade en août et rejoint Nice. Darnand recrute Pierre Gallet pour la Légion des Combattants. Pierre Gallet devient son vice-président.

A partir de fin 1941, quand Darnand viendra de plus en plus souvent à Vichy puis, en 1942, s'y installera, d'autres influences s'exerceront sur lui, dans le même sens : celles d'intellectuels comme l'historien Jacques Benoist-Méchin et l'académicien Abel Bonnard, celle de Pierre Pucheu, ministre de l'Intérieur du cabinet Darlan; plus tard celles de Pierre Laval, de Marcel Déat, de Paul Marion; d'autres encore.

S'ajoutant à cela, les mauvaises habitudes contractées à la Cagoule, les rivalités avec les collaborationnistes de la zone Nord (d'où compétition et surenchère), et le fait que Darnand va accéder successivement à des fonctions de plus en plus importantes, vont faire que pour lui, après un démarrage lent, le mouvement vers la collaboration s'accélérera : parti très en deçà d'hommes tels que Déat ou Doriot, il ira plus loin qu'aucun d'eux.

Pendant l'été 1940, quand Darnand retrouve ses amis à Nice, on n'en est pas là. Darnand n'est encore qu'un très beau soldat avec une belle tête de baroudeur, une solide paire d'épaules et des croix de guerre à rallonge. C'est d'ailleurs son côté exemplaire (il est un homme à montrer), outre, bien sûr, ses antécédents politiques qui lui jouent, sans qu'il y soit pour rien, un mauvais tour : le voilà président de la Légion des Combattants des Alpes-Maritimes.

Président départemental de la Légion, c'est beaucoup pour Darnand. Non pas que le lieutenant Darnand ne mérite pas l'admiration. Mais de héros privé qu'il était Darnand passe héros public. Lui qui supportait difficilement la contradiction, on le contredira de moins en moins.

L'ex-petit pâtre commence sa carrière de personnage officiel. L'ex-ancien combattant inemployé, fâché qu'on le laisse dans son coin, devient et sera de plus en plus une vedette, entourée, adulée (il sera bientôt membre du Conseil national de l'Etat Français, juge au Tribunal d'Etat [1]). Une telle ascension a de quoi tourner la tête. Avant le régime de Vichy, Darnand n'était qu'un très bon soldat parmi bien d'autres. Politique, dans tous les partis qu'il avait traversés il n'avait tenu que des emplois secondaires. Désormais, le pied à l'étrier, sûr que la direction qu'il suit depuis toujours est la bonne, il va nourrir le sentiment qu'il peut imposer sa solution, et même c'est son devoir puisque le salut de la France est à ce prix.

L'ambition va donc tenir une place importante dans la démarche de Darnand. Ambition personnelle, oui. Et puis, ambition politique : celle de l'homme qui dans l'entre-deux-guerres s'est engagé successivement aux côtés de Maurras, de Deloncle, de Doriot, puis s'est séparé d'eux chaque fois avec la même arrière-pensée : parce que le « chef » manquait de résolution. Même la tête enflée Darnand n'ira pas jusqu'à se prendre pour un génie. Tout de même, désormais, plus que jamais, il voudra être celui qui commande.

Là encore l'Allemagne nazie est un modèle avec ces reîtres devenus ministres ou généraux que l'on trouve dans l'entourage de Hitler. De ceux-ci, celui qui présente le plus de points communs avec Darnand est mort depuis longtemps en 1940 : Ernst Roehm, chef des S. A., officier subalterne de la Première Guerre mondiale devenu le lieutenant et l'homme de main d'Hitler qui le fit exécuter le 30 juin 1934, à Munich, avec d'autres compagnons de la première heure devenus encombrants.

Le 9 octobre 1940, au casino municipal de Nice a lieu la première réunion de la Légion des Combattants des Alpes-Maritimes. Le commandant Mélandri, héros des chasseurs, chef de la Légion à Nice, Pierre Gallet, Jean Bassompierre, Marcel Gombert et le révérend père Bruckberger sont auprès de Darnand. Sur la place, devant le casino, plus de

---

1. Le Conseil national, organisme consultatif, n'eut qu'un rôle extrêmement réduit. Le Tribunal d'État condamna à mort des communistes. Il jugea des affaires de marché noir et d'avortement.

dix mille personnes. Bassompierre commande le salut aux couleurs. *La Marseillaise.* Tour à tour les organisateurs prennent la parole. Darnand, Mélandri, Bruckberger parlent. La foule acclame le nom du Maréchal et les mots d'ordre de la Révolution nationale. C'est un triomphe.

Après la réunion, on trouve la salle du casino semée de petits papiers qui portent deux noms dactylographiés : PÉTAIN = BAZAINE.

Partout en France la Légion des Combattants a pris un bon départ; si bon que les Allemands, qui la soupçonnent de nourrir des idées de revanche, l'interdisent en zone Nord.

Dans les Alpes-Maritimes, le succès est extraordinaire. La Légion à Nice c'est « Jo », le « bon Jo », le très glorieux enfant adoptif du pays. Toutes les villes de France n'ont pas le bonheur d'avoir à domicile un héros si héroïque, si bagarreur, si dynamique. Et puis les revendications de Mussolini sur Nice font que les Niçois se précipitent à la Légion et aux manifestations patriotiques : réaction naturelle, réaction de résistance.

Après la défaite et l'humiliation de l'armistice, un vif besoin de chauvinisme possède la France. Avec ses défilés, ses drapeaux, ses *Marseillaise,* la Légion offre un exutoire aux démangeaisons tricolores. Son patriotisme, très cocardier, est sincère, mais c'est un patriotisme qui ne comporte pas de grands risques, et par là il signifie l'une des ambiguïtés profondes du régime de Vichy. Grâce à la Légion, grâce au Maréchal, beaucoup de Français peuvent se forger à bas prix des âmes superbes. Les dimanches, avec le béret, médailles pendantes (ou même sans), ils s'en vont courageusement narguer un ennemi lointain (les Allemands ne sont pas là), et puis chacun rentre chez soi.

Contre vents et marées, ce chauvinisme bon marché restera une constante de Vichy. Il sera l'alibi des pires abandons et des compromissions les plus déshonorantes. Les humiliations et les hontes qui ne vont pas cesser de s'accumuler pendant quatre ans n'ôteront rien, pour quelques-uns, à la saveur de ce patriotisme confortable. Crânes sous les soufflets et les coups de botte, ceux-là, braves avec économie, garderont une bonne conscience. Est-il imaginable que l'on puisse manquer au devoir du moment que l'on suit les consignes du « vainqueur de Verdun » ?

On conçoit qu'un héroïsme si dénué de péril ne pouvait suffire aux plus exigeants. Certains ont déjà choisi de continuer la lutte contre les Allemands. D'autres (je parle ici des sincères), fidèles au Maréchal, seront tout naturellement conduits à le dépasser, mus par la volonté de servir davantage, par l'esprit de sacrifice même chez les meilleurs : la plupart de ces hommes, partis de bonne foi dans une mauvaise direction, finiront très mal.

Darnand tout de suite se démène. En même temps qu'il met sur pied la Légion des Combattants des Alpes-Maritimes, il forme en son sein avec l'aide du 2e Bureau et de la Subdivision militaire une troupe de choc camouflée, destinée à lutter contre les Italiens au cas d'une tentative ouverte d'annexion ou de toubles provoqués par leurs agents. En outre, Darnand est l'un des organisateurs des « Groupes de Protection » créés à Vichy par le colonel Groussard, François Méténier [1] et le docteur Martin [2].

Les Groupes de Protection (G. P.) sont eux aussi une armée secrète. L'idée commune à ces Reichswehr noires grandes ou petites (il y en aura d'autres), c'est que, le moment venu, elles épauleront l'armée de 100 000 hommes que les conventions d'armistice ont laissée à la France en zone libre. Tout cela est du style de l'époque. C'est dire qu'on trouve dans les G. P. quantité d'anciens de la Cagoule, qu'ils sont une barbouzerie semi-militaire, antiallemands, mais très antigaullistes, très « Maréchal, nous voilà ». Leur principal chef, le colonel Groussard, est un officier d'active spécialiste du renseignement. D'accord avec le ministre de l'Intérieur, Peyrouton, et avec le général Huntziger qui le 8 septembre a remplacé Weygand à la Guerre, d'accord aussi avec le secrétaire général de la Légion, Loustaunau-Lacau, le colonel Groussard, dès l'été, s'est mis à l'œuvre. Il écrit : « Ma tâche serait de créer le

---

1. Instigateur des attentats à la bombe du 11 septembre 1937 contre la Confédération générale du Patronat et le Groupe des Industries métallurgiques.
2. Grand spécialiste des conspirations qui, bien des années plus tard, sera de l'un des complots qui aboutiront au 13 mai 1958.

noyau d'un service de renseignements antiallemand, sous le couvert d'une police annexe. »

Sous le nom anodin de « Centre d'Information et d'Etudes », l'organisation s'étend à toute la zone libre et pousse des ramifications en zone occupée. Elle comporte deux branches, civile et militaire. La branche civile ce sont les barbouzes; la branche militaire ce sont les G. P. proprement dits. G. P. et barbouzes sont recrutés dans les milieux « nationaux », c'est-à-dire à droite et à l'extrême droite. Tandis que la branche civile forme des réseaux d'espionnage, les hommes des G. P. se préparent. Se préparent à quoi? On ne sait pas trop. A reprendre les armes contre les Allemands, mais aussi, éventuellement, à maintenir l'ordre contre les communistes, les factieux, les adversaires du régime.

Les G. P. portent un uniforme bleu foncé, veste de cuir, le casque des chars. Leurs chefs sont pour la plupart des traditionalistes. La tendance pronazie est représentée. Comme à la Légion, elle est minoritaire.

Début septembre, le colonel Groussard nomme Darnand directeur du Centre d'Information et d'Etudes de la région Sud-Est. Comme les Italiens opposent leur veto à la formation des G. P. dans les Alpes-Maritimes[1], Darnand installe son poste de commandement à Marseille où il se rend avec Gombert. Gombert est plus spécialement chargé de l'armement : *primo*, il doit trouver des armes (ce qui n'est pas très difficile : l'armée française, en secret, les fournit); *secundo*, il doit les camoufler.

Outre Darnand et Gombert, nous trouverons plus tard à la Milice plusieurs anciens chefs des Groupes de Protection :

— à Montpellier, Jean Degans;

— à Toulouse, un officier de marine, Joseph Lécussan;

— dans le Var, un ancien du 24e B. C. A., le lieutenant Géromini;

— à Lyon, Jacques Dugé de Bernonville.

---

1. L'armistice du 24 juin 1940 entre la France et l'Italie prévoyait l'occupation par les Italiens du terrain conquis (quelques kilomètres carrés) et la démilitarisation d'une zone de 50 kilomètres à l'ouest de ce territoire. Nice et la plus grande partie des Alpes-Maritimes se trouvaient dans cette zone.

Blessé dans un accident de voiture, Darnand est alité plusieurs semaines. Au début de décembre, il écrit au colonel Groussard pour lui proposer sa démission de chef des G. P. du Sud-Est, disant que, président de la Légion des Alpes-Maritimes, il avait trop de travail pour exercer d'autres fonctions. Groussard accepte.

Cependant, le régime de Vichy continue sur sa lancée : il épure. Loi du 3 septembre 1940 portant création d'une cour martiale préposée à juger les gaullistes; loi du 3 octobre instituant un statut des Juifs (à l'époque, beaucoup de Français veulent croire que ce statut, qui fait des Juifs des citoyens de deuxième zone et qui retire la nationalité française aux Juifs d'Algérie, est imposé par les Allemands. Il n'en est rien. Ce statut émane de Vichy en toute indépendance).

Montoire a été un succès pour Laval. Les Allemands, principaux bénéficiaires de l'opération, manifestent leur satisfaction : ils libèrent plusieurs dizaines de milliers de prisonniers de guerre. Dans le même temps (mais sur cela la propagande de Vichy reste muette), ils commencent d'expulser d'Alsace et de Lorraine 150 000 Alsaciens et Lorrains jugés trop francophiles. En outre, fin octobre, 6 500 Juifs allemands de Bade et du Palatinat, expulsés par ordre de Hitler, arrivent à Lyon. En dépit des protestations de Vichy, la zone libre devient ainsi le dépotoir des Untermenschen. Bientôt d'ailleurs, Hitler regrettera ce transfert intempestif : il aura trouvé mieux.

Laval ne veut pas que la « collaboration » reste en si bon chemin. Son grand espoir, c'est que les Allemands acceptent de laisser la France mériter son pardon. Le 9 novembre, il rencontre Gœring qui le confirme dans ses dispositions : la France, pour obtenir de l'Allemagne un traitement avantageux, doit concourir à la défaite de l'Angleterre. Dans le courant du mois est élaboré un projet d'attaque par les Allemands, avec le soutien des forces de Vichy, des territoires d'Afrique ralliés aux gaullistes. Au bout de cela il y a la guerre avec la Grande-Bretagne, ce dont Laval est parfaitement conscient, ce qu'il souhaite.

Le 10 décembre, à une réunion à l'ambassade d'Allemagne, il déclare que la Grande-Bretagne avait fait savoir à Vichy qu'une action de sa part pour reconquérir les

colonies dissidentes entraînerait un conflit avec elle :
« Mais la France veut reprendre ses colonies — dit
Laval — et accepte l'éventualité d'une guerre contre
l'Angleterre en Afrique. »

Evoquant un entretien qu'il a eu avec le chargé
d'affaires américain, Murphy, il ajouta : « Je ne lui ai pas
caché que, dans notre propre intérêt, nous souhaitions la
victoire de l'Allemagne. »

Déat en tête, les collaborationnistes de Paris exultent. La
vieille droite, en général, et l'entourage du maréchal
Pétain, en particulier, sont beaucoup moins satisfaits. Ce
qui passe avant tout à leurs yeux, ce n'est pas que l'Allemagne gagne la guerre ou la perde, ou le sort des Alsaciens, des prisonniers, des Juifs ou des Tchadiens, c'est que
le régime de Vichy dure. Pour qu'il dure, il faut miser sur
le bon cheval. A cet égard, depuis l'échec des Allemands
dans la bataille d'Angleterre, une inquiétude est née : le
régime ne s'est-il pas un peu trop pressé de jouer son
avenir sur la victoire de l'Allemagne ? N'est-il pas déjà allé
trop loin dans ce sens ? N'est-il pas possible de faire
machine arrière ?

Coup d'arrêt : le 13 décembre, à Vichy, les G. P. du
colonel Groussard arrêtent Laval. Le lendemain matin, à
Paris, la police arrête Marcel Déat.

L'hiver arrive. Il apporte souffrances et désillusions. La
France est coupée en deux. Les prisonniers ne sont pas
revenus. L'empire a la gangrène. La collaboration est au
point mort. Pierre-Etienne Flandin a succédé à Laval. Il
tente de résister aux exigences allemandes.

Les Français qui font confiance au Maréchal ne sont
plus 90 pour cent comme en juillet 1940, mais ils sont
encore nombreux. Le premier décrochage important a été
provoqué par Montoire. Le second, c'est en zone Nord qu'il
se produit.

Depuis que la ligne de démarcation partage la France, la
zone libre somnole en toute quiétude, loin des Allemands,
loin de la guerre. Ici, la souveraineté de Vichy s'exerce à
plein. Le Maréchal a pour lui les Blancs (les notables, le

clergé, le gros des anciens combattants) et aussi beaucoup
des autres. Peu d'ouvriers, peu de Rouges en zone libre :
elle est principalement agricole. Avant la guerre, les socialistes et les radicaux avaient des bastions dans le Midi.
Souvent, leurs dirigeants sont eux aussi des notables : ils
se laissent oublier. Ordre moral, retour à la terre, cérémo-
nies tricolores, prêches, torpeur. Pétain règne sur des agriculteurs et de bons bourgeois tranquilles dans une odeur
rassurante de sacristie campagnarde.

En zone Nord, la situation est tout autre. Les Allemands
sont là, la croix gammée flotte partout. La réalité quotidienne pour les Parisiens et les habitants des grandes
villes, c'est le rationnement, ce sont les cartes d'alimentation, c'est la queue devant les boucheries, les crémeries, les
marchands de quatre-saisons. Bien sûr, grâce au marché
noir, les trafiquants et les privilégiés vivent fort bien. Des
fortunes énormes sont accumulées par quelques-uns. Mais
la classe ouvrière, les petits et moyens salariés souffrent.
Chaque hiver, pendant quatre ans, des milliers de vieillards mourront de faim et de froid.

L'occupation a un autre visage pour les Français de la
zone Nord, de tous le plus humiliant et le plus abhorré :
celui des collaborationnistes. Tout un tas de « partis »,
tout un tas de « chefs ». Pas de parti sans chef, pas de
chef sans parti. Alors c'est la course, la prolifération, les
tricheries, les jalousies affreuses, tout ça au niveau des
insectes, mais féroce, haineux, bavard. Il y a le P. P. F.
de Doriot, le Mouvement social révolutionnaire (M. S. R.)
qu'a fondé Deloncle avec Filliol de retour d'Espagne
(le M. S. R. regroupe essentiellement les anciens de la
Cagoule favorables aux Allemands), le Rassemblement
national populaire (R. N. P.) qu'a fondé Marcel Déat
le 1ᵉʳ février 1941, le Parti franciste de Marcel Bucard,
beau combattant de 14-18 devenu un gras et lourd personnage entouré d'éphèbes blonds, le Parti national collecti-
viste de Clémenti, le Front franc de Jean Boissel, le
Mouvement social européen (M. S. E.) et la Ligue française
du commandant Constantini, les Jeunes de l'Europe
nouvelle de Jacques Schweitzer, le Feu et son organe, *la
Tempête* (le Feu est commandé par le Maître du Feu,
Maurice Delaunay, dit Prométhée) ; et bien d'autres...

Le régime de Vichy, émanation de la vieille droite du XIX⁰ siècle, est une force. Vichy a une clientèle. Que représentent les collaborationnistes de la zone Nord? A peu près rien. La plupart de ces hommes étaient déjà fascistes ou fascisants avant la guerre. Il y a eu la débâcle, les Allemands sont arrivés, et ils n'ont pas su résister à la tentation de devenir nazis et de faire le jeu du « vainqueur ». Naturellement, ils prétendent œuvrer pour le salut de la France (qui en France, sous quel régime, oserait avouer l'intention contraire?). Mais que seraient-ils ces « partis » et ces « chefs » si les Allemands n'étaient pas là?

Avec quelques milliers de militants actifs, le P. P. F. de Doriot pose à l'organisation de masse. Ailleurs, les effectifs sont squelettiques : quelques anciens combattants « qui ne veulent pas que ça recommence », des étudiants pas pressés d'étudier, des aigris, des ratés pour qui la haine des Juifs est la revanche de leurs échecs, beaucoup d'individus en marge, sans vrai métier, sans structures morales solides, qui se poussent avec l'espoir d'obtenir un petit bénéfice.

Malgré leurs journaux et leurs affiches, malgré Radio-Paris et tous les moyens de propagande que les Allemands leur fournissent, les partis collaborationnistes n'ont aucun succès[1]. Se heurtant à l'hostilité générale, c'est dans la lie de la population qu'ils recrutent leurs maigres cohortes. Noblesse oblige : chacun de ces groupuscules a son uniforme, ses insignes, sa « milice » ou son « service d'ordre » en chemise bleue, noire, grise, kaki, son quartier général, ses permanences (des magasins juifs réquisitionnés), son « chef » qui pérore devant des foules de cinq cents personnes. Tous ces Führer miniatures croient imiter Hitler et Mussolini : ils en sont loin. D'abord parce qu'ils n'en sont pas capables. La plupart de ces hommes manquent absolument de sens politique et d'envergure. La France des années 1940 à 1944 n'est pas l'Allemagne de 1933 ou l'Italie de 1922. Hitler et Mussolini ont senti qu'il y avait un vide et ils ont offert leur solution. Ils ont su amalgamer des tendances, des rancunes, des idées qui étaient dans l'air. Ils ont su se placer dans un courant. Ils ont su

---

1. « Nous prêchions dans un désert hostile », écrit Saint-Paulien dans son *Histoire de la Collaboration.*

conquérir le soutien de fractions hétérogènes, mais importantes de la population.

Les collaborationnistes, eux, sont à contre-courant.
Quand on est en prison, on veut en sortir. Celui qui vient
vous raconter que le garde-chiourme est votre véritable
ami et que s'il vous enferme à clé, c'est pour vous éviter
les mauvaises rencontres, eh bien! on ne le croit pas et on
rit d'un bon apôtre dont on devine sans peine qu'il est
payé par l'administration pénitentiaire pour maintenir
l'ordre dans les cellules.

Les collaborationnistes accusent les Juifs, les Anglais et
les démocrates d'être les responsables des malheurs de la
France. Mais les Français *voient* que ce sont les Allemands
qui ont fusillé d'Estiennes d'Orves et Jacques Decour, qui
emprisonnent, qui déportent, qui pillent.

Que peuvent offrir *réellement* les ultra-collaborationnistes? Rien capable de séduire d'autres que des cervelles
déréglées par l'ambition, par le racisme, par la fascination
de la brutalité hitlérienne : les nazis sont grands, les nazis
sont beaux, les nazis sont forts; le nazisme est magnifique;
le nazisme est l'avenir du monde; les Français ont eu tort,
avant la guerre, de refuser d'être nazis; maintenant, les
Français qui s'obstinent dans leur erreur sont des traîtres,
des saboteurs, des imbéciles. Il faut copier les Allemands.
Il faut se hisser à leur niveau. Il faut « forcer leur estime »,
de façon qu'ils pardonnent aux Français d'être français.

Les collaborationnistes, pour leur propagande, utilisent
plusieurs thèmes.

Le 2 septembre 1940, la *Propaganda Staffel* impose aux
éditorialistes de développer les réflexions suivantes : la
France est responsable de la guerre au même titre que la
Grande-Bretagne; le peuple français dans son ensemble est
aussi coupable que ses dirigeants de 1939. Obéissant à ces
consignes, et pour beaucoup de très bon cœur, les collaborationnistes, pendant quatre ans, vont tenter d'exploiter le
sentiment de culpabilité et de rancune envers la patrie de
quelques-uns de leurs compatriotes. Cela ira du maso-
chisme pur et simple au délire psychopathique.

Les collaborationnistes sont *européens*. Comme Pétain,
ils ont « dépassé », et très largement, le « nationalisme ».
La France, c'est vraiment trop petit, périmé, pas intéres-

sant. Il leur faut du grandiose pour trouver à employer leurs immenses talents. Ah! qu'elle sera belle demain l'Europe SS, l'Europe en marche avec son beau visage carré, correct, gothique, sous le grand casque d'acier! Ah! qu'il fera bon vivre dans cette Europe-là!

Vertueux, les collaborationnistes entendent rompre avec un passé misérable de fêtes et d'amollissement. Ils stigmatisent « la prospérité matérielle, l'insouciance de vie, la débauche de confort et de plaisirs dans lesquels la France s'enlisait délicieusement[1] »... Ils sont des révolutionnaires, et de l'espèce la plus farouche. Doriot et Déat, en particulier, ne cessent d'accabler de leurs sarcasmes Vichy et l'entourage du Maréchal (sans aller jusqu'à oser attaquer de face Pétain lui-même). Aux ministres et aux dignitaires du régime, ils reprochent leur conservatisme étroit, leur incapacité. Le 3 décembre 1940, Déat déclare au micro de Radio-Paris :

> « Le Maréchal... a abandonné à des commis promus ministres la direction quotidienne des administrations... Ces ministres presque anonymes... sont voués corps et âme à toutes les réactions, en flirt permanent avec les grands intérêts, et tout confits en cléricalisme. Ils sont monarchistes par principe et ultra-conservateurs par définition... Ils ne connaissent rien au gouvernement d'un grand pays... Ils ont réussi, après cinq mois, à soulever l'indignation populaire... à faire contre eux l'unanimité des deux zones... à étouffer les libertés sans instaurer la discipline... Monsieur le Maréchal, il faut les chasser. Et vous verrez de quel élan la France vous suivra. »

Les ultras de la zone Nord (et, à partir de 1942, Darnand en zone Sud) accusent le régime de Vichy de conservatisme. Ils n'ont pas tort, mais que sont-ils eux-mêmes? Que trouve-t-on dans leurs programmes en matière économique et sociale? De bonnes paroles à l'égard des ouvriers, des intentions charitables (chez quelques-uns elles sont

---

1. Noël de Tissot, *Combats – Bulletin de la Milice*, du 15 mai 1943.

sincères), des formules creuses et vagues destinées à dissi-
muler qu'ils sont du parti de l'ordre et qu'ils en représentent la fraction la plus réactionnaire. En bref, le
nazisme étant la panacée universelle, qu'on leur donne le
pouvoir et on verra ce qu'on verra.

Ce pouvoir qu'ils réclament à cor et à cri, les ultras ne
l'obtiendront jamais. C'est que personne n'éprouve la tentation de le leur donner. Vichy, certainement pas : les
traditionalistes de la zone Sud haïssent ces « néo-socialistes ». Les Allemands, pas davantage. Ils sont sans illusion sur la force et l'influence réelles des groupuscules
ultras. Imposer Doriot ou Déat comme chef du gouvernement provoquerait très probablement le retrait du Maréchal. Les bénéfices d'une telle opération seraient hors de
proportion avec les pertes : c'est grâce à Pétain que les
usines françaises, pendant quatre ans, vont travailler au
profit du Reich, c'est le prestige du « vainqueur de Verdun » qui fera que la Résistance démarrera lentement et
n'aura longtemps que des effectifs limités. Déat ou Doriot
au pouvoir, ce serait tout de suite un refus d'obéissance
général. Les nazis doués de sens politique ne l'ignorent
pas. Hitler a joué la carte Pétain; il continuera : c'est la
meilleure.

Si les ultras ménagent la personne de Pétain, c'est que
leur rêve est qu'il accepte de faire appel à eux et d'être
leur maréchal Hindenburg. Pétain fait la sourde oreille.
Dépourvus de soutien populaire, incapables de prendre le
pouvoir de force, les ultras n'ont plus d'autre solution que
de s'adresser aux Allemands. Ceux-ci ne leur témoignent
guère d'égards. Bien sûr, quand on occupe un pays, il est
utile d'avoir sous la main quelques individus de ce genre.
Pour les Allemands, les ultras ont pour principal avantage
de permettre d'exercer un chantage quand Vichy fait mine
de vouloir sortir de l'obéissance. D'ailleurs, il y a Allemands et Allemands, chez eux aussi les tribus abondent, ce
qui multiplie les possibilités d'approches et de combinaisons : numéro 1, Hitler (il est loin; il ne s'intéresse guère à
la France sauf qu'il la veut en miettes et incapable de se
relever jamais); von Ribbentrop, ministre des Affaires
étrangères (son favori : Doriot) ; Otto Abetz, ambassadeur d'Allemagne, un garçon bien aimable, qui connaît

le Tout-Paris, qui a de l'entregent (grand ami de Laval;
caresse un peu Déat; appuiera Darnand en novembre 1942; n'aime pas Doriot); Himmler (en 1940-1941, son
étoile est loin d'être au zénith : à partir de l'été 1943 il
soutiendra Darnand, puis il l'abandonnera); le commandement militaire allemand en France, les généraux
(traditionalistes en majorité, ils n'aiment pas trop le Führer, ils l'aimeront encore moins quand les choses tourneront mal; ils sont hostiles aux ultras; ils s'opposeront à
toutes les tentatives de nature à permettre à la France de
se renforcer militairement); Goebbels, le Gauleiter Sauckel et bien d'autres auront aussi leurs courtisans.

On comprend que les ultra-collaborationnistes sont très
malheureux. Voilà des gens qui jusqu'au dernier jour, en
France d'abord, en Allemagne après leur fuite, ne cesse-
ront pas d'offrir leurs services, de tirer les cordons de
sonnette, de battre le tambour sur la place publique, et
personne, pas plus les Allemands que les Français (les
Allemands de temps à autre font semblant), n'acceptera
jamais de les prendre au sérieux. Tout ce que les ultras
essaieront de faire pendant presque cinq ans échouera
lamentablement. Ils ne renonceront jamais. Aucune indécence ne sera pour eux insurmontable. Honnis de
l'immense majorité des Français, méprisés par les Allemands eux-mêmes, infatigables, ils continueront de plas-
tronner, de pérorer, de parader et de se donner en spectacle, en attendant le jour béni du grand parti unique.

Le grand P. U., pour les groupuscules ultras, c'est l'ambition suprême; c'est le rêve splendide où se dissolvent leurs
scrupules. Car bien sûr, chaque « chef » espère fermement
que ce sera lui que les Allemands choisiront et que ce sera
son équipe qui sera le noyau du grand parti nazi français.
Pour arriver là, tous les coups sont permis. D'abord trouver des troupes. Mais les troupes sont rares et clairsemées.
Alors, pourquoi ne pas se mettre à plusieurs pour enlever
l'affaire? Cela donne à peu près ceci : « J'ai 1 500 militants — pense le chef de parti X. Si je m'associe avec Y
qui en a au moins 2 000, à nous deux nous serons la
France de demain. Et comme c'est moi que les Allemands
préfèrent, je serai le chef du grand P. U. »

Tractations. Partage de la peau de l'ours. Si le chef X et

le chef Y parviennent à se mettre d'accord, si par-dessus le marché ils réussissent à embobiner le chef Z, et s'il y a deux ou trois Allemands dans la combine (et il y a *toujours* des Allemands dans la combine), alors ils ne sont plus seulement la France de demain, ils sont l'Europe nouvelle.

Fusions et associations ne durent jamais très longtemps. Elles se terminent par des crocs-en-jambe, des méchancetés inouïes. Un exemple : en février 1941, Deloncle participe à la fondation du R. N. F. de Déat. Ils s'aiment. Deloncle apporte son M. S. R. au R. N. P. Ils s'aiment encore plus. Le M. S. R. tente de noyauter le R. N. P. Ils s'aiment moins. Deloncle et Filliol font assassiner plusieurs déatistes, parmi eux une femme dont le corps est retrouvé dans la Seine. Fâcherie. Ils ne s'aiment plus du tout. En juillet 1941, Deloncle et Filliol tenteront de faire assassiner Déat.

Les groupuscules ultras de la zone Nord sont l'aile marchante et martiale de la collaboration. Ils en donnent une image vulgaire et brutale. Il y a aussi la collaboration distinguée : artistes, intellectuels, demi-mondaines, gros messieurs. Quantité d'écrivains : Robert Brasillach, Drieu La Rochelle, Alphonse de Chateaubriant, Céline, Abel Bonnard, Jacques Benoist-Méchin. Festivités, galas, musique. L'internationale des gens bien élevés. Les raffinements de la culture, la sobriété magnifique des uniformes allemands. Semaine Mozart, semaine Wagner, exposition « Le Juif et la France » au palais Berlitz, exposition Arno Brecker avec Benoist-Méchin au micro, qui parle de l'art allemand aux Allemands et de l'art européen aux Français.

Benoist-Méchin : un cas. Avant la guerre, il était l'auteur connu d'une *Histoire de l'armée allemande* où il ne dissimulait pas sa grande sympathie pour les corps francs de la Baltique et de Silésie, pour le nazisme triomphant, pour Hitler. Soit. Mais Rossbach et Hitler furent d'abord des *résistants*, des hommes qui n'acceptèrent pas la défaite de leur pays. La France vaincue et occupée, Benoist-Méchin, pendant quatre ans, prendra le contre-pied de ce qu'aurait dû lui suggérer une lecture attentive de son œuvre.

Tous les Français de la zone Nord ne sont pas invités

aux grandes manifestations culturelles, artistiques ou politiques où règne l'esprit le plus franchement « européen », mais ils lisent les journaux et ils écoutent la radio.

Radio-Paris, c'est Jean Hérold-Paquis. Journaliste très obscur, il a combattu quelques mois aux côtés des franquistes en Espagne, en 1937. Atteint de pleurésie à la bataille de Teruel, il commence sa carrière de propagandiste sur les ondes de Radio-Saragosse pendant l'été 1938. Il s'adresse aux Français de France [1]. Il leur explique le sens du combat que mène Franco (avec l'aide de Hitler et de Mussolini), pour la civilisation chrétienne, pour l'Europe, contre Moscou et les hordes judéo-marxistes. En France, d'abord à *l'Eclaireur de Nice*, à Radio-Paris ensuite, il reprendra les mêmes thèmes en les agrémentant de quelques nouveautés. Je cite :

La République est « la vieille Marianne aux fesses croulantes ».

Les Français sont non seulement « les honteux de la défaite » mais « les miséreux de la revanche ».

Les résistants sont « les Tartuffes du faux patriotisme, les excitateurs au suicide de la France, les dangereux bouffons d'une prétendue Résistance acceptée de Grande-Bretagne ».

Les gaullistes sont « les bonimenteurs de la parade dissidente », « les saltimbanques des bords de la Tamise ». Ils « ont enseigné à la jeunesse la nécessité du clandestin, c'est-à-dire la trahison ».

Début 1944, à propos des maquisards : « Les gars du maquis n'ont été souvent que les partisans du moindre risque, et lorsqu'ils se révélaient combattants, ils cessaient soudain d'être français. »

Et quantité de fausses informations pour accréditer que les Allemands volent de victoire en victoire, qu'ils sont invincibles. Fin mai 1944, quelques jours avant le débarquement, il déclare : « Tout débarquement est voué à l'échec. »

Jean Hérold-Paquis est membre du P. P. F. de Doriot.

1. Il s'adressait aussi aux Français des Brigades internationales. Se reporter à mon livre.

Avant la guerre, il avait été condamné trois fois : pour abus de confiance, pour escroquerie et pour entretien de concubine au domicile conjugal. En ce temps-là, il ne gagnait pas 30 000 francs par mois comme en juillet 1944...

Les journaux quotidiens de la zone Nord sont contrôlés et censurés par les Allemands. Les journaux d'opinion sont tous fascistes. La presse collaborationniste, comme Hérold-Paquis, se montre extrêmement dure à l'égard des Français. C'est normal : « Les Français manquent de virilité », « les Français ne pensent qu'à bouffer ». Aussi toute comparaison entre les Français et les Allemands ne peut leur être qu'accablante : ils sont des êtres inférieurs, sans force, sans grandeur, sans générosité; ce sont des « revanchards », des « bellicistes haineux » qui refusent la main que leur tend le « vainqueur ».

Avec leurs « chefs », leurs écrivains, leurs journalistes, les collaborationnistes se considèrent comme l'élite progressiste et intellectuelle de la France. Parce qu'ils sont supérieurement intelligents, ils ont compris, eux, que le Reich ne peut pas perdre la guerre et la nécessité « vitale », « impérieuse », « biologique » qu'il y a pour les Français de devenir nazis et pour la France de s'intégrer dans l'Europe nouvelle. Les Français du commun ne le comprennent pas. Ils sont bêtes, ils sont très bêtes. La bêtise, la poltronnerie et la paresse des Français désespèrent le gratin collaborationniste. Ils sont atterrés. Ils ont beau les fustiger, les accabler de leur mépris, les Français restent « des larves », « les éternels mollusques[1] ».

Il n'est pas possible de sentir ce que fut le tout petit monde de l'ultra-collaboration sans faire entrer en ligne de compte l'immense vanité et les prétentions outrecuidantes de ces super-cerveaux. Et leur candeur. Car ils sont naïfs (on comprend que je parle ici des honnêtes) et d'une naïveté désarmante. Ils adorent trop les nazis et le nazisme pour garder le moindre sens critique. En somme, Hitler a envahi la France pour faire le bonheur des Fran-

---

1. Ces citations sont extraites de *Je Suis Partout, Gringoire, l'Œuvre, le Cri du Peuple, le Pilori, la Gerbe, les Nouveaux Temps*.

çais et pour leur permettre à eux de faire de ce peuple avachi l'égal des durs Allemands[1]...

Il y a parmi les ultras des hommes capables. Mais enfin, les plus talentueux d'entre eux, avant la guerre, ne se trouvaient pas aux toutes premières places; et soudain on leur offre des tribunes, des conférences, des journaux; et ils parlent, et ils écrivent, et ils professent, et ils se racontent; et quand ils ont fini, ils recommencent. Combien de causeurs de salon promus orateurs publics! Combien de pamphlétaires qui se croiront des hommes d'Etat! Combien de grenouilles qui feront les plus grands efforts pour égaler la grosseur des bœufs! Comme ,ils voudraient qu'on les prenne au sérieux, qu'on les croie...

On ne les croit pas. Ils redoublent d'invectives. Trop longtemps incompris, ils deviennent carrément furieux : « La taille de Hitler se mesure aux insultes qui lui sont prodiguées, aux haines frénétiques et imbéciles qu'il inspire », écrit Lucien Rebatet dans *Je Suis Partout*, en juillet 1944... « En écrivant ces lignes, je souhaite prendre date pour 1964... J'admire Hitler. Nous admirons Hitler, et nous avons pour cela de très sérieuses raisons... C'est lui qui portera devant l'Histoire l'honneur d'avoir liquidé la démocratie... »

Il est juste de dire que ceux qui étaient fascistes ou fascisants avant la guerre ne devinrent pas tous collaborationnistes. Il y aura dans la Résistance des anciens ligueurs, des maurrassiens déçus .par Maurras. Dès l'été 1940, des anciens de la Cagoule ont pris le chemin de Londres. Initiés aux délices de la barbouzerie, ils ne peuvent plus s'en passer. Aussi, c'est au B. C. R. A., le 2e Bureau gaulliste, qu'on trouve les principaux.

La révolution de palais du 13 décembre a surpris les ultras. L'arrestation de Déat les a inquiétés (encore un

1. Avant la guerre, Hitler avait dit et répété : « L'ennemi mortel, l'ennemi impitoyable du peuple allemand reste la France. » Le 2 août 1941, il dira à Martin Bormann : « Je ne veux imposer le national-socialisme à personne. Quand on me dit que certains pays veulent rester démocratiques, je dis tant mieux. Les Français, par exemple, doivent conserver leurs partis. Plus il y aura chez eux de mouvements sociaux-révolutionnaires, mieux cela vaudra pour nous. »

mauvais coup des réactionnaires de Vichy). Celle de Laval
leur a bien moins déplu. Pour ces fascistes déclarés, le
collaborationniste Laval, ex-politicien notoire du défunt
régime, reste suspect de républicanisme. Et puis ils veulent
sa place. Ils feraient mieux que lui.

Les Allemands sont furieux. Ils font relâcher Déat. Ils
obtiennent de Vichy la libération de Laval qui déclare :
« Ce n'est plus du côté français que je devrais chercher
mes amis. C'est du côté allemand. »

Il ne s'agit pas de paroles en l'air. Réfugié à Paris où il
bénéficie de la protection de ses amis allemands, il écrit à
Hitler la lettre que voici :

« Monsieur le Chancelier du Reich,

« Par la présente, je voudrais vous exprimer ma
reconnaissance.

« Victime d'une agression ridicule de la part de la
police, j'ai entendu à la radio, avec la plus profonde
joie, au lieu de refuge qui m'a été imposé ainsi qu'à
ma famille, la déclaration que Monsieur l'Ambassadeur [1] a faite à la presse.

« A partir de cet instant, j'étais débarrassé du sentiment de mon isolement.

« Le lendemain, j'ai appris que votre Ambassadeur
se rendait à Vichy, et qu'il viendrait ensuite me rendre
visite à Châteldon. J'en conclus que ma libération était
proche et que c'est à vous que je la devrais.

« Par son action, le gouvernement français a commis une faute grave, mais j'espère de tout mon cœur
que mon pays n'aura pas à en souffrir.

« On ne peut en rendre la France responsable, car la
France désapprouverait cette façon d'agir, dès qu'elle
en aurait connaissance.

« La politique de collaboration avec l'Allemagne est
approuvée par la grande majorité des Français. Le
nombre de ceux qui comprennent que c'est la seule
voie dans laquelle nous devons nous engager croît
chaque jour.

« Une collaboration doit être loyale, sans ambi-

1. Otto Abetz, avec qui Laval avait gagné Paris.

guïté, sans arrière-pensée. C'est ainsi que je la comprends et que je l'ai toujours pratiquée. Rien de grand ni de durable ne peut être réalisé par la duplicité.

« J'aime mon pays et je sais qu'il peut trouver une place digne de son passé dans la Nouvelle Europe que vous construisez.

« Je crois pouvoir conclure de votre attitude, Monsieur le Chancelier du Reich, que vous avez foi dans la sincérité de mes efforts. Vous vous y êtes aussi peu trompé que je me suis mépris moi-même sur la magnanimité et la grandeur que vous avez exprimées en offrant à la France une collaboration au lendemain de votre victoire.

« Veuillez agréer, Monsieur le Chancelier du Reich, l'assurance de ma très haute considération et veuillez croire à la fidélité de mon souvenir. »

Pierre Laval écrit à Hitler : « J'aime mon pays. » Soit. Tout de même, Laval n'est pas un apprenti. Le citoyen français Laval, ex-vice-président du Conseil, plus tard chef du gouvernement et de la Milice, s'adresse au chef d'un Etat contre lequel la France est en guerre (le 30 octobre Pétain a rappelé : « L'armistice, au demeurant, n'est pas la paix. »), pour l'assurer de sa fidélité et lui faire, en somme, des offres de services. Qui ne ressent l'indécence d'une telle démarche et de tels propos?

Après ce comportement d'un si haut personnage, comment s'étonner qu'un protégé de Laval, le délégué officiel de Vichy en France occupée, le louche Fernand de Brinon, ait la conduite d'un agent allemand? Et comment s'étonner si, plus tard, Darnand, Déat et d'autres écriront eux aussi à Hitler, eux aussi pour poser leur candidature?

Le 13 décembre a une autre conséquence : les Allemands obtiennent de Vichy la dissolution des G. P. Les G. P. ne disparaissent pas pour autant. Ils se camouflent. A Marseille, le commandant Ebel qui a succédé à Darnand crée une entreprise fictive de chalutage.

Les G. P. nouvelle manière font toujours du renseignement. Le colonel Groussard cherche des hommes pour ses réseaux. Passant à Nice au début de janvier 1941, il y rencontre Darnand à qui il expose le but qu'il poursuit :

« Se préparer à la lutte armée. » Darnand répond qu'il est
prêt à commencer sur-le-champ et il est déçu quand
Groussard lui explique qu'il ne s'agit, pour le moment, que
de « tenir ses hommes » et de « sonder les intentions ».
Groussard dit alors à Darnand : « Je vous demande votre
parole d'honneur que je puis compter sur votre fidélité à
la cause que nous soutenons contre l'Allemagne [1]. »

Darnand, aussitôt, donne sa parole. Les deux hommes se
séparent. Ils ne se reverront plus, car le colonel Groussard
sera arrêté en juillet 1941 puis gagnera la Suisse. Au cours
de l'été 1943, Darnand tentera de reprendre contact avec
lui, mais déjà il sera trop tard, Darnand sera allé trop
loin.

Malchance pour Darnand que cette influence qui va
s'estomper. S'il en avait été autrement, peut-être n'aurait-il
pas cédé à ses démons. Il a confiance en Groussard, officier d'active traditionaliste, chef à monocle, « national »
qui a fait ses preuves.

Au fond, au début de 1941, Darnand est indécis. Il est
antigaulliste, il s'est voué à la Révolution nationale : cela
est acquis. Mais il voudrait qu'on lui dise clairement ce
qu'il doit faire. Et quelle interprétation donner aux événements ? L'éviction de Laval du gouvernement est-elle un
grand malheur comme le soutient Filliol ou une très bonne
chose comme le pensent la plupart de ses copains de
Nice ?

Ce sentiment de désarroi, bien d'autres Français fidèles
au Maréchal l'éprouvent. Pétain, en octobre, a ordonné la
collaboration « sincère ». Nous sommes en janvier et le
successeur de Laval, Pierre-Etienne Flandin, a pris le
contre-pied de sa politique. Que veut le Maréchal ? Faut-il
poursuivre dans la voie de la collaboration ou se préparer
à la revanche ?

N'en doutons pas : si le maréchal Pétain, en 1941, donnait l'ordre de reprendre les armes contre les Allemands,
Darnand lui obéirait. Mais Pétain ne dit rien de tel. A
défaut d'instructions claires, Darnand lâche du lest. Promenades en compagnie de Gombert, de Bassompierre, de
Pierre Gallet, de Bruckberger. Bonnes bouteilles vidées

1. Colonel Groussard, *Service secret 1940-1945.*

dans les auberges, pipes, discussions : avec qui ? contre qui ?

L'intermède de Flandin ne dure qu'un mois et demi. Les Allemands obtiennent son retrait. En février, l'amiral Darlan lui succède. De nouveau la collaboration est à l'ordre du jour; le mouvement s'accélère. En zone Nord les ultras s'agitent. En zone Sud la Légion défile. Ses effectifs ne cessent d'augmenter : 70 000 adhérents dans les Alpes-Maritimes fin 1941.

Darnand prend le tournant. En mai, rupture avec Bruckberger.

« Un soir, écrit Bruckberger [1], je fus invité à dîner par mes camarades du corps franc. Darnand était là. J'étais décidé à éclaircir la situation. Je posai une fois de plus et très nettement la question de la revanche contre l'Allemagne. Darnand, pour la première fois devant moi, fit profession de « collaboration ». Il m'expliqua que la France avait eu tort de déclarer cette guerre perdue d'avance et que, pour lui, personnellement, il regrettait d'y être parti et de s'être laissé entraîner par Agnély, qui, lui aussi, avait eu tort de partir. A ce point je suis intervenu et j'ai dit simplement :

« — Même de vous, mon lieutenant, jamais je ne supporterai qu'on dise devant moi qu'Agnély a eu tort de mourir comme il est mort. »

Le lendemain, Bruckberger, qui n'est pas homme à redouter les éclats, à une conférence du monarchiste Henri Massis sur Péguy où celui-ci est enrôlé sous la bannière du Maréchal, prend la parole et contredit l'orateur en citant ce texte du poète catholique : « Nous ne nous abusons pas quand nous croyons que tout un monde est intéressé dans la résistance de la France aux empiètements allemands. Et que tout un monde périrait avec nous. Et que ce serait le monde même de la liberté. »

Esclandre. Rappel à l'ordre du dominicain par l'évêque de Nice. Et cela finit par une explication à cœur ouvert

1. *Si Grande Peine.*

entre Bruckberger et Darnand où celui-ci déclare : « C'est sans doute vous qui avez raison, mais maintenant je suis trop vieux pour faire de l'opposition », et où Bruckberger lance, à bout d'arguments : « Vous finirez fusillé et moi je serai assez con pour venir vous défendre. »

Il tiendra parole.

A cette époque naît le Service d'ordre légionnaire (S. O. L.). Naissance discrète. L'initiative en revient à Pierre Gallet, à Marcel Gombert et à Jean Bassompierre plus qu'à Darnand lui-même. Puisque la Légion piétine, que ses chefs sont divisés sur la route à suivre, pourquoi ne pas créer en son sein une organisation où seront groupés les hommes résolus à aller de l'avant au service de la Révolution nationale? Darnand est séduit. Il est las du patriotisme de kermesse de la Légion. Et puis Déat a son parti, Doriot a son parti, Bucard a son parti : Darnand veut avoir son parti, lui aussi.

Le 3 octobre 1945, Joseph Darnand dira en Haute Cour de Justice :

« Il y a eu, pratiquement, autant de légions qu'il y avait de départements. La Légion, dans certains départements, était réactionnaire. Dans d'autres départements, elle était très maréchaliste, très « Révolution nationale ». Dans certaines régions du Midi, dans certains coins du Midi, les francs-maçons avaient conservé tous les leviers de commande. Enfin, bref, cette Légion n'était pas animée, elle n'était pas commandée. Chacun faisait ce qu'il voulait.

« Moi, j'ai fait une Légion suivant mon tempérament tel que j'étais. Je ne leur ai jamais caché. J'ai fait des discours. Ils ont été lus, ils ont été publiés. On les a repris dans la presse de Vichy. On les a montés en épingle. On a raconté partout : « Allez dans les Alpes-Maritimes, allez voir ce qu'a fait Darnand. » J'ai été poussé, naturellement, parce que j'avais réussi, peut-être parce que j'étais parti le premier, ou peut-être simplement parce que j'avais une qualité que

d'autres n'avaient pas toujours eue : je m'étais battu à
l'ennemi.

« J'ai créé le S. O. L. Le S. O. L., c'est la conséquence
de cette Légion mal fichue. J'ai tout de suite compris
qu'on ne pourrait jamais appuyer un gouvernement
du Maréchal, jamais une association groupant un million et demi de membres qui n'étaient pas d'accord
entre eux, et j'ai choisi, ou plutôt, j'ai invité ceux qui
étaient de véritables révolutionnaires, ceux qui pen-
saient, sur le plan social, qu'une véritable révolution
devait se faire, qu'il fallait qu'on change complètement
de régime, j'ai invité tous ces hommes à se joindre.
C'est ainsi qu'on a fait le S. O. L. »

Les choses en sont là quand, le 22 juin 1941, les armées
allemandes se jettent sur l'Union soviétique.

Le S.O.L. échoue au but
(22 juin 1941 — 18 avril 1942)

L'Europe contre le bolchevisme. – La L. V. F. – L'attentat de
Collette. – Le S. O. L. naît officiellement: Son organisation, son
programme, ses rapports avec la Légion des Combattants. –
Première investiture S. O. L. aux arènes de Cimiez. – Pucheu
appuie Darnand. – Laval rentre au gouvernement.

L'attaque allemande contre l'U. R. S. S. frappe le monde
de stupeur. La guerre s'étend encore. A l'Est commence un
duel colossal où le Reich qui devait durer mille ans sera
mortellement blessé.

L'événement ne change rien aux positions fondamen-
tales des ultra-collaborationnistes : il augmente seulement
leur ardeur.

Au contraire, en France comme dans les autres pays
occupés ou sous tutelle, cette attaque balaye les scrupules
et les hésitations des conservateurs traditionalistes. Mû par
la crainte que la défaite de l'Allemagne signifie la victoire
de la révolution, le gros de ceux-ci saute le pas. Vichy, les
pétainistes, la vieille droite ne deviennent pas nazis, mais,
désormais, ils vont souhaiter ouvertement la victoire du
Reich.

Un indice de ce tournant est donné par les déclarations
que font à l'époque de hautes personnalités ecclésiastiques.
Le 7 août 1941, Mgr Constantini, secrétaire de la Propaga-
tion de la Foi au Vatican, fait allusion à la campagne de
Russie en ces termes :

« Dans ce vaste pays où les démons sont personni-
fiés par les chefs de diverses républiques, on voit de

valeureuses armées qui ont entamé les plus grandes batailles. Nous souhaitons, de tout notre cœur, que cette bataille entraîne la destruction du bolchevisme nihiliste et révolutionnaire. »

Son Eminence le cardinal Baudrillart, recteur de l'Institut catholique de Paris, membre de l'Académie française, déclare :

« En cette année 1941, le problème bolcheviste, toujours le même dans son fond, a pris tout à coup un nouvel aspect. Jusqu'ici il avait pu y avoir, entre partisans et adversaires, des luttes théoriques, des batailles d'idées. Mais la forteresse soviétique demeurait intacte, inviolée, toujours en mesure d'envoyer partout ses agents clandestins de propagande et d'épizootie.

« Le monde tout entier a failli être corrompu et détruit par le virus bolchevique, mais voici qu'un grand appel d'air s'élève, tourbillonne, commence de balayer et d'assainir. Le temps de la colère (*tempus iracundiae*) est enfin venu. Le monde chrétien et civilisé se dresse dans un élan formidable pour défendre et sauver notre antique civilisation chrétienne en péril de bolchevisation, c'est-à-dire de mort.

« Prêtre et Français, dans un moment aussi décisif, refuserais-je d'approuver la noble entreprise commune, dirigée par l'Allemagne, susceptible de délivrer la Russie de la gangue qui, depuis vingt-cinq ans, tient enserré, étouffé, son vieux fond humain et chrétien; de délivrer la France, l'Europe, le Monde, des chimères les plus pernicieuses et les plus sanguinaires qu'ait connues l'humanité; de soulever les peuples au-dessus de leurs intérêts étroits et d'établir entre eux une sainte fraternité renouvelée du Moyen Age chrétien? Voici les temps d'une nouvelle croisade... »

Voilà donc Hitler, promoteur en Allemagne du néo-odinisme nazi, chef de l'armée du Christ dans la « sainte fraternité » de la « croisade » contre les « démons ». On conçoit le trouble que peuvent créer de tels appels aux armes chez les catholiques.

En vérité, Hitler n'a pas attaqué l'U. R. S. S. pour délivrer qui que ce soit, ni pour faire plaisir aux ultraconser-
vateurs et aux hystériques. La raison principale de l'invasion, il faut la chercher dans sa politique de « l'espace
vital ». Hitler l'a écrit dans *Mein Kampf* en 1924, il l'a dit
et répété depuis : c'est « aux dépens de la Russie » que le
Reich doit s'agrandir. Avouer que l'agression contre
l'U. R. S. S. a pour premier mobile l'appétit de conquêtes
ne serait pas très astucieux. Aussi, à partir de l'été 1941, la
propagande allemande prend pour thème numéro 1 la
lutte contre le bolchevisme : dans les plaines de l'Est, la
Wehrmacht et les SS défendent la civilisation, l'ordre et la
chrétienté contre les hordes judéo-marxistes; le grand
Reich se désigne comme le champion de l'internationale
blanche contre l'internationale rouge.

Plus que jamais l'intérêt des Allemands est que les pays
qu'ils occupent continuent de travailler pour eux et que les
peuples se tiennent tranquilles. Plus les choses vont aller
mal (et il apparaîtra bientôt que l'ère des succès est close),
plus la propagande allemande insistera sur le caractère
« européen » de la guerre contre l'U. R. S. S., et plus elle
s'efforcera d'enfermer les non-communistes dans ce faux
dilemme, à savoir que la défaite de l'Allemagne serait
immanquablement le triomphe de Staline.

Tout de suite, Vichy rompt ses relations diplomatiques
avec l'U. R. S. S. Entre les nazis français, d'une part, et les
traditionalistes obsédés par l'anticommunisme, de l'autre,
c'est à qui soufflera le plus fort dans la trompette. Enfin le
vieux rêve se réalise : l'Allemagne va régler son compte au
monstre.

En zone Nord, les ultras exultent. C'est Doriot qui lance
l'idée, elle est aussitôt reprise par Deloncle et par Déat :
« Les révolutionnaires français ne peuvent être absents de
la croisade où l'Europe joue son destin. » La Wehrmacht
est hostile, mais l'ambassadeur Abetz, après avoir hésité
car Vichy n'est pour rien dans le projet, le favorise. Le
7 juillet 1941, création de la Légion antibolchevique; elle
sera rebaptisée peu après Légion des Volontaires français
contre le bolchevisme (L. V. F.).

La L. V. F., à son commencement, est tout simplement
une association privée dirigée par un comité central dont

Deloncle est le président et où l'on trouve Marcel Déat,
Jacques Doriot, Marcel Bucard et quelques autres. Le
18 juillet, au Vélodrome d'Hiver, les fondateurs de la
L. V. F. prennent la parole devant 6 000 personnes, en
majorité des curieux, et Paris se couvre d'affiches : ceux
qui veulent en découdre sont invités à poser leur candidature.

Echec. Les Français n'ont pas envie d'aller se battre
contre les Russes alors que ce sont les Allemands qui
occupent la France. Les collaborationnistes ont beau leur
donner mille raisons plus pertinentes et plus intelligentes
les unes que les autres pour les convaincre d'y aller, ils n'y
vont pas. Alors les chefs ultras frappent un grand coup :
Déat, Deloncle, Doriot, Constantini et Clémenti annoncent
qu'ils ont eux-mêmes souscrit un engagement, qu'on les
suive des yeux et on verra ce qu'on verra. Finalement,
seuls partiront Doriot et Clémenti à qui il faut reconnaître
le mérite d'avoir prêché d'exemple.

La L. V. F. recrute d'autant plus mal que beaucoup
d'anticommunistes farouches pensent qu'il n'est nullement
besoin de visiter la Russie : c'est en France qu'il faut
extirper la mauvaise graine, le moment est favorable, les
communistes commencent leurs attentats.

La chronologie des événements étant d'importance, rappelons-nous que :

— L'assassinat de l'ancien ministre de l'Intérieur du
Front populaire, Marx Dormoy, par un groupe de militants
du P. P. F., est du 26 juillet 1941;

— L'attentat du communiste Fabien contre l'élève
gradé Moser, à la station de métro Barbès-Rochechouart,
est du 21 août;

— Arrêté en janvier par la Gestapo, le capitaine de
corvette d'Estienne d'Orves est fusillé par les Allemands le
29 août.

Bombes, rafales et pelotons d'exécution ne vont plus
cesser. Les violences durcissent les camps opposés (celui
de la collaboration et celui de la résistance) entre lesquels
flotte la grande masse des Français, pétainistes par timidité ou résistants prudents, souvent les deux à la fois.

Bien entendu, la L. V. F. est pour les chefs ultras l'occasion de multiples crocs-en-jambe, entre amis, et de suren-

chères à l'égard des Allemands, chacun voulant offrir plus
de troupes que son voisin, avec des tartarinades du genre :
« — Prenez mes militants, j'en ai 10 000. — Prenez les
miens, en voici 15 000. — Ne le croyez pas, monsieur
l'Ambassadeur d'Allemagne : il en a tout au plus 150. »
Doriot, Deloncle et Déat, chacun de leur côté, voudraient
bien faire de la L. V. F. leur garde prétorienne, peut-être
même le noyau glorieux du futur grand parti unique.
S'ajoutent à cela les rivalités ordinaires et les perfidies à
la Borgia du petit monde collaborationniste. Aussi l'histoire intérieure de la L. V. F. sera-t-elle mouvementée,
avec pistolades, rafales de mitraillette, fausses listes,
comptabilité truquée, argent disparu, tiroir à double
fond.

A force de roulements de tambour, on a trouvé *un* officier d'active pour la commander (le colonel Labonne, qui
sera remplacé un peu plus tard par le commandant
Puaud) et quelques candidats. Cela fera deux bataillons.
Pour moitié environ, les volontaires sont issus des partis
collaborationnistes, en majorité du P. P. F. Les autres sont
des aventuriers, des farfelus, des repris de justice et des
clochards. Un ancien des G. P. que nous retrouverons à la
Milice, Georges Rouchouze, reçoit la mission de convoyer
de Lille à Versailles quatre candidats. Sur les quatre, deux
disparaissent après avoir touché une partie de la prime
d'engagement. Les deux autres : l'un est recherché par la
police, l'autre s'est disputé avec sa femme.

Le rideau se lève le 27 août, à la caserne Borgnis-Des-
bordes, à Versailles. Ce jour-là, la L. V. F. doit être officiellement intronisée, *Marseillaise,* drapeau tricolore : les
volontaires sont là, en civil. Arrivent Laval (venu là se
montrer; il ne faut pas que les Allemands l'oublient),
Déat, quelques autres. Et soudain pan! pan! pan! cinq
coups de feu. Un méchant nommé Paul Collette a tiré sur
Laval et Déat qui sont blessés.

Ténébreuse affaire. Paul Collette, ex-P. S. F. devenu
M. S. R., était une connaissance du sieur Filliol [1]. Si Laval

---

1. Arrêté, condamné à mort, gracié, Paul Collette a toujours soutenu qu'il
avait agi seul et par haine des collaborationnistes. Il est tout à fait possible
que les instigateurs de l'attentat aient laissé Collette dans l'ignorance de leurs
objectifs réels, mais la machination est certaine.

et Déat avaient été tués (Doriot n'était pas là), Deloncle aurait eu les coudées plus franches. Tout de suite Laval et Déat sont convaincus que l'attentat fut manigancé par la vieille équipe cagoularde de Deloncle et Filliol.

Ainsi formé, le premier contingent de la L.V.F. arrive au camp de Deba, au sud de Varsovie, le 8 septembre 1941. Là, les volontaires revêtent l'uniforme allemand (c'était prévu : le « comité central » savait parfaitement qu'il en serait ainsi). Début novembre, alors que la L.V.F. est à l'entraînement, le colonel Labonne adresse un message d'allégeance au maréchal Pétain, qui lui répond en formulant des vœux pour « l'accomplissement du noble devoir que vous avez choisi », qui lui déclare : « Vous détenez une part de notre honneur militaire. »

> « En participant à cette croisade dont l'Allemagne a pris la tête, acquérant ainsi de justes titres à la reconnaissance du monde — écrit Pétain à Labonne — vous contribuez à écarter de nous, le péril bolchevik : c'est votre pays que vous protégez ainsi, en sauvant également l'espoir d'une Europe réconciliée. »

La L.V.F. est engagée à Djukovo, à une cinquantaine de kilomètres de Moscou, le 1er décembre. Après quelques heures de combat, elle est refoulée et dispersée. Relevée, elle sera désormais employée loin du front, à pourchasser les partisans, le commandant allemand jugeant dangereux de conserver en première ligne une troupe de valeur si médiocre[1].

Depuis le 22 juin, les Allemands ont remporté à l'Est de grands succès. Leurs Panzerdivisionen ont pulvérisé l'ar-

---

1. Un officier de la L.V.F., le commandant Simoni, chef de bataillon, écrit dans un rapport :

« La L.V.F. se couvrira peut-être de honte, mais pas de gloire. Tout le reste n'est que battage de journalistes, de conférences, dont les Allemands entre eux font des gorges chaudes. Aucun d'eux, parmi ceux ayant à s'occuper d'elle, à un titre quelconque, au point de vue militaire, ne prend la L.V.F. au sérieux.

« La proportion de gradés et de légionnaires ayant véritablement un idéal et déterminés à combattre est, tout au plus, de 40 %. 60 % sont venus à la L.V.F. pour toutes sortes de motifs plus ou moins avouables, mais non pour lutter contre le communisme. Ce sont des parasites et, pour la plupart, bien déterminés à ne pas combattre.

« L'efficacité militaire de l'unité est des plus médiocres. Les Allemands savent pertinemment qu'il serait dangereux et fortement contre-indiqué de confier au

mée soviétique de frontière comme elles avaient pulvérisé l'armée française. Mais l'U. R. S. S. est immense et elle
a des réserves. Décembre 1941, coup d'arrêt devant Moscou : la cavalière Elsa et le général Hiver son complice
font du mal à Wotan. Et c'est alors, le 7, que les Japonais
attaquent Pearl Harbor et que les Etats-Unis entrent en
lice.

Toujours à Nice, Darnand n'a joué aucun rôle dans la
fondation de la L. V. F. En eût-il été autrement s'il s'était
trouvé en zone Nord? Ce qui est sûr, c'est qu'il se morfond
à Nice, loin de Vichy, loin de Paris, ce sommet de l'Olympe
où les dieux sont à table.

Sur ce point, l'erreur de Darnand est grande. La Légion
des Combattants n'a aucune peine à trouver des adhérents.
Le S. O. L. commence bien aussi. Au contraire, tout ce que
font les collaborationnistes de la zone Nord est voué à
l'échec, car il n'est possible de rien faire en zone Nord si
les Allemands ne le veulent pas, et l'imprimatur allemand
condamne irrémédiablement aux yeux des Français les
entreprises des ultras. Cela, Darnand ne le sent pas. Le fait
qu'il se trouve en zone Sud est en vérité un avantage.

Le S. O. L., dès le début, est bien plus que ce que l'on
entend par « service d'ordre » : il est un parti politique
avec ses chefs propres et un embryon de doctrine.

Ses chefs : Darnand bien sûr, et son équipe, Marcel
Gombert, Degans, Fréchoux (un parent de Pierre Gallet),
Bassompierre, Noël de Tissot, Fournier.

Sa doctrine. Elle se précisera peu à peu. Au départ, le
S. O. L. est maréchaliste (mais maréchaliste « dur »), très
anticommuniste, très antirépublicain, très antisémite. Est-

---

bataillon une mission importante sur le vrai front. 40 % tout au plus de gradés
et de légionnaires sont capables de se servir utilement de leur arme individuelle
ou collective.
    « La plupart, largement plus de la moitié des membres de tous grades du
bataillon, ne voient donc dans la présence en Russie que l'occasion, somme
toute, de mieux s'alimenter qu'en France ; d'avoir, grâce à l'insuffisance de
leurs cadres, une certaine indépendance, permettant une existence quelquefois
agréable et la possibilité de vivre paresseusement, bien fournis en femmes et
en vodka. »
    Sur l'histoire militaire de la L. V. F. il existe des récits et des livres faits
d'affabulations, mais aucun ouvrage sérieux. Sur son histoire intérieure, le lecteur peut se reporter à *Trafics et crimes sous l'occupation*, de Jacques Delarue. Est-

il fasciste? Darnand et son état-major, oui. Les cadres et
les S. O. L. du rang sont en majorité des traditionalistes,
des monarchistes, des Blancs. Une minorité est attirée par
le modèle allemand. Tous sont anglophobes et partisans
d'un régime autoritaire, mais pour la plupart plus d'une
dictature à la Salazar que d'une copie de l'hitlérisme
(Mussolini, depuis 1940, a beaucoup perdu de son prestige;
il est hors jeu). Influence dominante : le maurrassisme.

Théoriquement, le S. O. L. est partie intégrante de la
Légion des Combattants. Les membres du S. O. L. sont
membres de la Légion. En fait, y adhèrent des jeunes gens
qui ne sont pas anciens combattants, mais qui se sentent la
vocation d'une Révolution nationale musclée, dépoussié-
rée, antipapa.

Dans les Alpes-Maritimes, le développement du S. O. L.
ne pose aucun problème puisque Darnand y est le chef de
la Légion. Dans les départements voisins, cela dépend de
qui la commande. Et puis on ne lance pas un mouvement
politique sans argent. Gombert, jamais à court d'idées, met
dans la caisse la somme d'argent destinée à payer le loyer
de l'immeuble de la Légion à Nice, avenue du Bouchage.
Scandale minuscule, mais qui va jusqu'à Vichy. Engueu-
lade entre Darnand et Gombert.

L'été 1941, un grand pas est accompli quand Darnand,
poussé par le succès de la Légion dans les Alpes-Maritimes, est nommé chef régional de la Légion pour le Sud-
Est de la France. A partir de là, le S. O. L. essaime, non
seulement dans le Sud-Est mais progressivement dans
toute la zone Sud. Des chefs apparaissent que nous retrouverons pour la plupart à la Milice :

— A Nice : Noël de Tissot; Boudet-Gheusi, avocat;
Artus, lieutenant de chasseurs de réserve;

— Dans le Vaucluse, un colonel d'aviation de réserve,
Max Knipping;

— Dans les Bouches-du-Rhône : un ancien officier
d'active, Jacques Dugé de Bernonville; de Gassovski, officier de réserve; un jeune chirurgien, Buisson;

— A Béziers, Pierre Cance, ingénieur, officier de
réserve :

— A Toulouse : un avocat, Colomb;

— A Tarbes : un jeune notaire, Barbe;

— Dans le Lot-et-Garonne : un pharmacien, de Perricot;

      — A Mâcon : un officier de marine, Mathès;

      — A Annecy : Jacquemin, officier de réserve, Alsacien.

Places fortes du S. O. L. à cette époque : Nice, Aix-en-
Provence, Nîmes, Montpellier, Narbonne, Carcassonne,
Valence, Annecy.

Dans les cadres, une majorité de petits et moyens notables, de médecins, d'avocats, de propriétaires fonciers, de
hobereaux, d'anciens officiers de 14-18. Ils viennent de
l'Action française, de la Ligue des Patriotes ou des Croix
de feu. Beaucoup de ces hommes ne se rendent absolument
pas compte de l'engrenage dans lequel ils sont en train de
mettre le doigt.

Au niveau du rang, des jeunes gens de la bourgeoisie,
des employés, des agriculteurs, des étudiants; un certain
nombre d'excités et de cogne-dur.

Bien sûr le S. O. L. a un uniforme : le béret des chasseurs, la chemise kaki de l'armée française, une cravate
noire en signe du deuil de la patrie vaincue.

Il a une devise, celle de Guynemer, « FAIRE FACE », et
un insigne : le casque gaulois avec bouclier et épée.

Il a un hymne, le Chant des Cohortes, musique de
Pierre de Prous et Georges Bailly, paroles d'Antoine Que-
briac, qui deviendra le chant de marche de la Milice et que
je donne dans son intégralité ici car ses mâles paroles expri-
ment assez bien le style du S. O. L., qui est une chevalerie,
qui mène une croisade :

1

Le sauveur de la France immortelle
A fait luire un radieux idéal
Le vainqueur de Verdun nous appelle,
Répondons : « Présents! » au Maréchal!

2

Accourez dans nos dures cohortes,
O vous tous que grisent les combats :
Le S. O. L. fera la France forte
Par ceux-là qui ne trembleront pas!

3

Pour qu'enfin la nation se redresse
S.O.L., nous irons jusqu'au bout!
Modelons une ardente jeunesse
Et nos morts seront contents de nous!

4

Nous servirons de toute notre âme
Le S.O.L., son Chef et la Nation :
S.O.L., la Nation nous réclame
Pour que vive la Révolution!

5

Pour les hommes de notre défaite
Il n'est pas d'assez dur châtiment
Nous voulons qu'on nous livre les têtes,
Nous voulons le poteau infamant!

6ᵉ et dernier couplet, le plus féroce

S.O.L., faisons la France pure :
Bolcheviks, francs-maçons ennemis,
Israël, ignoble pourriture,
Ecœurée, la France vous vomit.

Refrain

A genoux, nous fîmes le serment,
S.O.L., de mourir en chantant
S'il le faut pour la nouvelle France
Amoureux de gloire et de grandeur,
Tous unis par la même ferveur,
Nous jurons de refaire la France :
A genoux, nous fîmes ce serment.

Le programme politique du S.O.L. est codifié par Bassompierre, Noël de Tissot et le docteur Durandy. Le S.O.L. est « CONTRE L'ÉGOISME BOURGEOIS, POUR LA SOLIDARITÉ HUMAINE », « CONTRE L'ÉGALITARISME, POUR LA HIÉRARCHIE », « CONTRE LE CAPITALISME INTERNATIONAL, POUR LE CORPORA-

TISME FRANÇAIS », « CONTRE LA DISSIDENCE GAULLISTE, POUR L'UNITÉ FRANÇAISE ». Ce sont les 21 points[1].

Dès l'été de 1941, le S. O. L. commence à se manifester, par des défilés, des réunions, des levers de couleurs. Il se manifeste aussi en corrigeant ceux qui ont négligé de se découvrir devant le drapeau tricolore et par-ci par-là en houspillant des Juifs.

Le dynamisme de Darnand et son prestige de héros des deux guerres expliquent pour une part le succès du S. O. L. Avec son petit air de scoutisme, mais de scoutisme d'extrême droite, politisé et brutal, le S. O. L. plaît aux jeunes gens. Il rassure les parents : leurs fils sont en de bonnes mains, rien de mauvais ne peut sortir d'un tel amour de la patrie dans la fidélité au vainqueur de Verdun et dans la discipline. Notons qu'en 1941 il n'est absolument pas question de « collaboration » dans le programme ou les mots d'ordre du S. O. L. : il est simplement une avant-garde de la Révolution nationale, ce qui est vague, mais ce vague est nécessaire. Dès cette époque, Darnand est collaborationniste : la croisade contre le bolchevisme a fait table rase des dernières hésitations qu'il pouvait avoir. Mais Darnand est secret et assez futé pour saisir qu'il ne doit pas crier son collaborationnisme sur les toits. Le gros de ses troupes est traditionaliste, peu ou prou maurrassien, plutôt antiallemand. Charles Maurras lui-même est très réservé à l'endroit de la fameuse croisade. Si Darnand en 1941 s'avisait de tenir à ses S. O. L. des discours à la Déat, les trois quarts de ses hommes l'abandonneraient.

Et puis il y a la Légion des Combattants, cette masse énorme de patriotes plus tout jeunes, avec petit ventre, grand béret et médailles, et il y a son nouveau directeur général, François Valentin, un Lorrain froid, ultra-conservateur, catholique, pétainiste à la façon de beaucoup : le redressement de la France, oui; la Révolution nationale, oui; la collaboration, le moins possible... François Valentin, et avec lui la majorité des chefs de la Légion trouvent le S. O. L. trop remuant, trop fasciste; ils s'en méfient. Déjà des préfets, de hauts fonctionnaires de l'administration et de la police se plaignent à Vichy que les chefs

1. Voir quelques pages plus loin.

locaux de la Légion se mêlent de ce qui ne les regarde
pas : de réprimer le marché noir, de la mise à l'index des
Français politiquement peu sûrs. Si la brigade de choc
S. O. L. se met de l'affaire, où va-t-on?

Darnand est coincé. Si les chefs de la Légion se
déclarent ouvertement contre lui, il ne peut plus rien. Bien
sûr, les chefs de la Légion ne peuvent pas se déclarer
hostiles à ce S. O. L. si maréchaliste, si zélé, si discipliné,
mais, pour la plupart, ils freinent plutôt le mouvement
qu'ils le favorisent.

Le salut de Darnand vient de Vichy. L'amiral Darlan,
vice-président du Conseil, a entendu parler du jeune Service d'ordre légionnaire. Il vient à Nice. Les S. O. L.
l'acclament. Comme Laval à l'été 1940, l'amiral Darlan
songe à ce grand parti unique qui, bien mieux que la Légion,
serait capable d'encadrer les Français et de former l'ossature de la Révolution nationale.

Darlan soutient le S. O. L.

A partir de novembre 1941, Darnand se rend de plus en
plus fréquemment à Vichy. Il y trouve d'autres appuis.
Celui de son ami Pierre Gallet qui a été nommé directeur
de la propagande orale de la Légion. Celui de Pierre
Pucheu, ex-P. P. F., ministre de l'Intérieur de Darlan, partisan déclaré d'un régime autoritaire nanti d'une bonne
police et résolu à mater les communistes, les gaullistes et
les factieux. Tout de suite Darnand plaît à Pucheu. Avec
un gaillard comme Darnand, la Révolution nationale ne
s'enliserait plus dans les défilés et les parlotes. Pucheu
devient le protecteur de Darnand.

Darnand rencontre le maréchal Pétain, qui l'encourage :
le S. O. L. naissant fait bonne impression au chef de
l'Etat.

C'est aussi à Vichy, à cette époque, que Darnand se lie
avec celui qui sera son adjoint à la tête de la Milice :
Francis Bout de l'An.

Francis Bout de l'An est l'arrière-petit-fils d'un enfant
trouvé un 31 décembre et nommé par l'Assistance publique
Sylvestre Bout de l'An. Universitaire, professeur d'histoire
et de géographie, à la différence de la plupart des futurs
chefs de la Milice il n'est pas un ancien de la Cagoule et il
vient de la gauche. En 1932, il est vice-président de la

Ligue d'Action universitaire républicaine et socialiste, il
flirte avec les communistes. Un voyage en U. R. S. S., qui le
déçoit, et la contagion du fascisme lui font prendre une
tout autre direction. Il exerce au lycée de Téhéran, puis à
Damas où il entre en relation avec les nationalistes
syriens. En 1940, il fait la campagne de France qu'il termine en Haute-Vienne, à Bessereix, près d'Oradour-sur-
Glane, avec une citation. Démobilisé, il retourne à Damas
où il est nommé vice-président de la Légion des Combattants de Syrie et où il constate que les Arabes sont en
majorité germanophiles, et chez les Français « la cohabita-
tion dans les consciences de deux obédiences, l'une de
nécessité (Pétain), l'autre de sentiment (de Gaulle) ».

Avril 1941 : le chef du gouvernement irakien, Rachid-
bey-el-Kélani, se révolte contre l'Angleterre et fait appel à
Hitler, qui envoie des avions. La révolte est matée et en
juin les Anglais et les Forces Françaises Libres envahissent
la Syrie et le Liban. Le lieutenant-colonel Collet et ses
cavaliers tcherkess sont passés aux gaullistes. Durs combats, Français contre Anglais, Français de Pétain contre
Français de de Gaulle. Francis Bout de l'An sollicite son
incorporation. Il est affecté à l'état-major du front Sud.
Après trente-cinq jours d'une lutte où l'armée française
vichyssoise s'est battue courageusement, Damas est réduit
à l'armistice.

Bout de l'An et sa femme, Simone, embarquent sur le
Sinaï à destination de la métropole. Il écrit :

> « Je ne croyais pas du tout à la fable du Maréchal
> moralement prisonnier, qui disait : « Défendez le
> mandat » et pensait : « Faites cause commune avec
> de Gaulle. » Mes conversations avec l'amiral Gouton,
> des officiers, le consul Chambar m'avaient confirmé
> dans ma résolution : le gouvernement de France con-
> damnait le gaullisme. Le devoir, le seul devoir était de
> fuir une terre où flottait le drapeau de la rébel-
> lion. »

Bout de l'An arrive à Marseille en septembre 1941. Au
siège de la Légion des Combattants, il rencontre Bassompierre, secrétaire régional, qui lui dit : « La Légion des
Combattants, c'est raté. Le P. S. F., mon vieux, et en plus

moche! », qui lui parle de Darnand et déclare : « Allez à Nice. Vous ne trouverez pas à la Légion de Juifs, de francs-maçons, et personne ne vous dira que vous auriez pu rester en Syrie. »

Peu après, sur la recommandation de Bassompierre, Bout de l'An rencontre à Vichy le directeur de la propagande orale de la Légion, Pierre Gallet. Tous deux intellectuels, fascistes et collaborationnistes, les deux hommes sont faits pour s'entendre. Pierre Gallet annonce à Bout de l'An qu'il prépare une série de conférences sur le « drame de Syrie » et qu'il est en train d'organiser au sein de la Légion des « équipes de propagandistes » qui seront un noyau d'hommes sûrs (encore un).

Bout de l'An accepte le poste d'inspecteur des équipes de propagandistes. Il part en tournée. Il parle à Châteauroux, à Périgueux, à Confolens, à Angoulême, à Montmorillon.

> « L'idée centrale était celle-ci, écrit-il : nous avions défendu la Syrie contre les Anglo-Gaullistes comme nous avions défendu notre pays contre l'Allemagne, et parce qu'un général ambitieux, sous couvert de patriotisme, avait ouvert les portes de notre Moyen-Orient à notre vieil adversaire colonial[1]. »

Gros succès au cirque-théâtre de Limoges où Bout de l'An, montrant le bout de l'oreille, conclut :

> « Et vous le savez bien, camarades des deux guerres, que si l'Angleterre avait été sûre de trouver devant elle les puissantes divisions cuirassées du Reich, elle n'aurait jamais attaqué la Syrie. »

De là, Bout de l'An en vient progressivement à prêcher la croisade contre le bolchevisme, sur le thème : « Nous ne sommes ni pour l'Allemagne, ni pour l'Angleterre, mais nous devons reconnaître que les armées germaniques défendent l'Europe et la France sur le front de l'Est. »

Ces discours ne sont pas du goût du directeur général de la Légion, François Valentin. Entre François Valentin et le protecteur de Bout de l'An, Pierre Gallet, c'est la petite guerre.

---

1. Extrait des *Mémoires* inédits de M. Francis Bout de l'An.

Sur le S. O. L., en revanche, Pétain et Darlan appuyant Darnand, François Valentin doit céder. En décembre, il donne au Service d'ordre légionnaire son acte de naissance officiel. Par prudence, il s'en attribue la direction : Darnand n'est qu'inspecteur général. Situation pas très claire : le S. O. L. fait partie de la Légion, mais il a sa propre hiérarchie, sa mission, son organisation territoriale; il opère indépendamment de la Légion tout en en étant. C'est en somme François Valentin, qui coiffe au sommet la Légion et le S. O. L., qui assure la liaison entre les deux mouvements, un œil à droite, un œil à gauche.

Un règlement des S. O. L. est élaboré. Il reflète à la fois les ambitions de Darnand et des chefs S. O. L. et la méfiance de François Valentin et d'une bonne partie des chefs légionnaires.

Sur le plan régional, les S. O. L. sont placés sous le contrôle d'un inspecteur régional. A l'échelon du département, ils sont sous l'autorité du chef départemental de la Légion, lequel est assisté d'un chef départemental S. O. L. Darnand, inspecteur général, « a pour mission de coordonner l'organisation des S. O. L. départementaux et de les inspecter ». Il fixe le programme « des cours et conférences obligatoires » qui sont destinés à donner aux chefs S. O. L. et à leurs hommes « une formation politique uniforme qui assure l'unité de pensée ».

Mise en garde : « Les membres du S. O. L. ne sont pas faits pour assurer la surveillance des marchés, la police des routes, etc., ou tout autre contrôle relevant de la police [1]. »

Le rôle du S. O. L. sera politique :

« L'action la plus intéressante du S. O. L. s'exercera des quatre façons suivantes :

1° Repérer les foyers de propagande antigouvernementale;

2° Déceler et suivre les symptômes d'agitation;

3° Réprimer les menées antigouvernementales;

4° Garantie en toutes circonstances du fonctionnement des services publics. »

Au total :

« Il ne faut pas perdre de vue que le but essentiel

1. Document inédit.

des S. O. L. départementaux, c'est d'être la véritable troupe de la Révolution nationale (...) Les S. O. L. départementaux sont appelés à être mis à la disposition des Pouvoirs publics (...) Il s'agira de défendre contre ses adversaires le régime nouveau. Les S. O. L. départementaux devront donc être en mesure de faire face aux manifestations dirigées contre le Maréchal et son gouvernement, de réprimer les incidents, les troubles et les émeutes possibles, bref, de maintenir l'ordre (...) Pour être capables de mener à bien cette tâche difficile, les S. O. L. devront posséder à fond les techniques nécessaires, en particulier celle du combat de rue. Ils devront être habitués à se rassembler rapidement à n'importe quelle heure du jour et de la nuit (...) Un S. O. L. départemental doit constituer une troupe solide, homogène, mobilisable en quelques heures, obéissant au doigt et à l'œil (...) »

Le S. O. L. est donc une troupe de choc de réserve.

Le règlement dont les passages ci-dessus sont extraits est de l'hiver 1941-1942. A cette époque, la résistance intérieure au régime de Vichy s'exprime surtout par la passivité croissante de la population. L'enthousiasme pétainiste de juillet 1940 est loin, mais les réseaux de résistance, pour la plupart, sont embryonnaires. Quelques attentats ont lieu contre les Allemands, qui ripostent par des exécutions d'otages. Ces péripéties cruelles ne troublent pas l'ordre en profondeur. L'armée d'armistice, la gendarmerie, la garde mobile et la police sont fidèles au régime. Vichy n'a pas besoin du S. O. L.

Oui, mais dans l'Europe hitlérienne, tous les régimes fascistes ont leurs SA, leurs SS, leurs gardes de fer, et c'est cela que veut être le S. O. L., et c'est ce que sera, dans un an, la Milice.

Les ambitions du S. O. L. vont avorter, par hasard. Son règlement-programme restera à l'état de projet pour tout ce qui concerne la participation du S. O. L. au maintien de l'ordre. Cet échec aura une importance décisive. C'est lui qui conduira Darnand à entrer en contact avec les Allemands.

En janvier 1942, Darnand quitte définitivement Nice pour Vichy. Il s'installe avec son état-major au premier étage de l'hôtel de Lisbonne, humble annexe du respectable hôtel de Séville où siège la Légion, au fond d'une cour humide, sans apparat. Des services sont mis sur pied. Embryon d'un « service de sécurité » : quelques hommes; Gombert le dirige. Sa mission : assurer la protection de Darnand à Vichy et dans ses déplacements. Deuxième service, celui de l'ex-cagoulard Jean Degans : espionnage, renseignements, fiches (beaucoup de fiches, peu de renseignements...).

Darnand a un second : Crozier, monarchiste d'Action française, propriétaire de l'hôtel de France à Annecy. Crozier porte le titre d'inspecteur général adjoint. Au rez-de-chaussée de l'hôtel de Lisbonne, une garde est placée, en uniforme S. O. L. impeccable. A sa tête, Crozier nomme Georges Rouchouze.

Georges Rouchouze, né à Firminy en 1917 d'une famille ouvrière chrétienne d'esprit traditionaliste, est ouvrier pâtissier. Il est monarchiste d'Action française et a passé sa jeunesse, à Saint-Etienne, hors ses heures de travail, à arracher les drapeaux rouges sur le toit de l'hôtel de ville, à faire le coup de poing contre les communistes et à crier « la France aux Français! » Admirateur des chouans et de la chevalerie, en apprentissage à quatorze ans, c'est un garçon foncièrement honnête, patriote jusqu'à l'exaltation, un bagarreur, une tête chaude. Engagé au 27ᵉ B. C. A., volontaire pour une mission dangereuse, il est grièvement blessé aux yeux le 28 novembre 1939, en avant de la ligne Maginot, et cité à l'ordre de l'Armée. En convalescence à Saint-Etienne, encore presque aveugle, il va à la messe et chante à pleins poumons : « Pitié, mon Dieu, c'est pour notre Patrie... », puis il va pourchasser les métèques et les défaitistes, ceux qui disent : « Il vaut mieux être allemand vivant que français mort. »

Après diverses tribulations (car il veut retourner se battre quand les Allemands approchent de Clermont-Ferrand et se retrouve en prison), il fait partie des G. P. puis accomplit des missions de renseignements pour le compte du 2ᵉ Bureau. Le voilà « chef du service de réception du S. O. L. »

A l'hôtel de Lisbonne, il y a aussi Noël de Tissot qui élabore la doctrine (Maurras, Mac-Mahon, Pétain, Hitler), et Jean Bassompierre qui s'occupe de la propagande.

Par l'intermédiaire de Jean Degans, qui est en relation avec les anciens de la Cagoule de la zone Nord, et par Filliol, Darnand est informé au fur et à mesure de ce que mijotent les ultras de Paris. Maintenant, il lui faut être tenu au courant des agissements des mouvements rivaux.

Officiellement reconnu, le S. O. L. grandit et se renforce. Le 22 février 1942 a lieu aux arènes de Cimiez, à Nice, la première investiture publique des candidats au S. O. L. : des drapeaux, des militants en uniforme, un cadre magnifique, de l'allure et tout le cérémonial musclé du fascisme.

Cela commence la veille au soir par une veillée au monument aux Morts de Nice, creusé dans le roc de la colline du château, face à la mer. Le directeur général de la Légion, François Valentin, et Darnand allument la flamme. Torches au poing, les S. O. L. se mettent en marche. Ils parcourent les rues en colonne, par centaines. Nuit, serpents de feu des torches, cris de : « France ! France ! »

Le lendemain dimanche, à 10 heures du matin, quand les personnalités pénètrent dans les arènes (en tête François Valentin, le préfet et Darnand), 2 000 S. O. L. au garde-à-vous crient : « Maréchal ! » et « France ! » La sonnerie aux champs retentit. Les couleurs sont hissées dans un grand silence. Tous les présidents départementaux de la Légion sont présents.

François Valentin prend brièvement la parole. Il salue le S. O. L. au nom de la Légion et de son chef, le maréchal Pétain : « Je viens, dit-il, prendre solennellement acte de votre engagement... Le S. O. L. doit être la pointe d'avant-garde d'une immense cohorte. »

Vœux courtois. Fin de l'allocution de François Valentin.

Massif, carré, le chef Darnand s'avance, avec son masque
dur, ses épaules et sa batterie de cuisine.

Il dit [1] :

> « Sur le sol de France dévasté par la défaite, le Chef [2]
> a appelé à lui ceux qui sont prêts à payer de leur
> sacrifice la rançon de la Patrie.

> « Vous avez répondu : « Présents! »; vous vous esti-
> mez dignes d'entrer dans la Chevalerie des Temps
> nouveaux. Vous allez consentir à la Patrie le don total
> de vos âmes et de vos vies.

> « Admis à l'honneur de servir, vous devez mesurer
> l'étendue des devoirs auxquels votre serment vous
> astreint, et des vertus que le Chef exige de vous.

> « Etes-vous prêts à tout moment et en tout lieu, à
> obéir au Chef sans discussion et sans réserve?

> « Etes-vous tenaces, prêts à surmonter l'échec et à
> garder l'espérance, à dominer le rire des sots et la
> calomnie des envieux?

> « Etes-vous courageux, mais calmes? Durs, mais
> sans haine? Fiers, sans orgueil?

> « Si vous êtes de tels hommes, la France vous
> accueille à son service dans la cohorte S. O. L. formée
> des meilleurs de ses fils.

> « Sortis du plus profond de son peuple, chair de sa
> chair, vous aurez l'honneur de servir : chaque jour,
> obscurément, dans la tâche quotidienne du redresse-
> ment français, de servir dans les tâches dures mais
> glorieuses que l'avenir et le Chef pourront vous réser-
> ver; de donner peut-être votre sang, votre vie, avec
> pour seule récompense la joie d'avoir servi.

> « Ayant accepté ces disciplines, prêts à consentir ces
> sacrifices, êtes-vous conscients de la grandeur de votre
> tâche et décidés à l'accomplir?

> « Savez-vous quelle sera votre lutte?

> « Elle ne sera pas le combat de la nation défendant
> sa vie sur ses frontières mais le combat des meilleurs
> fils de France contre ceux dont les fautes et les crimes
> sont la cause de nos malheurs.

1. Document inédit.
2. Le chef Pétain, chef de l'État français.

« Elle sera le combat des forces révolutionnaires de ce pays contre ceux que leurs intérêts entraînent au maintien d'un ordre de choses que nous voulons abolir. »

Darnand va maintenant énumérer les 21 points du S. O. L. :

« Etes-vous pour le redressement de l'âme française?

CONTRE L'ÉGOISME BOURGEOIS, POUR LA SOLIDARITÉ HUMAINE,

CONTRE LE SCEPTICISME, POUR LA FOI,

CONTRE L'APATHIE, POUR L'ENTHOUSIASME,

CONTRE LA ROUTINE, POUR L'ESPRIT D'INITIATIVE,

CONTRE L'INFLUENCE, POUR LE MÉRITE,

CONTRE L'INDIVIDUALISME, POUR LA SOCIÉTÉ,

CONTRE L'ANCIENNETÉ, POUR LA VALEUR? »

Les 2 000 S. O. L. répondent : OUI!

Darnand :

« Etes-vous pour la reconstruction d'un ordre politique conforme au génie français :

CONTRE L'ANARCHIE, POUR LA DISCIPLINE,

CONTRE L'ÉGALITARISME, POUR LA HIÉRARCHIE,

CONTRE LA VAINE LIBERTÉ, POUR LES VRAIES LIBERTÉS,

CONTRE LA DÉMAGOGIE, POUR LA VÉRITÉ,

CONTRE LA DÉMAGOGIE, POUR L'AUTORITÉ? »

Les S. O. L. répondent : OUI!

Darnand :

« Etes-vous pour un ordre social juste et humain?

CONTRE L'ANONYMAT DES TRUSTS, POUR LA NOBLESSE DU MÉTIER,

CONTRE LE CAPITALISME INTERNATIONAL, POUR LE CORPORATISME FRANÇAIS,

CONTRE LA TUTELLE DE L'ARGENT, POUR LA PRIMAUTÉ DU TRAVAIL

CONTRE LA CONDITION PROLÉTARIENNE, POUR LA JUSTICE SOCIALE? »

Les S. O. L. répondent : OUI!

Darnand :
    « Etes-vous...
CONTRE LA DISSIDENCE GAULLISTE, POUR L'UNITÉ FRANÇAISE,
CONTRE LE BOLCHEVISME, POUR LE NATIONALISME,
CONTRE LA LÈPRE JUIVE, POUR LA PURETÉ FRANÇAISE,
CONTRE LA FRANC-MAÇONNERIE PAIENNE, POUR LA CIVILI-
SATION CHRÉTIENNE? »
Les S. O. L. répondent : OUI!

Darnand :
    « Etes-vous...
CONTRE L'OUBLI DES CRIMES, POUR LE CHATIMENT DES COU-
PABLES? »
Les S. O. L. répondent : OUI!

Darnand :
    « Pour réaliser ces formules, êtes-vous prêts à consentir le sacrifice total que le Chef vous commande?
    « Vous avez communié cette nuit avec l'âme de ceux qui ont déjà consenti ce sacrifice. Vous en êtes revenus plus résolus, plus conscients et plus forts, prêts à jurer votre serment.
    « Accomplissant un geste rituel, vous allez placer genou en terre en signe d'humilité et de dévotion envers le Maréchal en qui la France s'incarne.
    « C'est de lui, qu'après avoir prêté serment, vous allez recevoir l'Investiture S. O. L.
    « A genoux.
    « Ecoutez par ma voix le serment que le Chef vous demande :

JE M'ENGAGE SUR L'HONNEUR A SERVIR LA FRANCE ET LE
MARÉCHAL PÉTAIN, CHEF DE LA LÉGION, A CONSACRER TOUTES
MES FORCES A FAIRE TRIOMPHER LA RÉVOLUTION NATIONALE
ET SON IDÉAL SUIVANT LES ORDRES DE MES CHEFS ET LA
DISCIPLINE LIBREMENT CONSENTIE DU S. O. L.

    « S. O. L., debout! »

Les S. O. L. se dressent et crient : « JE LE JURE. »
A ce moment, d'un haut-parleur, la voix du maréchal

Pétain s'élève. Les S. O. L. au garde-à-vous écoutent son message.

« Légionnaires des Alpes-Maritimes.

« En présence de monsieur François Valentin, directeur général de la Légion, qui préside en mon nom la cérémonie de ce jour, de monsieur Joseph Darnand, inspecteur général des services d'ordre légionnaires, et de monsieur Ribière, préfet des Alpes-Maritimes, vous instituez solennellement aujourd'hui le premier de vos services d'ordre de la Légion. A vous qui prenez l'engagement de servir avec le meilleur de votre cœur et de votre dévouement, je dis ma confiance.

« Vous connaissez votre devoir. Vous le remplirez selon les instructions que je vous donnerai. Mon gouvernement et moi-même nous comptons sur vous pour faire appliquer cette consigne fondamentale de la Révolution nationale : tous au travail dans l'ordre et la concorde [1]. »

La Marseillaise.

Pour ou contre une accentuation de la politique de collaboration : les dissensions s'aggravent au commandement de la Légion.

Pour : Pierre Gallet, directeur de la propagande orale, le Saint-Just de l'ordre nouveau; Brassier, directeur général de la propagande; Bijeon, chef du service « conférences »; Francis Bout de l'An, inspecteur des équipes de propagandistes.

Contre : François Valentin; Dubruel et de Beauregard, du bureau de presse; Demians, chef du service Colonies-Etranger.

Ni tout à fait pour ni tout à fait contre : la majorité, indécise.

En mars, Pierre Gallet envoie sa démission de directeur de la propagande orale à François Valentin, qu'il accuse en sous-main de gaullisme camouflé et de ruiner la Révolution nationale par son incapacité et son insuffisance.

1. Document inédit.

Pierre Gallet rejoint François Gaucher au bureau d'études de l'Information, l'une des places fortes du collaborationnisme vichyssois.

Entre le S. O. L. et la Légion, les rapports sont aigres. Les chefs S. O. L. supportent difficilement la tutelle de François Valentin. Noël de Tissot déclare : « La Légion est notre mère. Nous voulons bien la suivre, mais qu'elle nous laisse sortir seuls le dimanche. »

Pourtant, en ce mois de mars 1942, le S. O. L. est bien près du succès. Pierre Pucheu, qui a déjà mis sur pied l'embryon d'une police spéciale antimaçonnique et antijuive, se prépare, selon le vœu de Darnand, à faire officiellement du S. O. L. une police politique paramilitaire supplétive, ce qui entraînera sa séparation de la Légion et la mise en sommeil de celle-ci. Ce qui arrête encore Pierre Pucheu, c'est que l'opération sera coûteuse. Partie de la Légion, le S. O. L. n'a pas de budget propre. Ministre de l'Intérieur, Pucheu n'a pas le pouvoir de lui accorder des crédits, et il va sans dire que François Valentin met des bâtons dans les roues.

La difficulté, toutefois, n'est pas insurmontable puisque le vice-président du Conseil, l'amiral Darlan, est assez favorable au projet. Mais dans le domaine des relations franco-allemandes, Darlan, après s'être engagé très avant dans la collaboration, depuis le début de l'année fait marche arrière. Les Allemands, qui ont déjà exigé et obtenu le départ du général Weygand d'Afrique du Nord, exigent maintenant que l'amiral Darlan soit remplacé au gouvernement par leur protégé, Pierre Laval.

Pétain cède. Le 18 avril 1942, Pierre Laval est chef du gouvernement.

6

De la Légion Tricolore à la Milice
(18 avril à décembre 1942)

Premier voyage de Darnand en Allemagne et en Pologne. – Appel aux S. O. L. en faveur de la Légion Tricolore. – Darnand à Paris. – Laval et le S. O. L. – L'affaire François de Menthon. – Les fantômes d'Ozenet. – Le débarquement en Afrique du Nord. – Appel de Darnand pour la Phalange africaine. – Pourquoi Laval crée la Milice.

Coup dur pour Darnand : Pierre Pucheu quitte le ministère de l'Intérieur, le S. O. L. se trouve en panne. Pour le gros des Français, le retour de Laval au pouvoir signifie la relance de la collaboration.

Le 15 avril, s'efforçant de convaincre le Maréchal de résister à l'ultimatum allemand, un ministre, Moysset, lui a dit : « L'Allemagne a perdu la guerre. Elle entraînera dans son gouffre tous ceux qui auront marché ou semblé marcher dans son sillage. Prenez garde, monsieur le Maréchal, de ne pas survivre à votre gloire. »

Du fait que l'Allemagne est perdante, bien des esprits lucides sont conscients à cette date et l'étaient bien avant. Face aux Etats-Unis, à l'U. R. S. S., à la Grande-Bretagne, à leurs alliés et clients (au bas mot, les deux tiers du monde), que pèsent l'Allemagne, l'Italie et le Japon? Laval, pourtant, reste convaincu de la victoire de l'Allemagne. Les ultras de Paris de même : que la Wehrmacht et les SS ne soient pas capables de triompher des hordes judéo-marxistes et des nègres de Roosevelt, cela est pour eux inimaginable.

Pétain incline à penser que l'Allemagne gagnera, mais il dit blanc, il dit noir, il est d'humeur changeante et puis il y a autour de lui le sacro-saint entourage qui le pousse dans un sens ou dans l'autre au gré des événements.

Ce qui est constant dans le régime de Vichy et le restera jusqu'à la fin, c'est qu'il est prisonnier de son pari de juin 1940 et de sa haine de la démocratie, c'est qu'il traque, qu'il épure, qu'il place de ses hommes partout, dans les préfectures, dans les mairies (les conseils municipaux réticents sont remplacés par des « délégations » nommées), croyant ainsi assurer son avenir, quoi qu'il arrive.

Les difficultés croissantes que rencontre l'Allemagne ont pour conséquence que ses exigences vont être de plus en plus lourdes. Sans cesse, il faudra au Reich plus de matières premières, plus de machines, plus d'esclaves européens pour remplacer dans ses usines les ouvriers allemands qui combattent sur le front de l'Est. Les Allemands sont résolus à ne plus tolérer le plus petit signe d'indépendance de leurs vassaux. Imposé par eux, l'acte constitutionnel n° XI du 18 avril 1942 précise que « la direction effective de la politique intérieure et extérieure de la France est assumée par le chef du gouvernement, nommé par le chef de l'Etat et responsable devant lui ».

De plus en plus Pétain s'efface. On pousse le vieux chef sous sa tente. On lui donnera des papiers à signer et des discours à lire. Dans le besoin, on le montrera au peuple. Pétain, sous sa tente, prépare la future Constitution.

Presque chef de l'Etat, Laval, plus que jamais, veut gagner la confiance des Allemands à force de « compréhension » et de menus cadeaux. Le 12 mai, il écrira à Ribbentrop et lui offrira des ouvriers français pour les usines allemandes. C'est que Laval est un homme seul. Il lui faut montrer aux Allemands qu'il peut leur être très utile, afin de contrebalancer l'influence des ultras de la zone Nord, qui veulent sa place, qui font de la surenchère auprès des Allemands, qui le gênent. Il sait que la vieille droite vichyssoise qui fut à l'origine de son arrestation, le 13 décembre 1940, le déteste. Il se méfie du S. O. L. maurrassien où sont quantité d'anciens des G. P. Le projet de Pucheu de faire du S. O. L. une police politique supplétive est enterré (pour quelques mois seulement; ce n'est que partie remise).

Aussitôt le S. O. L. contre-attaque par l'intermédiaire de

Filliol. D'abord a lieu une révolution de palais au M. S. R. Le 14 mai 1942, Filliol chasse Deloncle de sa direction. Ce n'est qu'un premier pas. La grande idée de Filliol, c'est la réconciliation générale des anciens de la Cagoule, ceux de la zone Sud, ceux de la zone Nord, si possible même ceux d'ailleurs, au sein du futur grand P. U. dont ils seraient les cadres et le S. O. L. de Darnand la troupe. Bien sûr, l'accord de Laval est nécessaire.

Le 29 mai 1942, Filliol est reçu par le chef du gouvernement. Il lui propose la dissolution de tous les partis politiques et l'extension du S. O. L. en zone Nord. Laval refuse : il serait enchanté d'être débarrassé de Doriot, Déat et consorts, mais il n'a pas confiance dans le S. O. L., ni dans Filliol qu'il soupçonne d'avoir été l'un des instigateurs de l'attentat de Paul Collette.

Darnand est informé de l'échec de la tentative. Il sait maintenant qu'il a contre lui non seulement le directeur de la Légion, mais le chef du gouvernement. Autre adversaire : le jeune secrétaire général de la Police, René Bousquet, un garçon très intelligent, protégé de Laval. Trois obstacles à renverser ou à tourner. Comment ? Avec quoi ?

Depuis le départ de Pucheu, Darnand est isolé à Vichy. Il sent qu'on le barre. Il a vendu son entreprise de transports. Il a derrière lui ses S. O. L. qui s'impatientent, qui veulent passer aux actes, dont certains envisagent même de marcher sur Vichy à la manière des Chemises Noires sur Rome en 1922.

Darnand temporise : il n'est pas homme à tenter un coup d'Etat.

La chance le sert. En juin, règlement de comptes à la tête de la Légion. C'est du style fratricide et sournois des tragédies de couloir de la défunte IIIᵉ République, avec combines et marchandages.

Les chefs de la Légion n'aiment pas Laval, ce plébéien crasseux, ce politicien marron, ce débris honteux de la démocrassouille. Laval n'aime pas les chefs de la Légion, ces réactionnaires, ces maurrassiens, ces hurluberlus tricolores. Il s'en prend à François Valentin et pousse contre lui un outsider, Emile Meaux.

Qui aura la place de François Valentin?

Emile Meaux commet une erreur. Trop gourmand, il

réclame davantage que l'héritage du Lorrain : la direction de la Légion et celle, effective du S. O. L. Menacé dans son fief, Darnand se rapproche de Valentin à qui ce renfort inattendu donne un répit. En même temps, Darnand pose discrètement sa candidature à la direction de la Légion. Foulé aux pieds par les favoris, Emile Meaux se retire. François Valentin lâche prise. Lui succède un client de Laval, Raymond Lachal, président légionnaire d'Ambert. Darnand reste inspecteur général des S. O. L., mais Laval le rassure : charbonnier est maître chez soi, Lachal ne touchera pas au S. O. L.

Darnand regrettera par la suite de n'avoir pas posé plus nettement sa candidature à la direction de la Légion. Quant à François Valentin, dans un an il passera à la Résistance.

L'éviction de Valentin renforce la tendance collaborationniste à l'état-major de la Légion. Francis Bout de l'An devient le directeur de la propagande orale, poste que Pierre Gallet avait occupé jusqu'en mars. Un peu plus tard, Laval, qui souhaite apprivoiser Darnand, le nomme délégué permanent de la Légion auprès du chef du gouvernement, hochet d'honneur auquel Darnand n'est pas insensible, mais qui ne suffit pas à l'endormir : le remplacement de Valentin par Lachal, le 4 juin, a fait gagner un petit peu de terrain au S. O. L.; le plus gros obstacle, Laval, reste à franchir.

Alors l'occasion surgit, c'est la Légion Tricolore. L'affaire est dans l'air depuis mai, elle commence en juin. Il s'agit d'un vaste projet politico-militaire dont l'initiative revient pour un peu à Laval et pour beaucoup au secrétaire d'Etat chargé des relations franco-allemandes, Jacques Benoist-Méchin.

Au départ, une constatation : le peu de valeur de la L. V. F., le peu d'intérêt qu'elle a pour les Allemands et pour les Français. Conclusion : faire mieux. Lancement à grand fracas. L'un des propagandistes de la Légion Tricolore, le commandant Rimaud, la présente en ces termes :

D'abord, ce que le commandant Rimaud pense de ses compatriotes, les Français :

« Notre attitude en général vis-à-vis des Allemands

depuis l'armistice n'a pas contribué à nous relever dans leur estime ni à leur donner confiance en nous. Notre légèreté, notre incompréhension, notre manque de discipline et bien souvent de tenue, les a amenés, dans bien des cas, à nous considérer comme un peuple fini n'ayant ni âme, ni ressort, un agglomérat de pauvres types qu'on plaint et qu'on méprise [1]. »

Voilà qui est triste. Aussi :

« A nous donc de changer en apportant des preuves palpables de notre évolution, de notre volonté d'agir... Qui dit collaboration dit confiance et dans l'état actuel des choses, celle-ci ne peut se traduire mieux que par une collaboration sur le plan militaire d'abord, seule manière de redonner aux Allemands confiance en nous en leur prouvant que nous sommes encore capables de faire quelque chose et de le faire bien. »

C'était déjà pour mériter la confiance de leurs vainqueurs que quelques Français ayant de l'âme et du ressort créèrent la L. V. F. Malheureusement, « née de la propagande des partis politiques, elle portait en elle-même le germe de sa condamnation par la diversité et le manque d'homogénéité des éléments qui la composaient ».

Pourtant, il ne faut pas accabler la L. V. F. :

« Etant donné le peu d'enthousiasme qui accueillit ce mouvement, il faut admirer cette réalisation car il n'est pas commode d'envoyer des gens se faire tuer pour un IDEAL en les recrutant dans un peuple qui a perdu la notion de sa GRANDEUR et de sa MISSION. »

Eh oui! on en revient toujours là : les Français ne sont pas à la hauteur des Allemands; ils ne sont pas courageux; ils ne veulent pas aller se battre contre les Russes.

« Imaginez un peu le mépris dans lequel l'Allemagne, qui se bat pour libérer l'Europe du plus grand danger qui l'ait menacée depuis toujours, doit tenir

---

1. Document inédit.

ceux qui la regardent se battre pour eux, sans rien faire pour l'aider... »

Que sera donc la Légion Tricolore?

« Ce corps constitué avec l'approbation des Autorités allemandes, civiles et militaires, recevra l'armement et le matériel allemands. Son premier but sera de renforcer, d'améliorer et d'encadrer l'ancienne « Légion des Volontaires français » à laquelle il se substituera peu à peu. Il tendra à constituer le plus rapidement possible une division légère sous un commandement français relevant du corps d'armée allemand auquel elle sera affectée.

« La lutte contre le bolchevisme demeurant le facteur principal de la guerre actuelle, c'est à cette lutte que coopérera d'abord la « Légion Tricolore ». Mais, lorsque cet ennemi une fois abattu nous pourrons regarder ailleurs, rien ne s'opposera à ce que la Légion, susceptible d'être employée partout où le Gouvernement estimera que les intérêts de la France sont en jeu, soit utilisée à la défense de l'Empire, Fort-Lamy, la Syrie, Madagascar deviendront nos buts immédiats. »

La future division légère a donc du pain sur la planche, mais ne l'oublions pas, depuis leur défaite les Français doivent beaucoup aux Allemands :

« Les Allemands s'installèrent chez nous en pays conquis; c'était, je crois, leur droit le plus absolu.

« Rien, absolument rien ne s'opposait alors à ce qu'ils occupent entièrement la France en nommant un Gauleiter à Paris. Nous avons trouvé normal et considéré comme un dû ce geste généreux dont nous ne semblons pas avoir su apprécier la grandeur. Bref, nous sommes présentement à la discrétion absolue de nos vainqueurs, nous vivons, nous mangeons qu'autant qu'ils veulent bien nous le permettre. »

De plus en plus généreux en dépit de l'ingratitude des Français, les Allemands leur permettent d'aller se battre à leurs côtés contre le bolchevisme :

« Tout ce que l'Allemagne nous permet de tenter et de réaliser dans les domaines de l'aide relativement minime que nous sommes capables de lui apporter, c'est un « cadeau » qu'elle nous fait. Car qu'est-ce qu'une division, voire même un corps d'armée français perdu dans cette armée de 5 millions d'hommes dont tous les nerfs, tous les cerveaux sont tendus par cette volonté unique qui leur promet la victoire? C'est en somme un geste symbolique que nous accomplissons, beaucoup plus qu'une aide effective, et ce geste nous permettrait de pouvoir dire un jour à nos vainqueurs d'hier : « Nous étions avec vous. »

Pratiquement, que peuvent espérer les Français de ce geste symbolique?

« Ne croyons pas que le fait de la collaboration nous mettra de suite à égalité avec nos vainqueurs et que nous aurons du jour au lendemain les mêmes avantages que ceux reconnus à ses alliés. Ce serait aller au-devant des pires désillusions. La collaboration, qui demeurera forcément un peu à sens unique tant que la paix n'aura pas été signée entre nos deux peuples, est surtout la préparation de l'avenir... Il faut nous armer de patience, de résignation, et accepter avec courage une situation née de nos erreurs et de nos relâchements. »

Notons ce qui fait la différence entre la L. V. F. et la Légion Tricolore du point de vue de leurs origines respectives : la L. V. F. émanait des partis collaborationnistes de la zone Nord; la Légion Tricolore émane du gouvernement Laval. Mais dans les deux cas, ce sont les Français qui sont demandeurs, qui vont trouver les Allemands et qui leur disent : « Faites-nous la grâce de nous laisser participer à votre victoire. »

Bien sûr la Légion Tricolore va être un nouvel échec, parce que les Français, malgré le déluge d'insultes et de sarcasmes que font pleuvoir sur eux les collaborationnistes, refuseront de se laisser séduire, et parce que les Allemands, Hitler en tête, ne veulent absolument pas, précisément, que des Français participent à leur « victoire ».

Côté français, c'est Benoist-Méchin, avec l'accord de Laval, qui mène le jeu. Des contacts sont pris avec un officier allemand, le colonel Meyer, qui se montre très favorable : il n'est rien moins question que de faire de la Légion Tricolore une petite armée française miniature, avec sa logistique, qui combattrait en uniforme allemand, mais serait autorisée à porter l'uniforme français à l'arrière, contre les Russes d'abord, les Anglo-Gaullistes ensuite.

Sur le plan intérieur, la Légion Tricolore réalisera l'union des collaborationnistes de la zone Nord et de la zone Sud. Elle pourra ainsi devenir, sinon exactement la souche du grand P. U., du moins l'organisation civile et militaire qui fait tant besoin pour imposer aux Français l'ordre nouveau, ce que ne pouvaient être ni la petite L. V. F. inféodée aux ultras de Paris, ni l'énorme Légion des Combattants avec ses antiboches qui rêvent de la revanche. Dans la Légion Tricolore, le P. P. F. de Doriot et le R. N. P. de Déat auront leur place comme le S. O. L. de Darnand, et ce sera Laval qui tirera les ficelles.

Irréel, car il ne tient compte ni de « l'avenir » (et l'avenir ce sera la défaite de l'Allemagne qui entraînera dans sa chute ceux qui auront tant fait pour « forcer son estime »), ni des sentiments des Français, ni de ce que veulent réellement les chefs allemands, le projet témoigne de l'habileté et de l'astuce de Laval. Le bénéfice est double : d'une part, Laval contente les Allemands (du moins il le croit et il espère leur gratitude), de l'autre, il place sous sa coupe les ultras de Paris.

Les chefs collaborationnistes de la zone Nord sont donc conviés à prendre part à la fondation de la Légion Tricolore en compagnie de personnalités collaborationnistes de la zone Sud. Ebauche d'un comité d'honneur où on trouvera Fernand de Brinon, Jacques Benoist-Méchin, le général Blanc, Abel Bonnard, Lucien Daudet, Drieu La Rochelle. Mise sur pied d'un comité central où siégeront Jacques Doriot, Marcel Déat, le commandant Constantini, le capitaine Jean-Marcel Renault, Simon Sabiani, et où seront aussi Filliol et Darnand.

Il est prévu qu'une délégation de la Légion Tricolore doit aller se rendre compte sur place de l'état de la L. V. F. Benoist-Méchin nomme Darnand à sa tête. Le départ a lieu dans le courant de juin. Doriot, Constantini, un représentant de Déat et quelques autres sont du voyage. Court séjour à Berlin où la délégation est bien reçue; de là au camp d'entraînement de la L. V. F., en Pologne, où l'attend quelques désillusions. Retour en France à la fin de juin [1].

Le 12 juillet 1942 a lieu à Lyon une grande « investiture » S. O. L., la troisième après celle du 22 février à Nice et une autre à Annecy. Même cérémonial qu'aux arènes de Cimiez. Place des Terreaux, ce dimanche matin, 4 500 S. O. L. prêtent serment au Maréchal en présence de l'amiral Platon, secrétaire d'Etat, qui représente Laval, et du nouveau directeur de la Légion des Combattants, Raymond Lachal. S'adressant aux S. O. L., l'amiral Platon leur déclare :

« Au sein de la Légion dont vous restez partie intégrante, conscients des tâches qu'impose le relèvement de la France et des dangers qui la menacent, vous avez voulu constituer, au prix de vos sacrifices, un noyau particulier de ferveur, de jeunesse, de loyalisme, de courage et de discipline.

« Obéissant aux consignes que le Maréchal nous a données à Montoire, conscients des tâches qui s'imposent, le gouvernement poursuit, tout à la fois, la réconciliation des peuples français et allemand et le relèvement de la France.

Guidés par Lachal, conduits par Darnand, la Légion et son service d'ordre sont bien aux ordres du Maréchal et dans la main du chef du gouvernement les instruments forts, souples et sûrs dont ils ont besoin.

« Quoi qu'il arrive, le gouvernement regarde vers vous avec fierté et confiance. Nos résolutions sont prises : la France se relèvera.

« Vive le Maréchal! Vive la France! »

---

1. Nous entendrons un peu plus loin le récit du voyage de la bouche de Darnand.

L'amiral Platon vient de faire allusion à la réconciliation franco-allemande, à Montoire. Ce n'est qu'une entrée en matière. Darnand parle à son tour. Pour la première fois, publiquement, il va s'engager sans équivoque. Il va demander à ses hommes d'aller combattre avec les Allemands sur le front de l'Est.

Il évoque son voyage en Allemagne et en Pologne :

> « J'ai vu l'Allemagne en guerre, dit-il, je l'ai vue calme, ordonnée, appliquée au travail gigantesque qu'elle a entrepris dans une discipline largement acceptée, sans contrainte brutale.
>
> « J'ai senti la sincérité du désir de ce peuple d'éviter le retour des guerres inutiles qui, depuis des siècles, l'opposent à une France à laquelle il conserve, dans la défaite, l'estime et le respect. J'ai péniblement ressenti son étonnement devant les réticences du peuple de chez nous qui ne paraît pas réaliser ce que le geste allemand avait de généreux [1]...
>
> « J'ai longuement parlé avec des ouvriers et des ouvrières français qui travaillent depuis longtemps là-bas et sont maintenant mêlés à la vie du peuple allemand. Ils ont confirmé mes impressions personnelles. Puis, j'ai vu la Pologne, la population effondrée dans une défaite que le vainqueur n'a pas voulue légère, car il n'avait pas pour ce peuple les sentiments qu'il accorde au peuple de France. Dites bien autour de vous que ceux qui ont vu le destin des vaincus peuvent seuls comprendre quel écrasement, quelles atroces souffrances nous a évités l'armistice et combien la politique de collaboration est aujourd'hui nécessaire. »

Darnand rend hommage à la Légion Tricolore. Il en vient à l'essentiel :

> « La Légion des Combattants et son S. O. L., gardant une indépendance complète vis-à-vis de toutes les formations et de toutes les tendances, n'ont pas voulu

---

1. Nous retrouvons ici l'un des thèmes de la propagande collaborationniste : la sincérité et la générosité allemandes opposées à l'ingratitude et à l'égoïsme des Français.

rester étrangers à une initiative gouvernementale qui correspond à leurs vues et à leur idéal. Je vois maintenant notre devoir avec une clarté qui va jusqu'à l'évidence. Je le dis d'un mot : notre devoir est d'être du nombre de ceux qui, dans la Légion Tricolore, seront à l'avant-garde de la lutte européenne.

« Mes paroles sont graves, lourdes de sens. Je sais que pour certains elles entraînent de graves changements dans leur destin individuel. C'est pourquoi je pèse mes mots et je lis, alors que je voudrais, comme d'ordinaire, vous parler à cœur ouvert, sans papier à la main et les yeux dans les yeux, comme un chef qui aime ses hommes, qui a leur confiance totale. Je vous dis donc : il faut que nous soyons représentés dans la Légion Tricolore. Des S.O.L. prouveront dans ses rangs que nous sommes des fils de France qui consentent tous les sacrifices dès que la Patrie l'exige. Je fais donc appel à vous, mes camarades. Nous plaçant au-dessus des partis et des hommes, nous n'aurons devant nos yeux, devant nous guider, que l'image de la France souffrante, celle-là même qui guidait Jeanne d'Arc partant à la reconquête du pays mutilé. »

Hélas! ce n'est pas à la reconquête du pays mutilé que Darnand convie ses S.O.L. Il leur demande de participer à une guerre d'agression contre un pays avec lequel la France n'est pas en guerre et qui est l'allié de la Grande-Bretagne et des Etats-Unis. Jeanne d'Arc, pour libérer son pays occupé par les Anglais, se battit contre eux, tout simplement. Darnand enrôle des troupes qui combattront sous l'uniforme de l'ennemi et, en fait, sous son commandement...

A partir de ce 12 juillet 1942, le S.O.L., quant aux relations franco-allemandes, se trouve de niveau avec les partis collaborationnistes de la zone Nord avec lesquels il va entrer en compétition, et Darnand commence sa grande escalade. Notons toutefois qu'il n'a pas « dépassé » le Maréchal et Vichy : il est dans la ligne. C'est le 22 juin, à l'occasion du premier anniversaire de l'attaque allemande contre l'U. R. S. S., que Laval a déclaré dans une allocution radiodiffusée :

> « J'ai la volonté de rétablir avec l'Allemagne et avec l'Italie des relations normales et confiantes.
>
> « De cette guerre surgira inévitablement une nouvelle Europe... Pour construire cette Europe, l'Allemagne est en train de livrer des combats gigantesques...
>
> « JE SOUHAITE LA VICTOIRE DE L'ALLEMAGNE, PARCE QUE SANS ELLE, LE BOLCHEVISME DEMAIN S'INSTALLERAIT PARTOUT...
>
> « Quand je vous dis que cette politique est la seule qui puisse assurer le statut de la France, et garantir son développement dans la paix future, vous devez me croire et me suivre...
>
> « FRANÇAIS, UN GRAND SOLDAT, DONT TOUTE LA VIE EST UN EXEMPLE DE SACRIFICE ET DE DISCIPLINE, PRÉSIDE AUX DESTINÉES DE LA PATRIE.
>
> « JE VOUS PARLE CE SOIR EN SON NOM. »

A propos de la Légion Tricolore, Laval, le 7 juillet, s'adresse aux préfets en ces termes :

> « C'est avec l'approbation du gouvernement que la Légion des Volontaires français contre le Bolchevisme a été transformée en Légion Tricolore...
>
> « Vous voudrez bien aider les bureaux de recrutement de la Légion Tricolore en facilitant leur installation matérielle et leur propagande. Vous encouragerez les fonctionnaires civils qui manifesteraient le désir de s'engager comme volontaires. »

La Légion Tricolore naît officiellement le 18 juillet. Le 27 août, le général Bridoux, ministre de la Guerre, l'un des ultras du gouvernement Laval, lui remet son drapeau dans la cour des Invalides.

Les résultats sont maigres : les Français voient dans cette nouvelle mouture de la L. V. F. une opération de Laval et des collaborationnistes. Les candidats ne se bous-

culent pas pour entrer à la Légion Tricolore. Leur niveau
social, toutefois, est supérieur en moyenne à celui des
volontaires de la L. V. F. : partent de bons bourgeois anticommunistes de choc. Plusieurs dizaines de S. O. L.
répondent à l'appel de Darnand, parmi eux l'avocat Boudet-Gheusi, chef du S. O. L. des Alpes-Maritimes, l'aspirant
Charles Barbe, chef du S. O. L. des Hautes-Pyrénées, le
lieutenant Bassompierre.

Bassompierre a longuement hésité car, traditionaliste, il
est antiallemand, mais « j'ai toujours été anticommuniste », écrit-il [1]. Darnand lui a parlé du sort de la
Pologne « absorbée intégralement par un vainqueur tyran-
nique ». « Je songe à cette malheureuse nation. Il ne faut
pas que la France subisse le même sort. » Et puis, ne faut-
il pas « empêcher ces nouveaux barbares venus d'Asie de
submerger un jour notre vieux continent » ?

> « Ces deux raisons : lutte antibolchevique, indépen-
> dance de la France dans l'éventualité d'une victoire
> allemande, me décident à vaincre mes scrupules, et je
> m'engage à mon tour dans la phalange des nouveaux
> croisés. »

Avant de partir, Bassompierre, avec l'autorisation du
gouvernement Laval, tient des réunions de propagande à
Nice, à Marseille, à Toulouse, à Lyon, à Limoges, dans les
principales villes de la zone Sud.

Darnand aussi s'explique. Son appel du 12 juillet a créé
un malaise chez les S. O. L. traditionalistes (les plus nombreux). La L. V. F. déjà avait mauvaise réputation dans la
vieille droite. Maintenant, la Légion Tricolore. Est-il vraiment indispensable d'aller si loin dans la collaboration ?

Les 24 et 25 juillet 1942, aux réunions des chefs
départementaux du S. O. L., Darnand fait par le menu le
récit de son voyage en Allemagne et en Pologne. D'abord,
pourquoi l'avoir fait ?

> « Il s'agissait d'adjoindre à des personnalités à ten-
> dance notoirement « zone occupée » telles que Doriot,
> qui avaient été pressenties depuis longtemps par les

---

1. Jean Bassompierre : *Frères ennemis.*

Allemands pour aller assister aux derniers préparatifs de la grande offensive de l'Est, quelqu'un qui représentât plus spécifiquement une tendance vichyssoise [1]. »

Au moment de prendre le train, gare de l'Est à Paris, Darnand a éprouvé de la gêne à voir ses compagnons de voyage, dont plusieurs Français en uniforme allemand, se laisser complaisamment photographier aux côtés des officiers de la Wehrmacht et des SS qui les accompagnaient.

Quelques heures plus tard, ils passent à Forbach et Darnand ressent une vive émotion au souvenir de la mort d'Agnély.

Ils arrivent à Berlin où on les conduit « dans le plus bel hôtel ». Darnand est très impressionné par le spectacle d'une quantité énorme de jeunes soldats équipés de neuf et par celui d'une jeunesse enthousiasme et joyeuse.

La délégation quitte Berlin pour la Pologne. Elle arrive dans un camp de l'armée allemande, près de Radom. La L. V. F. est là, dans un coin. Darnand assiste à des exercices. Les méthodes allemandes de préparation au combat le stupéfient et l'émerveillent :

> « Je n'avais jamais vu, pas plus en France qu'ailleurs, de simulacre de combat atteignant un tel degré de réalisme. Les tirs se faisaient à obus explosifs, si bien qu'un officier fut légèrement blessé. Au point de vue tactique, c'était formidable. Une méthode et des moyens de réalisation insoupçonnables. »

Après les exercices, Darnand s'entretient en tête à tête avec des membres de la L. V. F. Ces entretiens lui ont laissé une impression « atroce ». Les volontaires français sont « complètement germanisés ». Ils se plaignent qu'en France on les considère comme des « intouchables ». Ils se sentent retranchés de facto de la communauté française à laquelle ils disent n'avoir pas la moindre envie d'être un jour à nouveau intégrés. Manifestement, ils ne se considèrent plus que comme « des soldats allemands qui font la guerre de l'Allemagne », et rien d'autre.

1. Toutes les citations et extraits relatifs au récit que Darnand fait de son voyage ont été tirés par l'auteur d'un document inédit.

Un membre de la délégation a lu aux légionnaires un message de Benoist-Méchin. La lecture a été accueillie par des ricanements et des invectives : « Fous-nous la paix! On s'en fout! Ta gueule! » Les perspectives développées par Benoist-Méchin sur la possibilité donnée désormais aux volontaires de porter l'uniforme français à l'arrière ainsi que l'engagement de la Légion Tricolore sur des théâtres d'opérations qui intéressent plus spécifiquement la France ont laissé totalement indifférents les hommes de la L. V. F. Alors Darnand a essayé à son tour de ranimer chez eux le patriotisme. De son propre aveu, il a échoué.

Rappelons-nous ce que Darnand a dit à Lyon, le 12 juillet, à propos des ouvriers français en Allemagne. Darnand revient sur ce sujet devant les chefs du S. O. L. C'est pour faire entendre un tout autre son de cloche : les ouvriers partis volontairement en Allemagne sont eux aussi « germanisés » et le sort de la France est pour eux d'un intérêt nul. Darnand dénonce aussi le rôle néfaste de Doriot et son emprise sur la L. V. F.

De ces constatations peu rassurantes, Darnand tire les conclusions que voici :

1° L'Allemagne représente une force immense tant au point de vue militaire qu'économique et spirituel. Le degré de « civilisation sociale » auquel elle a atteint en fait pour les Français un modèle sur lequel nous devons prendre exemple et avec lequel nous devons « marcher », quelle que soit l'issue de la guerre, car il représente l'expression d'une force et d'une volonté révolutionnaire « splendides ».

2° La Légion Tricolore devra être pénétrée d'un esprit entièrement nouveau, « dédoriotisée » en quelque sorte, par l'apport d'un sang nouveau puisé dans le S. O. L. A cet effet il est absolument nécessaire de trouver des volontaires S. O. L. : l'idéal serait que le S. O. L. fournisse non pas la troupe mais les cadres, par l'envoi d'officiers et de sous-officiers, car il ne faut pas « assécher complètement le S. O. L. ».

3° Dans la ligne de cette Légion « refrancisée », on peut envisager le cas où elle pourra servir à reconquérir la

Syrie, qu'il ne faut pas laisser reprendre par les Allemands
seuls, ce à quoi équivaudrait l'utilisation de la Légion
antibolchevique dans son état d'esprit actuel.

Quant à la Légion Tricolore, la déconvenue est brutale :
les Allemands la refusent net. Une fois de plus Laval et les
collaborationnistes ont pris leurs désirs pour la réalité. Le
26 septembre, Benoist-Méchin quitte le gouvernement.

Le général Galli, commissaire général de la Légion Tricolore, écrit fin octobre 1942 :

> « L'origine du malentendu remonte à l'entretien du
> 8 juillet entre le colonel Mayer et M. Benoist-Méchin.
>
> « On a pris, à ce moment, l'opinion du colonel
> comme une garantie et une approbation des Autorités
> Militaires allemandes, alors que cet officier n'avait
> reçu qu'une simple mission d'information sans être
> aucunement mandaté pour s'engager au nom du
> G. Q. G. Mais cette vérité n'apparut que beaucoup plus
> tard alors que, fort de la parole de ce soi-disant repré-
> sentant de l'état-major privé du Chancelier, M. Benoist-
> Méchin avait informé le ministre de la Guerre des
> résultats heureux de cette entrevue. On partait alors
> en flèche sur cette fausse impression : le gouvernement
> n'hésitait pas à engager sa responsabilité sur les bases
> de cet accord. Propagande et recrutement s'effectuaient
> donc également sur ce qui n'était qu'une illusion.
>
> « Il fallut donc faire machine arrière dès que l'on
> s'aperçut que les Autorités allemandes ignoraient tout
> de notre existence [1]. »

Le battage sur la Légion Tricolore, l'appel de Darnand
aux S. O. L., tout était donc fondé sur une « illusion », sur
une « fausse impression ». Mais rien, absolument rien ne
peut décourager les collaborationnistes. Leur logique à
l'envers, leurs affinités invincibles avec les « vainqueurs »,
les conduisent immanquablement, après chaque avatar, à
redoubler d'efforts. Le général Galli poursuit :

---

1. Document inédit.

« Du côté allemand, on croit savoir que les garanties attendues de nous ne seront jamais données explicitement par l'Armée, celle-ci ne pouvant pas s'engager officiellement, et ceci pour des raisons d'ordre diplomatique, sur le plan germano-italien. Les Allemands peuvent difficilement le dire, mais ils le laissent nettement entendre : « Ne nous demandez jamais officielle-
« ment une propagande de regroupement des forces
« françaises pour la défense de l'Empire, vos voisins
« transalpins s'y opposeraient et nous sommes, mal-
« gré tout, obligés de tenir compte de leur veto. Nous
« sommes nombreux à penser et à souhaiter que vous
« puissiez le défendre; mais n'en parlez jamais, la
« chose viendra à son heure. Les Italiens nous repro-
« chent déjà cet esprit de collaboration qui se traduit
« par la « relève » et par une « Légion française » sur
« le front de l'Est. Ne doutez pas que, dans notre avan-
« tage à tous deux, cette première « collaboration
« militaire » ne doive être l'acheminement vers l'Al-
« liance, but final de tous les vrais collaborateurs. Pre-
« nez patience, faites-nous confiance et grossissez vite
« en l'améliorant dans ses cadres la Légion actuelle
« qui est la pierre angulaire de l'édifice que nous
« voulons construire. »

« Le problème se pose donc à l'heure présente sur le plan suivant :

« Faire comprendre aux Autorités françaises quali-fiées cet état d'esprit. Tâcher de le propager adroite-ment en en faisant état avec discrétion. Le mot d'ordre doit être « Patience » — car si on estime que c'est pour notre pays une question « vitale » et que son relève-ment ne peut être envisagé sans donner confiance à nos vainqueurs, nous reconnaîtrons que tout ce qu'il nous est permis de faire ou de tenter dans ce but fait de nous « ses obligés ». N'oublions pas que nous sommes vaincus... Payons à l'Est d'abord, sans lésiner, ni tergiverser. Jouons carrément, sans même avoir de garanties ou d'assurances officielles pour le faire, le jeu de la confiance... »

Les Allemands ont-ils réellement donné à entendre que

c'était Mussolini qui avait opposé son veto à la Légion Tricolore ? C'est possible, mais l'épisode montre seulement que les Allemands trompent les collaborationnistes. Car la vérité est tout autre. Le 17 septembre 1942, le maréchal Keitel, chef d'état-major de l'armée allemande, a émis un avis défavorable sur le projet (la petite L. V. F. suffit largement au bonheur des généraux du Reich) et Hitler a abondé dans le même sens : les seuls Français qu'il veut dans son armée ce sont les jeunes Alsaciens et Lorrains qu'il enrôle de force, au mépris de la convention d'armistice et sans que Vichy rende publique aucune protestation.

Plusieurs centaines de candidats à la Légion Tricolore sont rassemblés au camp de Guéret où, en l'honneur de Benoist-Méchin, qui passe pour parent de la famille impériale, ils défilent aux accents de *la Marche consulaire*. Parmi eux sont les S. O. L. qui ont répondu à l'appel de Darnand. Que va-t-on faire de ces hommes ? Eh bien ! car la GÉNÉROSITÉ DU VAINQUEUR est sans bornes, ils seront pour la plupart versés à la L. V. F., où ils formeront un nouveau bataillon. Faut-il préciser que la L. V. F. ne sera pas moins « germanisée » après cet apport de « sang nouveau » ?

En mai, le Gauleiter Sauckel, dictateur de la main-d'œuvre, est venu pour la première fois à Paris. Les marchandages avec Laval commencent sur le nombre d'ouvriers français qui seront livrés aux Allemands. La résistance aux exigences de l'ennemi est d'autant plus difficile que Laval s'est mis en avant et que Vichy, sans que les Allemands l'y obligent, s'est déclaré solidaire de la lutte contre le bolchevisme. Dès lors, comment le régime pourrait-il refuser de « participer à l'effort commun de l'Europe » ?

Pour extraire plus commodément davantage d'hommes, de matériel et de denrées de la mine France, les Allemands sentent le besoin de prendre la police française sous leur contrôle. Ce sera désormais un de leurs objectifs majeurs. Le 5 mai, le général SS Oberg, envoyé par Himmler avec le titre de chef suprême des SS et de la police, arrive en France. Il est accompagné de l'un des plus sinistres lieutenants d'Himmler, Heydrich. Tout de suite Heydrich exige que la police française soit réorganisée et qu'y entrent des hommes des partis collaborationnistes. Le secrétaire général de la police, René Bousquet, refuse. Après le départ d'Heydrich (il sera tué quelques semaines plus tard par les patriotes tchèques), Oberg revient à la charge. Cela aboutit aux accords Oberg-Bousquet du 29 juillet 1942 : seuls les auteurs d'attentats contre des Allemands pourront être réclamés par les autorités d'occupation; la police française conserve sa liberté d'action mais elle doit collaborer avec la police allemande et assurer effectivement le maintien de l'ordre contre les communistes, les gaullistes, les ennemis du Reich; en échange, les Allemands s'engagent à renoncer au « code des otages », lequel consistait à fusiller 25 ou 50 Français après chaque attentat contre des Allemands.

Une semaine plus tard jour pour jour, le 5 août, huit soldats allemands sont tués par attentat au stade Jean-Bouin. Les auteurs de l'attentat seront arrêtés en octobre et exécutés. Mais le 11 août, à titre de représailles, les Allemands fusillent 88 détenus au Mont-Valérien, en violation flagrante des accords Oberg-Bousquet, et cela continuera ainsi.

Il n'y a que le premier pas qui coûte. A l'été de 1942, Darnand revient à plusieurs reprises à Paris. Il y rencontre Marcel Déat et d'autres chefs collaborationnistes. Aussi, car c'est la règle à l'époque pour qui veut obtenir fût-ce un laissez-passer interzones, il y rencontre des Allemands, en particulier l'ambassadeur Otto Abetz et l'adjoint d'Oberg, Knochen.

Darnand ne saute pas au cou des « vainqueurs ». Il se montre réservé. Tout de même, lui qu'avait tant choqué le spectacle de ces Français de la L.V.F. qui se laissaient photographier avec des Allemands gare de l'Est, il s'habitue à côtoyer ces uniformes et à ces drapeaux à croix gammée qui flottent sur Paris. Depuis son voyage en Pologne, Darnand n'est plus un inconnu pour les Allemands. Pour eux, pour les ultras de la capitale, il est l'homme qui monte en zone Sud. Discrètement, les uns et les autres le courtisent. On l'invite, il refuse. On l'invite

encore, il accepte; ça n'engage à rien. Et c'est ainsi que le
12 octobre 1942, il est de l'un de ces dîners « européens »
au Palais de Chaillot où l'on trouve dans un mélange
aimable l'ennemi et tous ceux, intellectuels, artistes, politiques, trafiquants et catins, dont l'ennemi pense qu'ils sont
pour lui de quelque utilité.

Les réticences de Darnand à l'égard des Allemands et du
petit monde qui boit, qui mange et qui couche avec eux,
céderont finalement, elles seront vaincues par son ambition, et il pouvait difficilement en être autrement : Darnand est trop sûr qu'il serait capable, si on lui en donnait
les moyens, de remettre la Révolution nationale sur les
rails, de punir les « traîtres », de châtier les responsables
de la guerre et de la défaite. Il veut du pouvoir. Et qui en
France, dès l'été 1942, le dispense? Pétain, Laval ou les
« vainqueurs »? N'est-ce pas parce qu'il a revêtu l'uniforme allemand que Doriot a fait de la L. V. F. sa chose?
N'est-ce pas parce qu'il a su gagner la confiance des Allemands que le rexiste Léon Degrelle est devenu l'homme
fort de la Belgique? Puisqu'il n'y a pas d'autre solution
pour les Français que de prendre les Allemands pour
modèle, ne faut-il pas se mêler à eux pour apprendre le
secret de leur réussite? Et ne faut-il pas s'appuyer sur eux
pour arracher aux « réactionnaires » de Vichy ce qu'ils
refusent de donner de bon gré? Car ces hommes, y compris
Laval, n'ont pas réellement pris conscience de la formidable révolution européenne que le Reich est en train
d'accomplir, et de ce que cette Révolution implique pour
la France si elle veut survivre. Ils en sont à marchander, à
finasser avec les Allemands, alors qu'il est évident que les
Français patriotes doivent s'engager sans réserve aux côtés
de l'Allemagne, de façon que la France nouvelle puisse un
jour prendre place à la table du vainqueur et dire d'une
voix forte (car, entre-temps, elle sera devenue nazie, elle
aura retrouvé sa virilité) : Hier nous étions avec vous et
nous l'avons prouvé, aujourd'hui nous sommes là et nous
en avons le droit.

Entre Laval et Darnand, les rapports restent ambigus.
S'ils jouent presque le même jeu, les deux hommes ont des
caractères et des habitudes très différents. Au fond de lui-
même, Darnand nourrit à l'endroit du politicien Laval les

préventions de toute la droite. Cependant, il doit le ménager. Si le chef du gouvernement acceptait de soutenir franchement le S. O. L., quel avantage!

Darnand est secret, Laval est roublard. Caressant Darnand et lui disant de bonnes paroles, il freine en sous-main
le S. O. L. par l'intermédiaire du chef de la Légion, Raymond Lachal. Pour Laval, à ce moment-là, la seule utilité
que peut avoir éventuellement le S. O. L., ce sera de faire
contrepoids aux mouvements de la zone Nord si vient à
naître une organisation quelconque, de type grand P. U. ou
autre, regroupant à l'échelon national les collaborationnistes durs à la Déat-Doriot et les collaborationnistes modérés, pétainistes. Encore faut-il que le S. O. L. reste dans
l'obéissance de Vichy et qu'il ne fasse pas trop de
bêtises.

Il en fait. A Nice, les S. O. L. occupent la synagogue. Des
préfets signalent qu'à Nîmes, à Montpellier et Aix-en-Pro-
vence, des S. O. L. s'arrogent des pouvoirs de police, qu'ils
contrôlent les identités, qu'ils perquisitionnent chez des
Juifs, des suspects de gaullisme, à qui ils font subir des
interrogatoires, parfois des brimades. A l'époque il ne
s'agit encore que de violences mineures du genre du bain
forcé infligé à François de Menthon : l'affaire fait grand
bruit; à divers égards elle est révélatrice.

Ex-combattant volontaire, catholique de tendance démo-
crate-chrétienne, professeur agrégé à la faculté de droit de
Lyon, le comte François de Menthon passe à juste raison
pour éprouver de la sympathie pour la Résistance. Le
2 mai 1942 vers 17 heures, François de Menthon, dans sa
propriété d'Annecy, reçoit un pli à l'en-tête de la mairie,
qui l'invite à se rendre d'urgence au cabinet du maire.
De Menthon saute à bicyclette et se rend à la mairie. Les
portes sont fermées. Il va faire demi-tour quand soudain il
est saisi par six ou sept jeunes gens « qui l'entourant
violemment et brusquement, le serrant aux poignets et le
bousculant, le portaient vers le bassin du jet d'eau qui
s'élève à quelques mètres de l'entrée de la mairie, puis le
plongeaient dans la vasque remplie d'eau. Pendant qu'il se
trouvait dans cette position, certains des assistants l'inter-
pellaient, lui disant : « Crie Vive de Gaulle! maintenant. »

Des agents de police surgissent. Ils dégagent François de Menthon qui dépose une plainte. L'enquête établit tout de suite que la responsabilité de l'affaire incombe à la section S. O. L. d'Annecy. Le magistrat instructeur inculpe cinq membres : le chef Jacquemin, chef de section, le chef de la Noüe du Vair, les S. O. L. Gauthier, Michal et Chambaz. Interrogé, le chef Jacquemin, prétextant de sa qualité de membre du S. O. L., se refuse à donner aucun renseignement sur les auteurs de la violence et sur le rédacteur de la fausse lettre. Le chef du Vair déclare, lui, que la section S. O. L. d'Annecy avait décidé de prendre des sanctions à l'encontre d'un gaulliste, à la suite des actes de vandalisme commis la nuit du 1ᵉʳ au 2 mai, tant sur l'arbre du maréchal Pétain qui avait été scié que sur la statue de saint François de Sales qui avait été dégradée, et que monsieur de Menthon avait été choisi comme victime expiatoire parce qu'il avait été vu passant devant la mairie d'Annecy le 1ᵉʳ mai à 18 heures, suivant en cela un avis de la radio gaulliste. Le S. O. L. Gauthier reconnaît avoir été l'un des auteurs du bain forcé.

Informé des inculpations, Darnand, le 3 juin 1942, écrit au chef S. O. L. de la Haute-Savoie :

> « Mon cher camarade,
>
> « Etant donné l'allure que semblent devoir prendre les poursuites engagées contre vos S. O. L. inculpés dans l'affaire relative à la baignade infligée à M. François de Menthon, je les autorise à faire état des ordres que je leur avais donnés par votre intermédiaire et en conséquence à déclarer qu'ils n'ont agi que sur les ordres de Joseph Darnand, conseiller national, juge au Tribunal d'Etat, inspecteur général des services d'ordre légionnaires. »

A la suite de cette lettre, Darnand est entendu sur commission rogatoire le 13 juillet. Il déclare :

> « Mes ordres généraux ont été donnés d'agir contre toute personne se livrant de façon marquante à la propagande gaulliste ou affichant d'une façon trop ostensible des sentiments gaullistes. Il n'a pas été

donné d'ordre d'agir d'une façon particulière contre M. de Menthon.

« J'estime que l'acte de violence contre M. de Menthon rentre dans les attributions des S. O. L.

« Les pouvoirs reconnus aux S. O. L. sont assez larges pour couvrir la brimade infligée à M. de Menthon. Cependant, les pouvoirs reconnus aux S. O. L. ne vont pas au-delà des simples violences. Ces pouvoirs ne sont accordés par aucun texte.

« Les S. O. L. sont les seuls juges pour apprécier les méthodes qu'ils ont à employer.

« Les membres du S. O. L. ne sont pas dispensés du serment judiciaire [1]. »

Le ton de cette déclaration n'est pas celui que l'on s'attend à trouver dans la bouche d'un futur secrétaire général au Maintien de l'Ordre, ce que Darnand sera dans dix-huit mois, ou d'un futur secrétaire d'Etat à l'Intérieur, ce que Darnand sera dans un peu moins de deux ans. Ce qui est clair aussi, c'est que Darnand se sait soutenu. Ces pouvoirs qui « ne sont accordés par aucun texte » et sont pourtant « reconnus », par qui le sont-ils en fait?

Interrogé à propos de cette affaire, l'ex-garde des Sceaux Joseph Barthélémy fera le 21 février 1945 la déclaration suivante :

« J'espérais que leurs auteurs en seraient châtiés. Mais ces auteurs étaient des miliciens qui s'empressèrent d'alerter le chef du gouvernement, M. Laval. Celui-ci m'intima sans aucune bonne grâce l'ordre qu'il n'y eût pas de poursuites. Je me souviens encore du son et du ton de sa voix et des arguments qu'il me donnait : « Vous poursuivez beaucoup trop mes mili- « ciens... Je ne veux pas qu'on poursuive mes mili- « ciens [2]... »

Plaidoyer *pro domo*, peut-être. Et il paraît très improbable que Laval ait parlé de ses MILICIENS au cours de l'été 1942 alors que la Milice ne fut créée qu'en 1943. Peut-

1. Document inédit.
2. Document inédit.

être Laval a-t-il dit « mes S. O. L. »? Il est toutefois certain que Laval est intervenu pour faire cesser les poursuites. Par note en date du 26 août 1942, Joseph Barthélémy ordonne de classer l'affaire.

Le guet-apens minuscule dont a été victime François de Menthon n'est pas une tragédie. Mais Darnand a couvert ses S. O. L., et Laval couvre Darnand. Les vraies tragédies viendront plus tard.

Autre affaire, d'un genre très différent : celle du château d'Ozenet. Cette fois, nous sommes en plein burlesque.

Le château d'Ozenet, demeure du marquis de Jourdan, chef cantonal de la Légion des Combattants, est le théâtre d'événements mystérieux et inquiétants : les casseroles volent, les pierres pleuvent, les meubles se courent après. A la demande du chef départemental de la Légion de Saône-et-Loire, de la Chesnaye, le chef S. O. L. de Mâcon, Paul Mathès, officier de marine, se rend à Ozenet et constate l'existence de ces étranges phénomènes. Il rend compte à l'état-major S. O. L. de Vichy. A l'hôtel de Lisbonne, grosse discussion : faut-il ou non faire intervenir le S. O. L. en force contre les fantômes d'Ozenet? S'il réussit, le S. O. L. aura montré qu'il est capable de jouer un rôle public comme force de maintien de l'ordre. Il y a toutefois un risque : et si les fantômes restaient maîtres du terrain?

Après mûres réflexions, l'intervention est décidée. Une « trentaine » est dirigée sur le château. A Ozenet vivent le marquis de Jourdan, ses filles et un jardinier-régisseur, singulier personnage qui fut jadis homme-obus au cirque Pinder. Guidés par l'homme-obus, les S. O. L. fouillent les souterrains, les combles, les plus petits coins. Au cours de ces investigations, plusieurs sont légèrement blessés par des pierres et des casseroles qui se sont précipitées à leur rencontre. L'affaire devient de plus en plus alarmante. L'inquiétude s'empare de l'hôtel de Lisbonne : le S. O. L. va-t-il devoir s'avouer vaincu?

Non : le coupable est enfin démasqué. C'était l'homme-obus, naturellement. De connivence avec des sacripants des environs, il avait imaginé ces sortilèges pour contraindre le marquis et ses filles à quitter le château, dans le dessein de s'emparer des denrées dont les caves étaient abondamment garnies et de les vendre au marché noir. L'homme-obus est remis à la gendarmerie. La Légion des Combattants ne peut que s'incliner : le S. O. L. a triomphé des fantômes, l'ordre règne au château d'Ozenet.

Poursuivant son escalade, Darnand, parlant à Marseille en septembre, critique vivement les réactionnaires de Vichy qui sabotent la Révolution nationale et la politique de réconciliation franco-allemande menée par le Maréchal. En même temps Darnand, qui sent que Laval n'est toujours pas disposé à accorder son indépendance au S. O. L., tente de se rapprocher de Lachal et de la Légion, sans beaucoup de succès : entre le S. O. L. et la Légion, et, à l'intérieur de la Légion, entre les collaborationnistes modérés, majoritaires, et les collaborationnistes durs comme Brassier et Bout de l'An, la petite guerre continue.

Francis Bout de l'An, toujours directeur de la propagande orale de la Légion, propose d'accuser les Juifs d'être des traîtres au service des Allemands. Les chefs légionnaires refusent : le thème, disent-ils, est délicat. L'inventif Bout de l'An fait alors tirer par l'imprimerie du *Moniteur* (le journal dont Laval est propriétaire) un millier de faux tracts gaullistes. On y trouve une photographie de de Gaulle et, pour donner confiance, ce conseil : « Ne va pas en Allemagne »; et puis de fausses nouvelles favorables aux Allemands, dont un bilan très exagéré des pertes britanniques au raid de Dieppe.

L'appel de Darnand du 12 juillet a déplu à Lachal. Laval est intervenu, le directeur de la Légion s'est calmé, mais petit à petit les chefs légionnaires maréchalistes commencent à se demander si, après tout, il ne vaudrait pas mieux donner son indépendance au S. O. L. pour en être débarrassé.

De juillet à septembre 1942, la composition du S. O. L. a changé. Le collaborationnisme déclaré de Darnand a effrayé beaucoup de traditionalistes. Il y a eu un millier de démissions, beaucoup d'autres sont partis sans tambour ni trompette. Ces pertes ont été comblées. Les nouvelles recrues savent à quoi s'en tenir. La tendance pronazie se renforce au sein du S. O. L. au détriment de la vieille droite.

Le S. O. L. s'étend à l'Afrique du Nord. Des sections se constituent à Alger, à Oran, à Casablanca. En France métropolitaine, le S. O. L. continue de s'organiser. Il se donne des structures paramilitaires. Chaque ville où le S.O.L. est implanté a sa « trentaine », parfois sa « centaine » (trois « trentaines » plus un groupe de commandement); plusieurs centaines forment une cohorte.

Combien y a-t-il de militants S. O. L. en 1942? Selon Darnand, environ 30 000. Selon Marcel Gombert, seulement 12 000 « actifs ». 30 000 ou 12 000, cela ne fait pas une immense armée. Pour faire nombre, pour impressionner les foules, on réunit lors des grandes manifestations les S.O.L. de plusieurs départements, ou même de toute la zone Sud. Parmi les 4 500 S. O. L. qui ont prêté serment à Lyon le 12 juillet, 2 000 étaient lyonnais, savoyards, dauphinois ou bourguignons; 700 étaient des Provençaux; 600 des Languedociens; 400 des Limousins; 300 des Auvergnats; plus quelques Corses, quelques Pieds-Noirs, des S. O. L. originaires de la zone Nord.

Pour donner aux chefs S. O. L. « la formation politique uniforme qui assure l'unité de pensée » et pour les préparer aux tâches du maintien de l'ordre, une école de cadres est créée à l'école de police de Saint-Cyr au Mont-d'Or, près de Lyon : elle est dirigée par le chef de la Noüe du Vair que nous avons déjà rencontré à propos de l'affaire de Menthon et que nous retrouverons dans quelques mois à Saint-Martin-d'Uriage.

Le 8 novembre 1942, les Américains débarquent en Afrique du Nord. Le maréchal Pétain, dont l'une des idées directrices en politique étrangère était de garder de bonnes relations avec les Etats-Unis, n'a pas été prévenu [1]. De Gaulle non plus, évidemment. Pétain donne l'ordre de résister à l'armée d'Afrique.

---

1. Mais il avait été informé par Weygand, à qui les Américains avaient fait des offres et qui les avait repoussées, que l'éventualité d'un débarquement allié en A. F. N. était à considérer.

Tout de suite les Allemands sortent de leurs cartons un projet de coopération militaire franco-allemande. Bien sûr, en cette occasion comme toujours, il ne s'agit pas d'une véritable alliance : les Allemands n'en veulent pas. Ce qu'ils souhaitent, c'est de pouvoir intervenir à leur guise partout en France et dans l'Empire.

Confusion totale : qui est l'ami ? qui est l'ennemi ? dans quelle direction faut-il pointer les canons ?

C'est sur les Américains que l'on tire. De très durs combats ont lieu à Casablanca et à Oran. Mais le 11 novembre, quand les Allemands envahissent la zone libre, l'armée d'armistice disparaît sans bruit, sans gloire en dépit du sursaut d'un de Lattre, sans un coup de feu : le général Bridoux, ministre de la Guerre de Laval, ancien commandant de l'Ecole de cavalerie de Saumur, de connivence avec les nazis, lui a interdit de résister. Le 12 novembre, les Allemands débarquent en Tunisie. Le 13, le délégué de Vichy en zone Nord, Fernand de Brinon, remet à Laval un message dont l'un des passages essentiels est :

> « Abetz estime qu'il faudrait procéder sans délai à la constitution d'une Légion impériale, en acceptant que, sous l'autorité par exemple de l'amiral de Laborde, l'organisateur en soit aussi bien en zone occupée qu'en zone libre : M. Darnand, chef du service d'ordre légionnaire, ce qui apparaîtrait comme une manifestation de l'unité française. »

Le 18, mise en demeure des Allemands à Vichy, sommé « de déclarer la guerre immédiatement à l'Amérique et de lever des légions impériales pour combattre en Afrique ». Laval refuse de déclarer la guerre mais il accepte de lever une légion. Le 27 novembre, à Toulon, la flotte se saborde.

Que reste-t-il des assurances données par Pétain en 1940 ? Que reste-t-il des « formidables avantages que nous a procurés l'armistice » et des bienfaits de la « collaboration » ?

Laval, en ces jours sombres, a une grande crainte : que Pétain lui file entre les doigts et gagne l'Afrique du Nord. Le Maréchal, en effet, pourrait partir ; il ne part pas. Il pourrait se déclarer moralement prisonnier; il ne le fera pas. Pétain et Laval resteront en place jusqu'à l'effondrement, jusqu'à l'heure où les « vainqueurs » en déroute les emmèneront en Allemagne. La vieille droite ne renoncera jamais au pouvoir.

Il n'y a plus de zone libre, il n'y a plus de flotte, il n'y a plus d'empire, il n'y a plus d'Etat Français. Il n'y a plus qu'un très vieux monsieur, celui qui disait : « Je hais les mensonges qui vous ont fait tant de mal », et un gouvernement fantoche, celui de Pierre Laval.

Les collaborationnistes de la zone Nord s'agitent. Darnand, les chefs S. O. L. et les ultras de Vichy leur font écho. Les uns et les autres réclament à grands cris que l'on déclare la guerre aux Anglais et aux Américains.

Le 10 novembre, Darnand a voulu s'adresser à la radio aux S. O. L. d'Afrique du Nord pour leur donner l'ordre de combattre les envahisseurs américains (ce qu'ils font déjà) et les Français traîtres à leur devoir qui les favorise. A Alger, cependant, commence l'intermède de Darlan, qui traite avec les Américains, dont on est sûr qu'il n'est pas gaulliste mais dont personne ne sait s'il reste entièrement fidèle à Vichy, ou seulement un peu, ou beaucoup [1]. Pendant quelques jours Vichy se garde d'attaquer l'amiral, et Laval empêche Darnand de lancer son appel à la lutte.

Le 18 novembre, Darnand envoie sa démission à Raymond Lachal. Il écrit :

« Monsieur le Directeur général [2],

« Les événements m'ont conduit récemment à préciser à nouveau à vous-même et au gouvernement les positions politiques que, d'accord avec ce dernier, les S. O. L. avaient été amenés à prendre.

« Partisans, sur le plan extérieur, d'une alliance militaire avec l'Allemagne, aboutissement logique de la politique engagée à Montoire par le Maréchal qui

---

1. Sur les télégrammes que le maréchal Pétain aurait fait parvenir à l'amiral Darlan, mon lecteur peut se reporter au livre de M. Jacques de Launay : *Les Grandes Controverses du temps présent.*
2. Document inédit.

nous avait demandé de nous en faire les défenseurs et les artisans, pressés de voir se réaliser cette révolution intérieure dont nous avons choisi d'être, derrière le Maréchal, l'avant-garde combattante, nous ne comprenons pas l'inertie et le vague où l'on semble vouloir nous maintenir à l'heure où, plus que jamais il convient de « prendre parti hardiment ».

« De récentes conversations avec le Chef du gouvernement m'ont fait découvrir un désaccord profond entre les engagements pris vis-à-vis de mes hommes et les réalisations effectives que le S. O. L. peut normalement attendre des décisions gouvernementales.

« J'ai perdu maintenant l'espoir de voir jouer au S. O. L. le rôle auquel je le croyais destiné dans l'esprit du Chef de l'Etat comme dans le mien : la réalisation de la Révolution nationale.

« Au moment où le pays s'effondre dans le chaos indescriptible des trahisons des responsables civils et militaires en qui le Chef de l'Etat avait placé sa confiance, trahisons que depuis deux ans nous n'avons cessé de dénoncer, je me refuse à toute équivoque et veux faire acte de loyauté.

« Ne voulant trahir ni la confiance du Maréchal, ni celle de mes hommes, je me vois contraint de vous donner ma démission de : Délégué permanent de la Légion française des Combattants auprès du Chef du gouvernement, et de : Commissaire général aux S. O. L.

« J'éprouve en partant l'amer regret du volontariat inemployé. J'étais prêt, en effet, comme en 14-18, comme en 39-40, et suivant l'exemple des S. O. L. morts pour la France à Oran et en Afrique du Nord, à offrir au pays, sans aucune compensation et avec tous les camarades que j'étais capable d'entraîner derrière moi, notre dévouement de légionnaires et nos vies de soldats français. J. Darnand. »

Les choses vont vite ce mois-là. Vichy est en train de prendre le virage : plus question de ménager l'amiral Darlan. Le lendemain du jour où Darnand a démissionné, le

maréchal Pétain s'adresse aux Français sur les ondes, à
21 h 30. Son langage est clair et net :

« Français,

« Des officiers généraux, au service d'une puissance
étrangère, ont refusé d'obéir à mes ordres. Généraux,
officiers, sous-officiers et soldats de l'armée d'Afrique,
n'obéissez pas à ces chefs indignes. Je vous réitère
l'ordre de résister à l'agression anglo-saxonne.

« Nous vivons des heures tragiques, le désordre
règne dans les esprits. Vous écoutez des nouvelles qui
n'ont d'autre but que de vous diviser et de vous affaiblir.

« La vérité, pourtant, est simple : faute de vous plier
à la discipline que j'exige de vous, vous mettez votre
pays en danger.

« Dans l'intérêt de la France, j'ai décidé d'accroître
les pouvoirs du président Laval, pour lui permettre de
remplir une tâche difficile. L'union est plus que
jamais indispensable. Je reste votre guide. Vous n'avez
qu'un seul devoir : obéir. Vous n'avez qu'un seul gouvernement : celui à qui j'ai donné le pouvoir de gou-
verner. Vous n'avez qu'une patrie, que j'incarne : la
France. »

Pas d'équivoque et pas de double jeu : le Maréchal a
donné ses ordres. Le 20, Laval parle à son tour, et il donne
le feu vert à Darnand qui, le 21 novembre, dans un discours
radiodiffusé extrêmement violent, lance un appel en
faveur de la Légion impériale qui doit aller combattre en
Tunisie aux côtés des Allemands, la « Phalange africaine ». Il déclare :

« C'est un soldat français qui vous parle. Combattant des deux guerres... j'ai connu l'atroce désespoir
d'une retraite dans laquelle la France s'anéantissait...
j'ai cru perdre jusqu'à la notion de la France... Mais je
n'ai pas l'âme d'un vaincu.

« Battue par l'Allemagne dans une guerre que lui
ont imposée les politiciens apatrides à la solde de
l'étranger, attaquée par l'Angleterre et les Etats-Unis

contre qui elle n'a jamais rien tenté, la France ne peut se sauver que par la fierté et le courage de ses fils...

« Sans aucune justification, sans aucun prétexte, sans aucun avertissement, après une politique d'hypocrisie et de corruption, les troupes anglaises et américaines se sont jetées sur l'Afrique du Nord... C'est sur cette terre désormais bien la nôtre que les soldats de l'impérialisme juif et anglo-américains sont venus chercher une victoire facile... Quelques misérables... ont accepté d'être les complices de l'envahisseur... Mon cœur n'a jamais battu que pour mon pays... J'accepte, aujourd'hui, l'idée de voir côte à côte, Français sous leur drapeau et leurs armes et Allemands sous leur drapeau et leurs armes frapper le même ennemi.

« Jeunes Français révolutionnaires, depuis deux ans vous vous lamentez d'être privés d'action... Militants de l'Etat nouveau, dont l'impatience s'est si souvent manifestée... Ne croyez surtout pas que vous ne devez être que les artisans de la révolution intérieure. Jamais vous ne ferez votre révolution si les Anglo-Américains ramènent dans leurs bagages de conquérants la démocratie, le capitalisme et la juiverie internationale...

« Français égarés dans le doute, écoutez le soldat qui vous parle; le vrai patriotisme ne livre pas de territoire à l'étranger. »

Quand Darnand a cessé de parler, un annonceur dit au micro : « Les adhésions et les demandes de renseignements concernant la Phalange africaine doivent être adressées Hôtel de Lisbonne à Vichy, par carte interzone pour la zone occupée. »

Il n'est plus question de démission : Darnand est en train de gagner, le S. O. L. va se séparer de la Légion. Soudain, semble-t-il, tout le monde est d'accord pour qu'il vole de ses propres ailes: la Milice va naître.

D'abord, les chefs S. O. L. et des ultras de Vichy préparent un projet de loi qui ferait du S. O. L. le noyau d'une « Phalange française », organisme unique, civil et militaire, de la collaboration : le grand P. U. en somme et son armée. « Phalange », le mot est de Darnand qui a eu des contacts en 1936 avec des phalangistes espagnols.

Article 1 du projet de loi[1] :

> « La collaboration militaire de la France avec les puissances de l'Axe, en vue de la conduite d'opérations communes contre les puissances anglo-saxonnes et leurs alliés, est assurée par la Phalange française. »

Article 2 :

> « La Phalange française comprend de grandes unités de combat de toutes armes et leurs services ainsi qu'une aviation phalangiste.
> « Elle groupe également, pour le combat intérieur contre les agents de la dissidence et le maintien de l'ordre sur le territoire, des formations métropolitaines qui constituent la milice phalangiste. Elle comporte enfin des groupements de propagande. »

Article 12 :

> « La Légion Tricolore est dissoute. Ses biens seront dévolus à la Phalange. »

La Phalange française reprend donc les grands desseins de la Légion Tricolore, à laquelle elle succède et dont elle hérite. Elle y ajoute cette « milice phalangiste » qui aura pour mission de lutter contre la Résistance. Naturellement, le projet avorte. Les Allemands ne veulent pas entendre parler de cette Légion Tricolore[2] nouvelle manière. Ils n'en acceptent que des débris : la « Phalange africaine », qui n'a pour eux qu'un intérêt de propagande, et la milice. Au camp de Guéret, où se trouve encore une partie des rescapés de la Légion Tricolore (les autres sont au dépôt de la L. V. F., à Versailles, ou en route pour le front russe), se constitue un minuscule corps expéditionnaire, sous la direction du lieutenant-colonel Puaud.

---

1. Document inédit.
2. Finalement, la Légion Tricolore sera dissoute par la loi n° 11113 en date du 28 décembre 1942, signée de Pierre Laval. La L. V. F., qui, en fait, n'avait pas cesser d'exister, reprendra vie officiellement.

Le 12 janvier 1943, Laval remettra au maréchal Pétain une lettre dont j'extrais ce passage :

> « Il ne s'agit pas seulement de participer à la défense du territoire et d'alléger ainsi la tâche qui incombe, en France, aux troupes d'opérations germano-italiennes. Il convient d'assurer également la sauvegarde de l'Empire. En dehors des troupes coloniales stationnées en Indochine, en Chine, aux Antilles, la « Phalange africaine » peut être, dans un très court délai, consacrée à cette mission sur le sol africain. Elle pourrait comprendre deux brigades d'environ 7 000 hommes chacune et une demi-brigade de 3 000 à 4 000 indigènes nord-africains. Cette formation de 18 000 hommes constituerait initialement la participation française à la reconquête de l'Afrique du Nord. »

Les ambitions des collaborationnistes sont comme d'habitude immenses et, comme d'habitude, et toujours pour les mêmes causes, tout va rater. D'abord les hommes manquent. Sauf dans une certaine mesure auprès des S. O. L., l'appel de Darnand a eu peu de succès. Et puis, grande surprise, les Allemands, qui avaient pourtant exigé la création de « Légions impériales », s'aperçoivent soudain que, tout bien pesé, la Phalange africaine de Guéret n'est plus tellement nécessaire, qu'ils n'en ont pas besoin... Bref, les Allemands refusent de transporter en Tunisie les quelques centaines d'hommes de Puaud. Fin décembre, ils accepteront seulement d'embarquer dans un de leurs avions un petit état-major : un commandant d'infanterie coloniale, Cristofini; son adjoint le capitaine Curnier, membre du S. O. L.; quelques autres dont Henry Charbonneau.

Malgré ces déconvenues un comité directeur est mis sur pied et Laval en confie la présidence à Darnand. Dans le même temps, Laval tire les plans de la future milice.

Le 19 décembre 1942, à son G. Q. G. où il l'a convoqué, Hitler exige de Laval la création d'une police supplétive qui collaborera avec les Allemands pour maintenir l'ordre en France. Laval peut d'autant moins refuser qu'il a déjà montré ses bonnes dispositions deux mois plus tôt en autori-

sant l'entrée en zone libre de 280 agents de l'Abwehr et du
S. D. munis de faux papiers français. Les policiers allemands ont franchi la ligne de démarcation bien avant le
débarquement américain en A. F. N. et l'invasion de la
zone Sud : le 28 septembre. Créant la milice Laval contente les Allemands, mais sa décision était en germe avant
l'ultimatum d'Hitler. C'est d'abord son jeu qu'il fait. Il est
compliqué :

— Laval sait les relations qui existent entre Darnand
et Déat. Il craint que le S. O. L. devienne le prolongement
en zone Sud du R. N. P. Il veut couper l'herbe sous le pied
du professeur.

— Laval redoute beaucoup à cette époque l'Ober-
sturmführer Jacques Doriot et son P. P. F. Doriot est fort
bien vu de certains Allemands et il convoite le ministère
de l'Intérieur, en attendant mieux. Darnand et Doriot se
détestent. Le S. O. L. devenu un organisme officiel de
l'Etat Français, et qui ultérieurement pourra peut-être
s'étendre en zone Nord, fera contrepoids à Doriot et au
P. P. F.

L'objectif numéro un de Laval est donc d'empêcher que
le S. O. L. joigne ses forces, d'une façon ou d'une autre,
aux partis ultras de la zone Nord. Il se croit capable de
tenir Darnand. Par le même chemin, il montre aux chefs
de la Légion qu'il est le maître, sans pourtant les heurter
de front.

Consulté, le maréchal Pétain se déclare favorable.

Les chefs de la Légion le sont également : les voilà
débarrassés des S. O. L. fascistes, remuants, voyants. Les
moins collaborationnistes des chefs légionnaires espèrent
tout doucement que le S. O. L. devenu indépendant se cassera la figure.

Habileté suprême, Laval fait plaisir à tout le monde :
aux Allemands, aux S. O. L., à Darnand, à la Légion, à
Pétain, à la vieille droite, aux ultra-collaborationnistes de
Vichy du genre de l'académicien Abel Bonnard qui se veut
l'inspirateur d'un parti « formé d'hommes nourris de la
moelle des lions ».

On a trouvé un nom. Puisque la Phalange française est
mort-née, Pierre Cance, Noël de Tissot et Francis Bout de
l'An font choisir que le S. O. L. indépendant ne s'appellera

pas « milice phalangiste » mais « Milice française ». On a trouvé aussi un insigne : le gamma.

> « La Milice française a pris pour insigne le gamma dont la double valeur symbolise très heureusement sa mission révolutionnaire.
> « Troisième lettre de l'alphabet grec, le gamma est la représentation zodiacale du Bélier, symbole de force, mais aussi symbole de renouveau, car le monde entre au printemps sous le signe du Bélier.
> « La MILICE FRANÇAISE a pris le gamma pour insigne parce qu'elle est LA FORCE FRANÇAISE GARANTE DU RENOUVEAU FRANÇAIS [1]. »

Pour mieux contrôler la Milice, Laval s'en nomme le chef; Darnand n'en sera que le secrétaire général.

Laval est-il mû par l'ambition commune à l'époque d'avoir sa petite armée à soi? De Brinon et d'anciens ministres de Laval le soutiendront quand ils seront appelés à rendre des comptes, après la Libération. M. René Bousquet m'a assuré qu'il n'en était rien. Nous nous en tiendrons aux certitudes.

En zone Nord, Doriot est hostile; Déat, qui manque de troupes et qui espère mettre Darnand dans sa poche, est favorable.

En zone Sud, les monarchistes sont partagés. Charles Maurras encourage Darnand : la Milice saura mettre à la raison les ennemis du Maréchal. Au contraire, Xavier Vallat est réservé. Il dit à Darnand : « Vous faites fausse route. Qu'avez-vous à proposer à ces jeunes? De devenir des policiers aux ordres de Laval. Ils ne marcheront pas. »

Les préparatifs sont achevés. Les trois coups retentissent. On lève le rideau.

---

1. Extrait d'un document de l'École des cadres de Saint-Martin-d'Uriage.

7

Fondation de la Milice
(31 janvier 1943)

Réunion à l'hôtel Thermal. – Le discours de Darnand. – La réponse de Laval.

Le 5 janvier 1943, à Vichy, le maréchal Pétain en personne annonce aux chefs de la Légion des Combattants la création de la Milice.

Il leur déclare :

« La Légion doit rester le meilleur instrument de la Rénovation nationale.

« Les S. O. L., en militant aux premiers rangs de la Légion, m'ont donné le témoignage de leur dévouement et de leur dynamisme. En versant leur sang pour la Patrie, les S. O. L. de l'Afrique du Nord m'ont prouvé que leur fidélité les rendait capables d'aller jusqu'au sacrifice suprême.

« Aujourd'hui, avec la police ils restent la seule force organisée susceptible de maintenir l'ordre. S'ils n'existaient pas, la raison commanderait de les créer pour barrer la route aux forces occultes et mauvaises qui cherchent à nous anéantir.

« C'est pourquoi j'ai pris les décisions dont je vais vous donner connaissance :

« Les S. O. L. sont la force jeune et dynamique de la Légion.

« Ils doivent être à l'avant-garde du maintien de l'ordre à l'intérieur du territoire français, en accord avec les forces de police.

« Pour faciliter leur tâche, j'estime qu'il leur faut une certaine autonomie.

« C'est pourquoi, sous les ordres de leur Chef national Darnand, ils dépendront désormais du Chef du gouvernement sous la forme de Milice nationale.

« Chefs Légionnaires et Chefs S. O. L., vous êtes et restez mes soldats. Je compte sur vous pour que cette transformation s'effectue dans l'esprit de camaraderie légionnaire qui vous a tous rassemblés derrière moi et dont je vous demande de rester tous imprégnés. »

Le 31 janvier paraît au *Journal Officiel* la loi numéro 63, du 30 janvier 1943, relative à la MILICE FRANÇAISE. Elle est signée de Pierre Laval. Les statuts de la Milice y sont annexés [1].

Article 1 de la loi :

« La Milice française, qui groupe des Français résolus à prendre une part active au redressement politique, social, économique, intellectuel et moral de la France, est reconnue d'utilité publique. Ses statuts, annexés à la présente loi, sont approuvés. »

Article 2 de la loi :

« Le Chef du gouvernement est le chef de la Milice française. La Milice française est administrée et dirigée par un secrétaire général nommé par le Chef du gouvernement. Le secrétaire général représente la Milice à l'égard des tiers. »

Article 2 des statuts : qui et pour quoi?

« La Milice française est composée de volontaires moralement prêts et physiquement aptes, non seulement à soutenir l'Etat nouveau par leur action, mais aussi à concourir au maintien de l'ordre. »

---

1. Voir dans les Annexes le texte intégral de la loi du 30 janvier et des statuts de la Milice.

Article 3 des statuts : les conditions d'admission.

« Les membres de la Milice française doivent satis-
faire aux conditions suivantes :
1° Etre Français de naissance.
2° Ne pas être Juif.
3° N'adhérer à aucune société secrète.
4° Etre volontaire.
5° Etre agréé par le chef départemental. »

Le dimanche 31 janvier, à l'hôtel Thermal abondamment pavoisé aux trois couleurs, se tient la séance inaugu-
rale. Il est dix heures et quart du matin. Darnand préside.
Parmi les personnalités officielles : Abel Bonnard,
ministre secrétaire d'Etat à l'Education nationale; l'amiral
Platon, secrétaire d'Etat auprès du Chef du gouvernement;
Paul Marion, secrétaire d'Etat à l'Information.
D'abord a lieu l'appel des chefs régionaux et
départementaux du S. O. L., puis l'académicien Abel Bonnard prend la parole. Après avoir évoqué dans un
« tableau saisissant » les difficultés de l'heure, il montre en
la personne de Darnand un brave qui a compris et qui
réunit toutes les idées justes qu'il faut pour une action
féconde; il dénonce les idéologies de la passivité; il
dénonce les propagandes anglo-américaines qui voudraient que les Français fassent, à leur profit, une révolution du désespoir, alors qu'ils doivent faire « une révolution d'espérance ». Il termine par l'éloge du S. O. L.
Abel Bonnard se rassoit. On donne lecture du texte de la
loi qui constitue le S. O. L. en Milice française. Suit une
interruption, et Laval fait son entrée. Tout le monde se
lève. Les nouveaux miliciens, au garde-à-vous, chantent le
refrain du S. O. L., désormais le refrain de la Milice :

*A genoux, nous fîmes le serment
Miliciens, de mourir en chantant
S'il le faut pour la nouvelle France.
Amoureux de gloire et de grandeur,
Tous unis par la même ferveur,
Nous jurons de refaire la France :
A genoux, nous fîmes ce serment.*

Le silence revenu, le chef Darnand dit au président Laval au nom de ses camarades : « Après avoir salué en vous le chef du gouvernement de la France, nous nous permettons d'exprimer notre sympathie de combattants au courageux homme d'Etat qui, lui aussi, porte dans sa chair une blessure glorieuse. »

La blessure glorieuse en question, c'est celle dont Collette fut l'auteur le 27 juillet 1941 à Versailles. La flatterie est audacieuse : voilà le pacifiste Laval, qui n'a jamais figuré sur aucun champ de bataille, reconnu pour brave par un brave à brevet et à batterie de cuisine, pour un mauvais coup reçu d'on ne sait trop qui on ne sait trop pourquoi. Mais c'est une blessure reçue sur le front intérieur, celui où la Milice va combattre. Peut-être aussi Darnand veut-il donner à entendre à Laval, que ce soupçon a peut-être effleuré, qu'il ne fut pour rien dans cette méchante affaire où trempèrent de ses connaissances.

Puis Darnand, dans un long discours, après avoir rappelé ce que fut le S. O. L. et quelles étaient ses ambitions, va exposer ce que sera la Milice, ce que seront ses objectifs, ses tâches :

> « A ceux qui s'obstinaient à nous considérer comme de simples réactionnaires — dit-il —, nous avons manifesté hautement notre volonté de voir instaurer en France un régime autoritaire national et socialiste, permettant à la France de s'intégrer dans l'Europe de demain. Nos convictions n'ont pas varié. Elles ne varieront pas. Les 21 points S. O. L. restent la Charte politique de la Milice française.

Certains voulurent freiner le S. O. L. :

> « Ce n'est pas sans amertume que nous avons trouvé chez certains de nos amis une réserve, une résistance, un effroi qui ont été autant d'entraves à la progression de notre Mouvement. »

Le S. O. L. devait beaucoup à la Légion, mais une séparation était devenue nécessaire :

> « Le S. O. L. lui-même, par la netteté de son attitude

et le dynamisme de ses jeunes adhérents, s'était placé
dans une telle situation d'avant-garde que le gros de la
troupe était incapable de le suivre. »

L'obstacle a été surmonté grâce au chef de l'Etat. Darnand rappelle ce qu'a dit Pétain le 5 janvier. Il poursuit :

« En nous désignant comme ses meilleurs soldats, le
Maréchal nous a décerné un titre dont nous sommes
fiers et dont nous voulons rester dignes. »

Darnand évoque la dégradation de la situation intérieure, le sabotage larvé auquel se livrent des représentants du pouvoir central, le développement de l'action
clandestine des ennemis de l'Etat nouveau.

« Les directives... sont souvent incomprises ou trahies... Les ordres sont parfois exécutés à moitié... Partisans de l'ancien régime encore trop près du pouvoir,
fonctionnaires ralliés du bout des lèvres, prolongent
l'action néfaste des propagandes étrangères et
ajoutent encore à la confusion des esprits... Les indifférents n'ont pas été intéressés, les adversaires n'ont
pas été muselés...

« Les agents à la solde de l'Angleterre, de l'Amérique et de la Russie militent, recrutent et arment. A la
faveur de la misère et de la souffrance, une foule abusée est prête à suivre les meneurs associés du gaullisme et du communisme... Un patriotisme décadent
sert de base à l'alliance monstrueuse de ces meneurs
avec des chefs de guerre humiliés et ambitieux pour
orienter les forces populaires vers une lutte politique
habilement camouflée en revanche militaire. »

Le peuple doit être « commandé et non pas suivi ». La
France n'a plus d'armée ni de marine. « Pour son honneur
comme d'ailleurs pour sa sécurité », elle ne doit pas compter sur « le bras de l'étranger ». Désormais, elle a la
Milice :

« Sa vigilance consistera principalement à déceler et
à punir ces trahisons et ces mensonges. »

La Milice sera la meilleure propagandiste du gouvernement. Elle s'attaquera à la misère et à la famine, « conséquences de la défaite ». Elle réprimera le marché noir. « Pour peu que le gouvernement lui laisse certaines initiatives », elle n'hésitera pas à frapper « avec discernement ». Chaque milicien, en tout, sera un exemple.

Le dévouement de la police n'est pas en cause, mais le désordre et la confusion peuvent s'aggraver .

> « Une organisation politique, comme la Milice française, peut donc seule garantir à l'Etat qu'elle ne faillira pas en de pareilles circonstances. Les S. O. L. de Rabat, d'Oran et de Tunis l'ont prouvé. »

La Milice ne revendique pas de diriger. Elle demande seulement de pouvoir agir au service de l'Etat nouveau et de la Révolution nationale :

> « Le rôle de vigilance, de propagande et de sécurité que la Milice est appelée à jouer nous associe étroitement à la vie publique du pays.
>
> « Pour bien remplir cette mission, monsieur le Président, il ne s'agit pas pour nous de demander une parcelle de pouvoir. Il s'agit d'obtenir les moyens de jouer le rôle politique qui nous est attribué... Nous avons l'ambition franchement avouée de mériter l'honneur d'être pleinement associés au gouvernement. »

Loyale et résolue, la Milice sera donc le levain de la nouvelle France. Elle en sera la pépinière par les cadres qu'elle formera. Elle en sera l'armature car elle sera partout présente, à l'usine, au champ, dans les corporations. Elle sera une force militaire et policière de répression qui frappera « avec la rigueur et la publicité désirables ».

> « Sélectionnés parmi les miliciens, les jeunes hommes âgés de 18 à 45 ans constitueront un corps d'élite appelé la Franc-Garde.
>
> « Cette Franc-Garde sera composée de volontaires moralement prêts et physiquement aptes, non seulement à soutenir l'Etat nouveau par leur action, mais encore à le défendre contre ses agresseurs, à l'intérieur comme à l'extérieur.

« Pour créer l'esprit de corps, pour obtenir une discipline très stricte et pour montrer à tous que la Milice est une organisation n'ayant rien à cacher, pour forcer enfin ceux qui le portent à se manifester sans crainte, les Francs-Gardes porteront un uniforme...

« Cette Franc-Garde, constituée en unités hiérarchisées, instruites techniquement, préparées au combat, sera toujours prête à assurer le maintien de l'ordre.

« Le repérage des foyers de propagande adverse, la recherche et la poursuite des meneurs de forces hostiles, la répression des menées et des manifestations antigouvernementales seront les activités habituelles de la Franc-Garde. »

La Milice naît en zone « libre ». Elle ambitionne, avec l'accord de Laval, de s'étendre à la zone Nord :

« Notre vœu le plus cher est de couvrir d'un réseau unique l'ensemble du territoire français... De l'autre côté de la ligne de démarcation, nombreux sont ceux qui, partageant notre idéal, voudraient servir dans nos rangs. Vous avez bien voulu, monsieur le Président, nous autoriser à préparer déjà en zone occupée la venue et le développement de notre Mouvement. »

Les efforts de la Milice n'ont et n'auront jamais qu'un but :

« C'est le salut de la France que nous poursuivons à travers cette Révolution que nous portons en nous. »

Il ne reste plus qu'à désigner l'ennemi privilégié que la Milice s'attachera à combattre :

« Il serait vain de dénombrer toutes les causes de troubles et de désordre. Un danger domine tous les autres : le bolchevisme.

« Monsieur le Président, une force s'est levée. Vous en prenez le commandement. Cette force n'a jamais manqué à ses chefs. Elle ne vous manquera pas.

« Donnez-nous les moyens et vous ne serez pas déçu. »

Darnand a terminé. Voici donc le programme. Il

contient tout l'avenir de la Milice, jusque dans ses péripéties les plus catastrophiques. Les applaudissements crépitent. Laval se lève et répond :

> « J'accepte sans réserve tout ce que vous venez de me dire. De toute mon âme je m'efforcerai de vous permettre de servir utilement la France. »

A 13 h 15, un déjeuner à l'hôtel Majestic réunit de nouveau, sous la présidence de Laval, les fondateurs de la Milice. Aux côtés de Laval et du chef Darnand ont pris place de nombreuses personnalités : M. Jardel, secrétaire général auprès du chef de l'Etat, qui représente le Maréchal; Abel Bonnard; Cathala, ministre secrétaire d'Etat à l'Economie nationale et aux Finances; Bonnafous, ministre secrétaire d'Etat à l'Agriculture et au Ravitaillement; l'amiral Abrial, secrétaire d'Etat à la Marine; le docteur Grasset, secrétaire d'Etat à la Santé; le général de La Porte du Theil, commissaire général des Chantiers de Jeunesse; l'amiral Platon; le docteur Ménétrel; Jacques Guérard; Raymond Lachal. Le repas, frugal, est suivi de trois brèves allocutions. Le barde Abel Bonnard, dans sa deuxième improvisation de la journée, définit « le véritable esprit d'équipe », gage de victoire que le S. O. L. possède « au plus haut degré » et que la Milice, jeunesse ardente de la France, saura promouvoir. Abel Bonnard se rassoit dans un grand bruit d'applaudissements.

Lui succède le docteur Grasset, qui dit aux miliciens : « Je suis des vôtres » et les engage à « penser éperdument à la France ».

Repoussant sa chaise, Laval se lève à son tour et déclare :

> « Vous n'êtes qu'une minorité. Mais je préfère la qualité au nombre. Je désire que vous vous montriez très sévères dans le recrutement de vos membres. Je désire aussi qu'il y ait entre vous et moi un lien étroit. Vous serez mes compagnons. Je veux être votre ami, et je serai votre chef. L'action qui s'accomplit aujourd'hui est de la plus grande importance. C'est la France qui doit en recueillir les bienfaits, et cela même vous dicte votre devoir.

Le chef du gouvernement parle ensuite des dramatiques événements d'Afrique du Nord, « dont on ne saura jamais — dit-il — tout le mal qu'ils ont fait à la France », des difficultés que rencontre son gouvernement, de « l'épuration qui s'impose dans tous les domaines de la vie française ».

Evoquant à nouveau l'effroyable péril que fait courir à l'Europe le bolchevisme, Laval déclare :

> « Nous devons tout faire, par tous les moyens, pour empêcher que notre pays connaisse ce malheur. Je voudrais que la France comprenne qu'elle devrait être tout entière avec l'Allemagne pour l'empêcher. »

Laval conclut en ces termes :

> « Je vous ai dit ce matin que j'approuvais sans réserve la déclaration de Darnand et que je m'emploierai de toutes mes forces à vous permettre de bien servir la France. Ce ne sont pas là des paroles vaines. La route que nous avons à accomplir ensemble sera longue et dure. Votre présence à mes côtés, la foi et le dynamisme que vous montrez dans votre action, sont pour moi un réconfort. Il ne faut pas que les générations futures, même si nous devons nous heurter aujourd'hui à beaucoup d'incompréhension, puissent nous reprocher de n'avoir pas fait tout ce qu'il fallait faire pour sauver la France. »

Une ovation salue les paroles du chef du gouvernement. Tous se lèvent et chantent *la Marseillaise*.

8.

Sous le signe du Gamma

Un danger : le communisme. – Les bons prophètes : Déat, Maurras. – Structures de la Milice : 2e Service et service de sécurité. – Fascistes et notables, politiques et militaires. – Le complot monarchiste. – Rébellion du chef du Vair. – Siège de Saint-Martin-d'Uriage.

A peine la Milice vient de naître : le 2 février 1943, à Stalingrad, la sixième armée allemande de von Paulus capitule. Sur le front de l'Est, en Afrique du Nord, demain en Sicile et en Italie, partout le grand Reich est réduit à la défensive, partout il se fait battre et il recule. L'Europe allemande n'est plus qu'une peau de chagrin.

Les défaites de l'Allemagne, « rempart de l'Europe contre le bolchevisme », provoquent chez les conservateurs une immense inquiétude. Peuvent-ils croire au moins que les succès anglo-américains seront capables de compenser les succès soviétiques? Non, Laval s'emploie à dissiper cette espérance. En février 1943, il déclare :

« J'ai toujours eu la hantise du danger bolchevique, mais j'en ai aujourd'hui comme vous, alors que je l'avais eue avant, comme beaucoup d'entre vous, la claire et nette vision.

« La Russie fait un effort militaire gigantesque. L'Allemagne et les Européens qui l'assistent résistent à ses efforts.

« Je suis convaincu que la résistance sera efficace, mais s'il n'en était pas ainsi, j'ai la certitude qu'il y a

pour l'Europe tout entière et pour la France un danger
certain de bolchevisation.

« Que les communistes en soient heureux, je le
conçois. Que certains Français s'en réjouissent, je ne le
comprends pas.

« Ceux qui soutiennent que sur l'intervention des
Anglais et des Américains les armées soviétiques
s'arrêteraient sur une ligne lointaine — la France restant à l'abri — commettent une erreur. Ils en seraient
un jour les victimes, mais auraient compris trop
tard. »

Nous pourrions trouver vingt textes du même genre :
Laval attise la crainte des possédants. Son but est de para-
lyser les réflexes normaux du patriotisme (c'est l'armée
allemande qui occupe la France : ce n'est pas l'Armée
Rouge), pour faire basculer la totalité de la droite et si
possible du centre du côté des nazis.

Laval, Pétain, le régime de Vichy ont depuis longtemps
choisi leur camp. Mais c'est parce que la Résistance intérieure grandit et non point parce que l'armée allemande a
essuyé une défaite à Stalingrad qu'ils doivent et qu'ils
devront de plus en plus ouvertement s'avouer les alliés de
l'ennemi dont ils se font les porte-parole et dont ils
répandent les mots d'ordre.

Vichy a échoué. Le régime n'a pas réussi à convaincre
les Français d'accepter la défaite et la vassalité de la
France. Le peuple a dit non et c'est compréhensible : c'est
lui qui supporte le plus lourdement l'occupation, et il n'a
aucune raison de souhaiter pour le pays le maintien d'un
statut colonial qui profite seulement à la fraction la plus
rétrograde des conservateurs.

La lutte contre le communisme va donc être le thème de
propagande numéro un de la Milice. De la Révolution
nationale il sera de moins en moins question. Darnand
déclare en février 1943 :

« Les circonstances exceptionnellement graves qui
mettent en jeu l'existence de la France n'autorisent
plus les projets lointains de Révolution nationale.

« Le danger intérieur est immédiat.

« Le parti communiste illégal a truffé de ses respon-

sables nos entreprises et certaines de nos administrations. Les actes de terrorisme se multiplient, présages
d'une émeute prochaine.

« Un plan d'insurrection armée existe et la France
risque d'être bolchevisée.

« Car les communistes transformés en patriotes se
sont assurés l'étonnante complicité des bourgeois gaullistes, des militaires revanchards et de tous les admi-
rateurs de la démocratie du désastre.

« LA MILICE A POUR PREMIÈRE TACHE D'ABATTRE LE
COMMUNISME. »

Même son de cloche de la part de Déat qui, commentant
la création de la Milice Française, écrit en février 1943
dans *Notre Combat pour la nouvelle France socialiste* :

« Avant d'être en mesure de vaincre le bolchevisme
par les armes, l'Allemagne nationale-socialiste l'a éliminé de sa vie intérieure. La France ne participe à
la lutte que par une poignée de Volontaires et par le
renfort de ses travailleurs. Mais elle n'est pas exempte
du péril que constitue, sur son territoire, l'avant-garde
française des hordes motorisées de l'Armée Rouge...

« La police, certes, fait son devoir et opère chaque
jour des rafles fructueuses... Toute émeute, tout essai
de sabotage un peu massif, seront vite réprimés. Mais
la force armée, la police, ont des effectifs limités. Et
c'est pourquoi l'heure est venue d'en appeler aux
citoyens pour concourir au maintien de l'ordre. C'est
une des raisons, non pas la seule, de la création des
milices dans l'une et l'autre zone[1], selon des modalités différentes, mais dans un dessein explicitement
convergent. »

Passons en zone Sud. A propos des assemblées constitutives de la Milice qui viennent de se tenir le dimanche
28 février dans une vingtaine de villes, Charles Maurras
écrit dans *l'Action française* du 3 mars 1943, sous le titre

---

1. Déat fait ici allusion à la Milice nationale révolutionnaire, de zone Nord,
dont nous parlerons plus loin.

« Contre le communisme intérieur », un article dithyram-
bique dont voici quelques lignes :

> « Une troisième affaire est en vue : la Milice.
> « O bonheur, pour celle-là! les légitimes recomman-
> dations ne sont plus à faire. On les a prévenues. On a
> fait ce qu'il fallait faire, dit ce qu'il fallait dire, et
> bien... Nous voici loin de cette ornière pleine de boue
> et qui pourrait assez vite devenir sanglante... Sans
> armée, sans marine, sans machines, même sans armes
> qui nous soient propres, que pourrions-nous donc
> apporter à la guerre antibolcheviste? Mais, avec le
> concours d'une sûre et bonne police, nous pouvons,
> chez nous, frapper d'inhibition toute velléité révolu-
> tionnaire et toute tentative d'appuyer les hordes de
> l'Est, en même temps que nous défendrons, avec nos
> personnes, nos biens, nos foyers, notre civilisation tout
> entière. Voilà ce qu'il faut comprendre et ce qui est
> trop méconnu. »

Il nous reste à entendre la plus haute autorité de l'Etat
Français. Dans une allocution prononcée le 29 avril 1943,
devant les chefs départementaux de la Légion des Combattants et les chefs régionaux de la Milice, le maréchal
Pétain déclare :

> « Légionnaires et Miliciens, si l'on compare vos mis-
> sions, on constate qu'ayant un but commun, elles se
> confondent souvent. Mais la Milice, comprenant sur-
> tout des éléments jeunes et dynamiques, doit être
> investie par priorité de toutes les missions d'avant-
> garde, notamment celles relatives AU MAINTIEN DE L'OR-
> DRE, à la garde des points sensibles, A LA LUTTE CONTRE
> LE COMMUNISME... »

A l'intention des chefs miliciens, le Maréchal ajoute des
conseils de modération, qui, pour l'essentiel, ne seront pas
suivis :

> « N'oubliez pas, non plus, que l'une de vos princi-
> pales préoccupations doit être de gagner le cœur de la
> population. Vous devez pour cela montrer au pays

l'exemple de la discipline et d'une vie privée sans tache.

« Eloignez de votre sein les éléments douteux. Préférez la qualité au nombre. Enfin, développez surtout vos œuvres d'entraide sociale. C'est le meilleur moyen de vous faire aimer. ÉVITEZ L'ESPRIT PARTISAN ET LES REPRÉSAILLES INUTILES, SOURCES DE CONFLITS ET DE VENGEANCE. Basez au contraire votre propagande sur les réalités en faisant appel au bon sens de chacun. »

Les premiers mois de 1943, la Milice prend donc le départ. Comme nous l'avons vu, ses ambitions sont très vastes. Disons tout de suite que, pour bien des raisons, elle ne sera jamais en mesure de les réaliser.

En 1943, la Résistance active grandit et s'organise. Quant à la résistance « passive », elle est dans tout le pays largement majoritaire. A droite même, certains, conscients que l'Allemagne est en train de perdre la guerre, commencent à se demander si miser sur Pétain c'est jouer la bonne carte. Des patriotes sincères un moment égarés par le côté Vieille France, ordre moral, grand-père à cheveux blancs de Vichy, se reprennent. C'est le cas de François Valentin, passé à la Résistance, qui dans un manifeste diffusé clandestinement écrit en août 1943 :

« Le 29 août, la Légion commémorera le troisième anniversaire de sa création.

« Jusqu'au retour au pouvoir de Pierre Laval, j'ai été le directeur général de la Légion. A ce titre, et quelles qu'aient été mes intentions, j'ai pu contribuer à tromper sur leur devoir de bons Français, légionnaires ou non. C'est à eux spécialement que je veux adresser cet appel pour libérer enfin ma conscience. Et puisque mon action passée s'est exercée en France et publiquement, c'est aussi en France et publiquement que je dois aujourd'hui encore prendre position.

« Un cri de colère monte de nos cœurs quand nous jetons un regard sur le chemin parcouru depuis trois

ans et que nous rappelant les expériences d'alors, nous
constatons à quelles réalités nous avons été conduits
de chutes en chutes, de combinaisons en combinaisons,
de mensonges en mensonges, de lâchetés en lâchetés.

« Pourtant, il ne pouvait en être autrement : notre
erreur a été de croire qu'on pourrait relever un pays
avant de le libérer. On ne reconstruit pas une maison
pendant qu'elle flambe... »

Encore une lettre, celle que l'ancien ministre Anatole
de Monzie adressera au maréchal Pétain à l'automne :

« Où en êtes-vous, Monsieur le maréchal, après
quarante mois de pouvoir légal? Où en est l'ordre
français, la paix entre Français, la solidarité entre
Français? (...) Tout est aux ordres du gouvernement
et de ses préposés. Et cependant le désordre grandit (...) La contrainte a fait faillite, Monsieur le maréchal (...) Vous avez remplacé les élus par des notables
et les libertés traditionnelles par des abus improvi-
sés (...) Le terrorisme s'aggrave d'une connivence
qu'entretient un mécontentement de jour en jour
généralisé... »

Le fait que Pétain et Laval se maintiennent au pouvoir
alors que dans le pays le reflux du maréchalisme ne cesse
de s'accentuer, isole à l'extrême droite le dernier carré des
fidèles de l'ultra-conservatisme vichyssois. Le caractère
policier et répressif du régime ne peut que s'aggraver.
De plus en plus faible, Vichy devra frapper de plus en plus
fort. Bien sûr, il y a la peur soigneusement entretenue du
bolchevisme, il y a les attentats des « terroristes », il y a les
pressions allemandes. Mais même sans attentats et sans
communistes le régime agonisant et son dernier carré de
fidèles n'auraient pas d'autre solution que de s'appuyer de
plus en plus sur les Allemands, car Vichy réduit à ses
seules forces n'a absolument pas les moyens d'imposer sa
volonté aux Français. Que Pétain et Laval aiment ou
détestent les Allemands est hors du problème : il leur faut
avoir recours à eux. Et il en sera de même de leur garde
prétorienne, la Milice, car la Milice ne sera jamais assez
forte pour remplir les missions que ses chefs lui ont assi-

gnées : maintenir l'ordre, combattre avec succès les communistes.

Ainsi, en ce début de 1943, Vichy redouble d'amabilités à l'égard des Allemands. Le 11 février un décret déclare d'utilité publique la L. V. F. Le 18 avril, Laval reconduira et étendra à l'ancienne zone Sud les accords Bousquet-Oberg du 29 juillet 1942, que les Allemands n'ont pas respectés.

L'histoire de la Milice va donc se confondre avec les sursauts et les spasmes d'un régime honni et condamné, mais qui refuse de se démettre, compromis par sa collaboration avec l'occupant et contraint pour durer de se compromettre chaque jour davantage. S'ajoute à cela que la Milice entend bien ne pas se laisser réduire à n'être en somme que l'armée de réserve du maintien de l'ordre. Elle se veut LE parti politique de l'Ordre nouveau. Sa chance c'est d'avoir été intronisée officiellement par Vichy, ce à quoi aucun parti ultra de la zone Nord n'a réussi et ne pouvait réussir.

Au-delà de ce premier objectif, les chefs miliciens sont partagés. *Grosso modo,* on peut dire qu'il existe à la Milice deux tendances : une militaire et une politique.

Pour les « militaires », la Milice doit être essentiellement cette « sûre et bonne police » que Charles Maurras appelle de ses vœux. Elle raffermira l'ordre ébranlé en combattant ses ennemis. Cette tendance émane directement de la vieille droite. Les « militaires » sont vichyssois : Pétain leur suffit.

Pour les « politiques », la lutte contre la Résistance n'est qu'une nécessité du moment. L'essentiel pour la Milice c'est qu'elle devienne le grand mouvement fasciste qui mettra la France à l'école du nazisme, contre Vichy s'il le faut. Jean-Albert Foex, qui sera en 1944 l'un des fondateurs de la Milice en zone Nord, écrit en février 1943 :

> « Il est inutile de démontrer l'évidence : la France, pour sa renaissance, réclame une somme d'efforts et de sacrifices comparable à celle qu'acceptèrent et qu'offrirent fascistes et nationaux-socialistes. Pour qu'elle pratique une politique de présence, de relief et de consistance, elle prépare sa Milice. Celle-ci, avant

même d'être prête, a une tâche considérable qui lui est
dévolue. Aussi voudrions-nous citer quelques lignes du
Journal de Balbo qui renferment le vrai et l'essentiel :

« EN REGARD DE L'IDÉAL DE LA CONQUÊTE DE L'ÉTAT,
AUCUNE HYPOCRISIE BOURGEOISE ET AUCUN SENTIMENTA-
LISME : L'ACTION RUDE ET APRE, MENÉE A FOND, A TOUT
PRIX. »

Cette conquête de l'Etat à la manière des Chemises
Noires et des Sections d'Assaut dont rêvent les politiques
de la Milice sera en fait la conquête de la France. Et elle
ne pourra se faire que contre les Français puisque ceux-ci
sont hostiles à la nazification de leur pays.

Un agent des services de renseignements de Vichy entré
sur ordre à la Milice m'a déclaré en 1967 :

« Ma première impression est de me trouver devant,
disons, des C. R. S., mais des C. R. S. d'extrême droite
et qui ne savent pas où ils vont. Il y a plusieurs clans.
Le grand problème c'est de décider jusqu'où la Milice
doit aller dans la collaboration. Les collaborationnistes modérés disent : si nous nous engageons à fond
avec l'Allemagne, qu'arrivera-t-il si elle est battue?
Soyons prudents. Les collaborationnistes durs veulent
foncer. Pour eux, pas de demi-mesure. Il faut jouer le
jeu : si l'Allemagne perd, tout est fichu; autant vaut
ne pas lésiner. Ce qui a fait pencher la balance du côté
des durs, ce sont les opérations contre le maquis et le
fait que jusqu'en août 1944, la majorité des chefs de la
Milice a cru à la victoire de l'Allemagne. »

Au sommet de la hiérarchie, l'état-major de la Milice, la
« bande à Jo », les intellectuels comme Bout de l'An, Pierre
Gallet, de Tissot, appartiennent en majorité à la tendance
« politique ». Ils sont nationaux-socialistes, ultra-collaborationnistes.

Au second rang, les chefs régionaux et départementaux,
pour la plupart, ne sont pas vraiment nazis. Ils sont traditionalistes, ultra-conservateurs, peu ou prou monarchistes,
maurrassiens. Ce qui intéresse ces notables ce n'est pas de
nazifier la France mais de sauver ce régime de Vichy qui

leur a fait une si belle place au soleil. Ce sont les « militaires ». Ils veulent écraser les communistes, mater les républicains et la gauche. Pour ces hommes, les Allemands seront des alliés de fait contre la Résistance, des alliés indispensables mais bien compromettants et bien gênants.

Un ancien chef supérieur de la Milice m'a déclaré en 1967 :

> « Par le biais de la lutte contre le communisme, nous étions les alliés des Allemands. Au sein même de la Milice, il y avait des résistances. Elles émanaient en général de miliciens de formation maurrassienne, qui auraient voulu que nous soyons à la fois anticommunistes et antiallemands. En théorie, c'était séduisant. Dans les faits, il s'est avéré très vite que cela n'était pas possible. En 1943 et 1944, il ne pouvait être question de combattre les communistes et leurs alliés en France sans s'appuyer sur les Allemands. Pourtant, au début de la Milice, certains d'entre nous envisageaient que la Milice passerait un jour du côté de la Résistance pour rassembler autour d'elle les résistants anticommunistes et faire échec à l'insurrection. »

Darnand, lui, tient à la fois aux deux tendances. Par tempérament, c'est un militaire; dans la mesure où il veut que la France se modèle sur l'Allemagne d'Hitler, il est aussi un politique; mais il est en retrait par rapport à certains de ses lieutenants. Le 2 février, il convoque à l'hôtel de Lisbonne Francis Bout de l'An, lui offre le poste de directeur de la propagande de la Milice, puis lui déclare :

> « Sur la collaboration, pas de folies. L'on va nous attaquer. Les légionnaires et les officiels de Vichy répètent déjà que nous sommes des vendus. Je vais vous parler franchement. Mon éducation et mon cœur ne me poussent pas aux embrassades avec les Chleuhs. D'ailleurs, si demain ils s'entendaient avec Staline, ils nous laisseraient tomber. Pour l'instant ils se battent vers Moscou. Ça me suffit. Je vais être obligé de fréquenter Ambassade, Wehrmacht, SS, SD, et cela ne

me sourit point. Vous serez tenu au courant, mais dès aujourd'hui je vous recommande de ne pas nous engager fort avant dans la collaboration [1]. »

Sans aucun doute Darnand est sincère quand il dit que son éducation et son cœur ne le poussent pas aux embrassades avec les « Chleuhs », mais sa modération a aussi d'autres motifs : il doit prendre garde de ne pas gêner Laval, dont il a besoin plus que jamais, et comme au temps du S. O. L. à ne pas risquer de repousser les traditionalistes et les maurrassiens, ce qui pourrait se produire si le professeur Bout de l'An, qui en est tout à fait capable, se lançait dans des apologies du nazisme; car enfin il faut d'abord que la Milice prenne forme, qu'elle grandisse, qu'elle recrute.

Grosse déconvenue : la Milice recrute mal. Ce ne sont pourtant pas les moyens qui manquent. La Milice a ou aura ses propagandistes (le plus célèbre est Philippe Henriot qui adhère en mars 1943); ses émissions radiophoniques, une puis deux par semaine (« La Milice française vous parle » et « La minute de la Milice »); son journal, *Combats*. Mais dès son commencement, même chez beaucoup de pétainistes, la Milice a mauvaise réputation. Elle succède au S. O. L. d'allure brutale, et de qui se sont retirés déjà beaucoup de bons bourgeois. Son côté policier inquiète.

Que fait Darnand? Il dit, il répète : « Avec sa troupe de combat, la Franc-Garde, la Milice ne sera pas une sorte de police supplétive. Elle garde sa mission politique, celle que nous avons définie dans les 21 points du S. O. L. »

Ce qui arrange un peu les choses, c'est que la Milice a la caution du maréchal Pétain; c'est son côté panache, Vieille France; c'est le prestige militaire de Darnand et d'autres; c'est le besoin d'agir; c'est aussi que la Milice se présente comme une chevalerie et comme la nouvelle armée française, en somme.

Qui adhère à la Milice? Des extrémistes de droite; des ultra-catholiques à l'esprit de croisade; des anticommunistes fanatiques; des antisémites; d'anciens camelots du

---

1. Extrait des *Mémoires* inédits de M. Francis Bout de l'An.

roi et d'anciens ligueurs. Surtout : des jeunes gens de la bourgeoisie, des étudiants, des adolescents; beaucoup de ces garçons n'ont pas vingt ans; ils n'ont fait aucune guerre; ils sont issus de familles traditionalistes; papa était à Verdun; papa admire le Maréchal; papa fait l'éloge des qualités guerrières des Allemands, ce qui grandit son mérite à lui, l'ancien de Verdun. Que l'on se rappelle le formidable matraquage qui s'exerçait à l'époque et l'influence qu'il pouvait avoir sur des esprits en cours de formation : la propagande de Vichy et celle des ultras ne cessent de répéter que les Français sont des vaincus, que les Français sont des lâches, que l'armée allemande défend l'Europe et la France sur le front de l'Est et que les Français sont trop poltrons pour « prendre parti hardiment [1] ».

Dans la plupart des cas, quand papa et maman soupçonnent que leur grand garçon s'apprête à sauter le pas, ils lui disent : « Reste avec nous, prépare ton examen, ne va pas faire de bêtise... » car on a beau avoir un portrait du Maréchal dans la salle à manger, on sent bien que l'affaire tourne d'étrange façon. Mais il y aura des familles de miliciens : les parents, les enfants, y compris les jeunes filles, tout le monde s'inscrit. On devine que le sort de telles familles sera tragique, car cela finira par la prison, l'exil, par le peloton d'exécution pour quelques-uns. Il y aura des familles divisées où les parents, les enfants, les frères deviendront des ennemis. A Brive : la famille C. Le père et un fils sont membres de l'Armée secrète. L'autre fils, Jacques, est milicien. En juin 1944, Jacques C. dénoncera son père et son frère à la police allemande. Il sera exécuté à la Libération.

Les cadres de la Milice restent à peu de chose près ceux du S. O. L. Quelques défections dont celle de l'ancien inspecteur général adjoint, le monarchiste Crozier. Une grosse majorité de notables : médecins, avocats, commerçants, notaires, propriétaires, petits industriels. Les châteaux sont fortement et noblement représentés par les chefs de La Rochefoucauld, de Turenne, de Lacaze, de Bourmont, de Vaugelas, de Londaize, de Bernonville,

1. Comme l'ordonnait le maréchal Pétain.

de Saint-Antonin, de Saint-Julien, de Gassovski, de Mau-
gry, de la Noue du Vair, de Lafaye, de Broche, d'Artencey,
de Larivière. Et bien d'autres. Une foule de noblesse va à
la Milice. Nous les trouverons dans les cadres moyens et au
commandement de la Franc-Garde. « Militaires », ils
donnent à la Milice un air de bonne compagnie et le ton
cavalier.

En général, ce ne sont tout de même pas les très grosses
fortunes ni les très grands talents qui se précipitent à la
Milice. Quand le vent souffle, le château remue : Maréchal,
nous voilà !...

On risquerait d'être déconcerté par certaines conduites
de la Milice si l'on ne retenait deux faits d'importance. Le
premier c'est que, à de rares exceptions près, les chefs de
la Milice sont bardés de décorations et de citations. Il y a
parmi eux une proportion élevée de très bons soldats de
14-18 ou de 39-40, de héros, de Darnand. Le deuxième c'est
que ces bons bourgeois et ces hobereaux sont des provin-
ciaux. Les meilleurs, souvent, ont l'esprit étroit. Par leur
origine sociale, par leur milieu, ils sont fermés à une certaine intelligence humaine du monde. Le catholicisme de
combat de la plupart va chez quelques-uns jusqu'à l'oubli
de la plus élémentaire charité. Héritiers des forcenés de la
Terreur blanche de 1815, ce sont des répressifs. Ils en sont
à la Commune, à l'affaire Dreyfus, au Front populaire : Ils
ont des revanches à prendre. Et puis, ils ont cet état
d'esprit que l'on ne trouve à un si haut degré que chez les
notables des petites villes : Ils sont nés propriétaires incon-
testables de leur rang, de leur qualité. Ils sont issus de la
cuisse de Jupiter, ce qui entraîne que leurs adversaires ne
peuvent être que de la racaille et qu'ils les méprisent trop
pour ne pas les sous-estimer.

Le grand échec de la Milice, dès son commencement,
c'est qu'elle ne recueille que des débris de la droite et de
l'extrême droite. Et il ne pouvait en être autrement. Le
sens commun, le réflexe patriotique le plus simple, et aussi
la clairvoyance des intérêts, font que beaucoup de conservateurs ne veulent pas entendre parler de cet organisme
étrange, hybride, qui est un parti politique de type fasciste,
qui est une police, qui se prépare à être aussi une armée, et

dont on voit bien qu'il est déjà sur la pente au bout de laquelle sont les Allemands.

Que reste-t-il à la Milice? Les anciennes places fortes du S. O. L. au bord de la Méditerranée et en Languedoc. Dans le Sud-Ouest, le Lot-et-Garonne est le département le plus fort sous l'impulsion du chef de Perricot, pharmacien à Villeneuve-sur-Lot. En Haute-Garonne, c'est le chef Frossard, propriétaire foncier, qui mène le jeu. Dans les Basses-Pyrénées, un industriel, Labadie. Dans le Gers, le docteur Sailhant. En Ariège le chef Pincemain, un ingénieur de Centrale. Dans le Tarn-et-Garonne, un ancien officier, le chef d'Artencey. Progressivement, la Milice remontera vers le nord. Elle s'implantera à Limoges avec le chef Barrier et le docteur Verger; en Corrèze avec le docteur Lejeune. Dans la région de Clermont-Ferrand elle sera dirigée par le chef Achon, ex-sous-officier d'active; en Haute-Loire par le chef Le Tellier et le chef Touraud.

La Milice recueille aussi les débris de groupuscules ou de formations paramilitaires pétainistes : des Groupes de protection, des Groupes nationaux fondés en 1941 par le chef légionnaire Gatineau. Une petite partie des équipes de propagande de Bout de l'An le suit à la Milice.

La Milice aura son « Avant-Garde », formée de très jeunes gens et d'adolescents. Un officier, le capitaine Jean-Marcel Renault, a fondé un mouvement, la Jeunesse de France et d'Outre-Mer. Le capitaine Renault est vivement encouragé par Vichy, mais il manque de crédits et de locaux. Un jour Laval le convoque et lui fait la proposition suivante : « Passez à l'Avant-Garde avec votre J. F. O. M. : vous aurez ce qui vous est nécessaire. » Le capitaine Renault accepte à titre personnel d'entrer à l'Avant-Garde mais exige que chacun de ses garçons puisse choisir librement. Selon Jean-Marcel Renault, un dixième de la J. F. O. M. passe à la Milice.

Chefs départementaux et régionaux ne laissent pas le choix, en revanche, aux militants S. O. L. Pour gonfler les effectifs, ils les inscrivent d'office. En même temps, un effort de recrutement est fait dans les milieux populaires, pour trouver des forces et parce qu'un mouvement « révolutionnaire » qui n'a pas d'ouvriers dans ses rangs ne fait pas sérieux : Doriot ne se gêne pas pour dire que la Milice n'est qu'un ramassis de bourgeois et de réactionnaires.

Dans *Combats* du 29 mai 1943, Darnand déclare : « Travailleurs des usines et des champs, vous vous trompez si vous croyez que notre autoritarisme nous éloigne du peuple. C'est avec lui et pour lui que nous préparons en France l'avènement d'un Etat autoritaire et populaire. »

Que l'autoritarisme de la Milice éloigne d'elle les travailleurs : sans doute. Mais surtout, quel ouvrier peut ignorer que la Milice, avec ses notables, est essentiellement conservatrice? Aussi, comme il arrive chaque fois qu'un mouvement d'extrême droite tente de prendre pied dans le peuple, à quelques exceptions près ce ne sont pas de vrais ouvriers qui se laisseront séduire, mais du sous-prolétariat, des hommes de main.

Manquent aussi des cadres. Darnand se met en quête. Bien sûr, tantôt pour le meilleur, tantôt pour le pire, ce sont toujours les mêmes hommes qu'il trouve sur son chemin. C'est ainsi qu'il recrute l'officier de marine Joseph Lécussan, qui sera l'une des figures les plus sinistres parmi les chefs de la Milice.

Joseph Lécussan est né le 9 juillet 1895 à Gourdan-Polignon, Haute-Garonne. En 1916, il entre à l'Ecole navale. Carrière normale. Il est spécialiste électricien-torpilleur. En 1936, dans la Cagoule, il fait la connaissance de Darnand. En 1940, Lécussan commande une escadre de patrouilleurs. Après l'évacuation de Brest, le 18 juin, il reçoit l'ordre de gagner l'Angleterre. Survient Mers el-Kébir. Lécussan est interné par les Anglais. Il est rapatrié en France en novembre 1940. Sa carrière politico-administrative va commencer.

Au physique, Lécussan est un colosse d'un mètre quatre-vingt-trois avec des épaules de déménageur et un visage carré et dur. En politique, il est un grand admirateur du général Franco. Il est très antianglais, très anticommuniste; c'est un antisémite fanatique. Des miliciens qui l'ont bien connu le décrivent comme un personnage arrogant. comme un excité et comme une brute. Le commandant Lécussan, officier de la Légion d'honneur, plusieurs fois cité, est un alcoolique.

De retour en France, Lécussan se fait détacher de la

Marine. Il est d'abord chef régional à Toulouse du « Centre d'Information et d'Etudes » du colonel Groussard. En 1941, Xavier Vallat le nomme directeur aux Questions juives à Toulouse. Après la dissolution des G. P., Lécussan a liquidé le matériel. Il en a tiré 300 000 francs avec lesquels il a acheté trois magasins dont les revenus lui permettent d'entretenir « un noyau d'hommes sûrs ». Du fait de ces hommes sûrs, Toulouse, dès 1941, est la première ville de la zone libre où des violences sont exercées contre des Juifs. Il ne s'agit pas encore à cette époque de crimes de sang, mais de brimades et d'extorsions de fonds, car Lécussan n'est pas homme à se laisser étouffer par les scrupules, et il lui faut payer son équipe. En hommage, des étudiants en médecine antisémites de la faculté de Toulouse lui offrent une étoile de David en peau humaine tannée, découpée sur le cadavre d'un israélite. Lécussan conservera des années ce présent délicat. De temps à autre il l'exhibe et dit : « C'est de la fesse! »

En mars 1943, Lécussan est toujours directeur aux Questions juives à Toulouse quand il est sollicité par Darnand. Il est du premier stage à l'école de Saint-Martin d'Uriage. Il sera ensuite chef régional de la Milice à Lyon.

Auteur de crimes abominables, Joseph Lécussan sera condamné à mort dans cette même ville le 25 septembre 1946, et fusillé.

Autre recrue de Darnand, d'une qualité très supérieure, le lieutenant Jean-Baptiste Géromini. Le lieutenant Géromini a fait la guerre de 1940 au 24ᵉ B. C. A., le bataillon dont Darnand commandait le corps franc. Conduite au feu très brillante, particulièrement à Pont-Sainte-Maxence. Deux fois il est fait prisonnier, deux fois il s'évade et rejoint la 19ᵉ division. Il est ensuite chef des G. P. du Var, puis reprend du service dans la Coloniale et part au Sénégal. Il en revient moins d'une semaine avant le débarquement d'Afrique du Nord. S'il avait manqué le bateau, très probablement Géromini aurait fait campagne avec Leclerc. Quand il arrive en métropole, il n'y a plus d'armée. Que faire? Géromini entre à l'Ecole d'administration militaire, repliée à Marseille. Il s'y ennuie. Sur ces entrefaites il est contacté par Darnand qui lui dit : « Viens chez nous. La Milice, c'est la suite des G. P. »

Pour le lieutenant Géromini, Darnand est le dieu de la guerre et son patriotisme, comme celui du Maréchal, est insoupçonnable. Pourtant Géromini refuse, car la Milice... la Milice...

Quelques mois plus tard Darnand revient à la charge. Il convoque Géromini à Vichy; il lui parle de l'école d'Uriage où se trouvent ou sont passés plusieurs anciens du 24ᵉ B. C. A. : « Il y a le lieutenant Artus, il y a Pierre Gallet. Les copains sont là-bas... »

Géromini hésite. Darnand lui dit : « Tu me connais. Tu t'imagines que je veux trahir la France, moi? Il faut refaire la France. On fera du bon boulot. »

Et comme Géromini, troublé, hésite encore, Darnand sort de son tiroir une arme secrète terrible, des photos qu'il lui tend, et sur ces photos le lieutenant Géromini voit des chasseurs alpins, DES CHASSEURS ALPINS, au présentez-armes, avec drapeau, et il faudra plusieurs secondes à Géromini pour prendre conscience qu'il s'agit en fait de francs-gardes de la Milice, déjà il est trop tard, il a basculé, le voilà milicien.

Corse bouillant, baroudeur, le lieutenant Géromini sera l'un des plus humains des chefs de la Milice. En plusieurs circonstances son action sera bienfaisante.

Entre ces deux extrêmes il y a tous les autres : des braves types, des moins braves types, des fous furieux, des canailles, des fourvoyés, des malchanceux car tel serait aujourd'hui colonel qui est voyageur de commerce, pour une minute où le destin a trébuché, pour un bateau, pour un copain.

C'est que Darnand, de bon cœur, n'hésite pas à frapper aux bonnes portes. Il enrôle son avocat à Nice, Emile Coutret; il en fera son chef de cabinet. Il recrute la veuve d'un de ses amis, Mme X., et aussi ses enfants, garçons et filles. Mme X., d'une grande courtoisie et d'une réelle bonté, ne s'était jamais mêlée de politique. Elle sera la directrice du service social de la Milice. Fin 1944 la famille X. se retrouvera en Allemagne et l'année suivante en prison.

Les efforts de recrutement de la Milice ne sont pas entièrement vains, mais le succès est hors de proportion avec ce qu'on espérait à l'hôtel de Lisbonne.

Selon Francis Bout de l'An, la Milice, à l'automne 1943, comptait 29 000 adhérents des deux sexes, y compris quelques centaines de francs-gardes. Selon l'ancien chef du service des effectifs, 10 000 seulement étaient actifs, les autres en sommeil, démissionnaires de fait. Même après qu'elle aura essaimé en zone Nord, la Milice ne dépassera jamais 15 000 militants réels, au total.

Comme avant elle le S. O. L., et exactement pour les mêmes raisons, la Milice va être affligée d'une sorte d'anémie pernicieuse : à chaque pas qu'elle fera en direction des Allemands, jusqu'à se mouvoir dans leur orbite, elle perdra des militants. Pour compenser les effets de cette hémorragie constante, de plus en plus la recherche de la quantité l'emportera sur le souci de la qualité.

Le S. O. L. à la fin de 1942 restait en majorité traditionaliste, maurrassien, bourgeois. A la Milice, dans le courant de l'année 1943, la tendance fasciste pronazie va devenir dominante au détriment de la vieille droite. Peu à peu, beaucoup de jeunes gens de familles aisées s'en retireront sans bruit. Qui trouvera-t-on pour les remplacer? des surexcités, des traîne-savate, des semi-voyous. A la fin, les chefs de la Milice en arriveront à embaucher de purs et simples bandits.

L'hôtel de Lisbonne étant trop petit et de figure peu martiale, l'état-major de la Milice s'intalle, au début de février, à l'hôtel Moderne, rue Max Durant-Fardel. Un peu plus tard, il occupera également l'hôtel Métropole, à proximité.

Dans le vestibule de l'hôtel Moderne règne le chef Rouchouze, qui porte maintenant le titre de « chef du service de réception de la Milice ». Il a sous ses ordres une douzaine de miliciens-huissiers en uniforme de la Milice : la chemise kaki et la cravate noire du S. O. L., le grand béret style chasseur alpin, un pantalon bleu foncé, un blouson de même couleur, et, car il faut faire sérieux, viril, militaire, un étui à revolver sans revolver, bourré de papier journal : pas d'armes.

L'organisation territoriale de la Milice est calquée sur celle du S. O. L. : villes, départements, régions.

La cellule politique de base de la Milice, c'est la « section ».

Pour l'organisation militaire, nous retrouvons celle que Darnand avait commencé à mettre en place au temps du S. O. L. : la « main » (cinq hommes); la « dizaine » (qui correspond au groupe d'infanterie); la « trentaine » (en fait une petite section); la « centaine », formée de trois trentaines et d'une dizaine de commandement (une petite compagnie); la « cohorte », formée de trois centaines et d'un groupe de commandement (un petit bataillon); le « centre », formé de trois ou quatre cohortes (un régiment).

Théorique au début de 1943, cette organisation de type militaire n'existera vraiment que dans les unités opérationnelles, en 1944. Nous n'en sommes pas là.

En 1943, la grande majorité des miliciens sont des gens qui hors leurs activités politiques continuent d'exercer leur métier et ont leurs occupations habituelles.

L'armée régulière de la Milice ce sera la Franc-Garde permanente : encasernée, payée. Au grand dépit de Darnand, le démarrage est lent. C'est qu'il ne s'agit pas seulement de trouver des hommes, il faut les équiper, les armer, les rétribuer.

Existeront aussi des francs-gardes bénévoles : ce sont des miliciens qui s'engagent à rejoindre la Franc-Garde permanente au premier appel de leurs chefs[1].

L'insigne de la Milice, le gamma, est porté :

— blanc sur fond bleu cerclé de rouge par les miliciens et les miliciennes;

— blanc sur fond noir par les francs-gardes;

— blanc sur fond rouge par les avant-gardes.

Le port de l'insigne est obligatoire, même en civil, en tout temps, en tout lieu.

Le dimanche 28 février 1943, à l'occasion des assemblées constitutives de la Milice française, a lieu à Montpellier, ex-place forte du S. O. L., le premier grand défilé de miliciens en uniforme : ils sont 500.

La cérémonie d'investiture milicienne est la même que

---

1. Beaucoup de miliciens en état de porter les armes sont francs-gardes bénévoles.

celle du S. O. L. Les miliciens prêtent le serment suivant :

« Je m'engage sur l'honneur à servir la France, au sacrifice même de ma vie.

« Je jure de consacrer toutes mes forces à faire triompher l'idéal révolutionnaire de la Milice française dont j'accepte librement la discipline... Je le jure. »

Comme les S. O. L., les miliciens chantent le *Chant des cohortes*. A partir de la fin 1943, ils chanteront aussi *Monica*, une chanson allemande sur laquelle ont été greffées des paroles françaises, petite affaire mais qui est un symbole; plus tard, des chants de marche SS.

Pour ce qui est des relations entre miliciens et Allemands, Darnand prescrit que seuls les chefs régionaux et départementaux sont autorisés à avoir des rapports avec l'occupant, et qu'ils doivent lui en rendre compte.

En mai naîtra *Combats*, le journal de la Milice. Il sera dirigé par Henry Charbonneau (fils du général de division Jean Charbonneau qui en juin 1940 commandait le camp retranché de Brest), ex-camelot du roi, ex-secrétaire de Deloncle au M. S. R., un fort garçon passablement tumultueux que Claude Maubourguet, de *Je Suis Partout*, surnommera Porthos. Henry Charbonneau est l'un des rares rescapés de la Phalange africaine après l'effondrement allemand en Tunisie. Il est rentré en France à bord de l'un des derniers avions de la Luftwaffe à décoller du cap Bon. Les revenants de la Phalange africaine ont été solennellement reçus par le maréchal Pétain; on leur a remis des décorations.

On retrouvera dans *Combats* les signatures de Philippe Henriot, Paul Marion, Abel Bonnard, Jacques de Lacretelle, Paul Morand, Colette, Roger Vercel, Pierre Mac Orlan. Autour de Charbonneau une équipe de journalistes miliciens.

A partir de 1944, la Franc-Garde aura son bulletin bimensuel : *L'Assaut*.

Les services de la Milice prennent la suite des services du S. O. L. :

— Service de la Propagande et de l'Information : Francis Bout de l'An.

— 2ᵉ Service : Jean Degans;

— Service de sécurité : Marcel Gombert et ses lieutenants, Henri Millou, Joannès Tomasi, Paul Fréchoux;

— Service financier : Fontaine;

— Service des effectifs : Carus en prendra la direction dans la seconde moitié de 1943, après le siège de Saint-Martin-d'Uriage.

Jean Filliol n'est pas des fondateurs de la Milice. Emporté par ses mauvaises habitudes, il a accusé à l'automne 1942 un membre de l'ambassade d'Allemagne d'appartenir à la franc-maçonnerie. Cette plaisanterie de mauvais goût a fâché les Allemands et Laval a sauté sur l'occasion : il a fait interner Filliol, en novembre, au camp de Saint-Paul-d'Eyjaux.

Le premier adjoint de Darnand au début de la Milice est l'ingénieur Pierre Cance. Noël de Tissot assure la coordination entre le haut commandement et les services. Deux de ces services, le 2ᵉ Service de Degans et le service de sécurité de Gombert seront à partir de l'automne 1943 le refuge des pires énergumènes et des pires crapules : ils tortureront, ils assassineront, ils dénonceront, ils livreront des Français aux Allemands, ils détrousseront leurs victimes.

Max Knipping, chef départemental du S. O. L. du Vaucluse en 1942, chef régional de la Milice à Marseille en 1943, délégué général au Maintien de l'Ordre en zone Nord en 1944, dira en 1945 avant d'être exécuté :

« Le chef du 2ᵉ Service a toujours été Degans.

« Initialement au S. O. L. le 2ᵉ Service était surtout une autodéfense destinée à contrôler le recrutement. Le 2ᵉ Service et ses agents échappaient à la direction des chefs départementaux et régionaux. On peut dire qu'à cette époque Darnand était réellement renseigné sur ceux qu'il nommait, et tenu au courant de leurs agissements, non seulement au point de vue politique, mais même de leur vie privée.

« Assez rapidement des responsables du 2ᵉ Service furent nommés dans chaque département en plus des agents ci-dessus. Leur rôle était de détecter au moyen d'un réseau d'agents les adversaires politiques et d'établir sur eux des fiches assez détaillées.

« Darnand aurait voulu que la consultation du fichier du 2ᵉ Service puisse donner la physionomie politique d'un département.

« Malheureusement, dès le début les renseignements ont été recueillis avec beaucoup de légèreté et des fiches accablantes étaient établies sur simples dénonciations anonymes.

« En principe, le fichier national à Vichy recevait un double de chaque fiche établie en province. Dans la pratique, ce projet n'a été réalisé que de façon très incomplète.

« A cette époque (1942) les services de sécurité n'existaient pas encore.

« Ils ont été créés en 1943 et leur rôle était de suppléer la carence de la police officielle et de procéder à des arrestations. Darnand entendait toutefois rester le maître de ces arrestations qui ne pouvaient être effectuées qu'avec son accord. Dans la pratique il fut débordé dès le début par ces hommes.

« J'ai eu personnellement à lutter contre cette tendance à Marseille où j'ai été pendant le premier mois de mon commandement nettement débordé par le service de sécurité. J'ai réussi malgré tout à le discipliner, mais il fallut exercer sur lui une surveillance permanente pour obtenir la paix et la tranquillité.

« Lorsque Darnand est devenu secrétaire général au Maintien de l'Ordre, une recrudescence d'activité des services de sécurité s'est aussitôt fait sentir. Darnand a renouvelé ses ordres et a posé comme principe absolu qu'aucune arrestation ne pouvait être opérée sans la présence d'un policier de métier, titulaire des fonctions d'officier de police judiciaire. Pratiquement, ses ordres ont été maintes fois transgressés. Je me suis mis d'accord, à Paris, avec M. Bussières, pour ne pas tolérer ces arrestations arbitraires et plus d'un milicien a été arrêté par la P. P. et puni par Darnand. J'ai cependant toujours trouvé que Darnand prononçait des punitions trop légères; je présume qu'il craignait de perdre des adeptes en agissant autrement.

« Parmi les officiers de police judiciaire utilisés par la Milice, je puis citer le cas particulier du commissaire Jouxtel. Ce fonctionnaire avait été révoqué par M. Bousquet. Lorsque j'ai été en place rue de Monceau, les services du général Oberg ont appelé mon attention sur le cas de Jouxtel en me demandant de le faire réintégrer.

« J'ai examiné le dossier de Jouxtel, et me suis rendu compte que sa réintégration serait un défi lancé aux policiers honnêtes. J'en ai fait part aux Allemands en leur disant que je considérais le reclassement de leur candidat comme impossible.

« Quelque temps après, Oberg a obtenu de Darnand, dont la bonne foi a été surprise, la réintégration de Jouxtel.

« Il a été mis à la disposition des Allemands qui lui versaient une solde qui venait compléter celle qu'il percevait comme fonctionnaire français. Je crois que c'est un cas unique [1].

« Non content de travailler pour les Allemands, Jouxtel a réussi à se faufiler dans le service de sécurité de la rue Alfred-de-Neuville comme officier de police judiciaire.

« Il participait au partage des butins, bien qu'il s'en soit toujours défendu.

« Outré de sa conduite et bien qu'il ait essayé de m'intimider en me présentant une carte de la police allemande, je l'ai fait arrêter en juillet 1944. Gardé chez Fourcade [2] qui devait l'interroger il a réussi à s'évader.

« Je l'ai revu à Sigmaringen en décembre 1944. »

Quand le S. O. L. devient Milice, il y a déjà des mois que Degans et son état-major sont en relations suivies avec le chef de la police allemande à Vichy, Geissler. C'est du

---

1. Il y en eut bien d'autres...
2. Le commissaire Fourcade, chef d'une des « délégations spéciales » des Renseignements généraux créés en 1944 par Jean Degans. Se reporter au chapitre « Laval renforce la Milice. ».

style fraternité des barbouzes : donnant, donnant, renseignement contre renseignement. Ce qui subsiste du 2ᵉ Bureau de l'Armée et les services secrets de Vichy sont dans le coup. Tout le monde espionne tout le monde.

Le service de sécurité de Marcel Gombert ç'a été d'abord, au temps du S. O. L., une petite équipe de gardes du corps. Darnand, pour ses déplacements, utilise une voiture Matford blindée qu'employait jadis l'amiral Darlan. Gombert et quelques autres suivent la Matford dans une ou deux voitures.

Dès la fondation de la Milice, le 2ᵉ Service et le service de sécurité sont armés. Il ne s'agit pas à l'époque d'un arsenal, mais seulement de quelques pistolets et revolvers.

Dans le courant de 1943, ces deux services prendront un essor considérable. Le service de sécurité changera de caractère. De fait, c'est lui en 1944 qui sera chargé des « missions spéciales », c'est-à-dire des exécutions.

Il faut tout de suite noter que la plupart des miliciens de ces deux services sont des « permanents » : ils sont payés.

Après la libération, quand ces hommes devront rendre des comptes à la Justice, on trouvera parmi eux des individus titulaires de six, de huit condamnations, pour vol, vol qualifié, attentat à la pudeur, escroquerie, abus de confiance, coups et blessures, meurtre. Le règlement intérieur de la Milice prévoyait pourtant la communication de son casier judiciaire par chaque candidat, et un stage probatoire de un à trois mois...

Ce qui va encore contribuer à aggraver les choses, c'est la multiplicité des « équipes ». Car la Milice est une grosse bande divisée en une quantité de petites, chacune avec son chef qui donne le ton : Charles X ou Al Capone, souvent un peu des deux. Et comme tout milicien a l'âme d'un chef, des chefs il y en a beaucoup, des grands, des moyens, des minuscules. Chefs régionaux, chefs départementaux, chefs de centaine et de cohorte sont des seigneurs. Du fait de l'évolution de la situation, comtes et barons en arriveront, à l'été 1944, à se trouver pratiquement indépendants. Dès avant, l'histoire intérieure de la Milice est pleine de séditions et de querelles, fief contre fief, service contre

service, causées par des rivalités, des jalousies, de graves
problèmes de préséance. Il y aura presque une guerre à
Poitiers entre le chef régional Aussenac et le chef de la
Franc-Garde, de La Rochefoucauld.

Les grands feudataires comme Joseph Lécussan à Lyon,
Max Knipping à Marseille, Jean Achon à Clermont-Ferrand, supportent malaisément que des équipes téléguidées
par Degans et par Gombert opèrent sur leur territoire. Ils
en créent de nouvelles, à leur discrétion. Dans telle capitale provinciale, il y aura trois 2° Service : un relevant de
Degans, un du chef régional, un du chef départemental; et
aussi naturellement plusieurs services de sécurité.

Il arrive que ces équipes se fassent la guerre : tous les
miliciens tués d'une balle dans le dos ne le furent pas du
fait du maquis. Les règlements de comptes ont des origines
diverses et souvent embrouillées : la politique, l'argent. Le
maquis infiltre de ses agents à la Milice. Des chefs miliciens tentent de nouer des contacts avec des Résistants non
communistes ou anticommunistes. Cela finit assez ordinairement par des coups de revolver ou de mitraillette
tirés par on ne sait trop qui : quelqu'un, d'un camp ou de
l'autre, qui n'était pas d'accord. Et puis, il y a toutes les
querelles nées du partage des butins et des rackets.

Bandes, fiefs, grands seigneurs et hommes de main
donnent à la Milice son esthétique : elle est moyenâgeuse
et se nourrit de joies fortes et guerrières. Que sont à côté
les plaisirs souffreteux et maigrichons de la démocrassouille ?

Pour des épreuves et des divertissements si gaillards,
une certaine sorte d'hommes est nécessaire. Essayons
d'imaginer Edouard Herriot, par exemple, avec le grand
béret, le gamma, campé sur ses jambes, une mitraillette en
travers du ventre : non, non, ça ne colle pas!

Le service financier et administratif que dirige Fontaine
est plus terre à terre. Il s'agit de trouver de l'argent. La
Milice en manque et en manquera toujours : ses besoins
vont devenir énormes, et la lecture des chiffres des crédits
demandés par elle et de ceux qui lui furent accordés, en
1943 et 1944, montre à la fois le rôle croissant de la Milice
et la faiblesse de ses moyens « militaires ».

La dotation initiale de la Milice en février 1943 est de

20 millions, prélevés sur la subvention de 160 millions accordée à la Légion des Combattants. Ces 20 millions représentent la somme qui était inscrite au budget du S. O. L.

En juin 1943, la Milice présentera un projet de budget additionnel s'élevant à 96 puis à 102 millions, pour la création et l'entretien d'un « centre de 1 381 francs-gardes », soit 71 chefs supérieurs assimilés à des officiers (1 chef de centre, 1 chef de centre adjoint, 4 chefs de cohorte, 4 chefs de cohorte adjoints, 15 chefs de centaine, 14 chefs de centaine adjoints, 32 chefs de trentaine), 154 chefs subalternes assimilés à des sous-officiers (39 chefs de trentaine adjoints, 28 chefs de groupe de commandement de centaine, 87 chefs de dizaine), et 1 156 hommes de troupe. A la critique qui lui est adressée par le ministère des Finances à propos de la proportion élevée, donc coûteuse, de gradés dans la Franc-Garde, la Milice répond que les combats de rue auxquels elle se prépare exigent un fort encadrement.

Au total, la Milice demandera en 1943 un ensemble de crédits s'élevant à 188 millions de francs; elle n'en obtiendra que 80. Début novembre 1943, elle n'aura encore que 978 permanents, dont 540 miliciens du 2ᵉ Service, service de sécurité, secrétaires, dactylos, plantons; et seulement 438 francs-gardes. A cette époque la Milice demandera pour l'exercice 1944 un crédit de 286 millions, se décomposant comme suit :

— 88 millions pour la Milice proprement dite;
— 198 millions pour la Franc-Garde.

L'augmentation des dépenses prévue, par rapport à 1943, a pour cause essentielle un accroissement du nombre des permanents, qui passent de 540 à 778 pour les services et de 438 à 2 455 pour la Franc-Garde. La loi de finance du 31 décembre 1943 n'accordera qu'une subvention globale de 90 millions. Maintes fois la Milice reviendra à la charge. Au total, elle demandera en 1944 2 859 millions; elle n'en obtiendra par les moyens ordinaires que 440. Alors, dans la grande confusion de l'effondrement et de la retraite, la Milice aux abois aura recours aux solutions d'autorité, mitraillette au poing.

Dans la première moitié de 1943, le plus haut bastion de la Milice vieille France est tout naturellement un château, demeure jadis du chevalier Bayard : le château de Saint-Martin-d'Uriage, dans le massif de Belledonne, près de Grenoble, siège de l'Ecole des cadres.

A Saint-Martin-d'Uriage bat le cœur de la Milice bien née et bien élevée : catholique et royaliste. Il n'y est pas, il n'y sera question de tortures, d'assassinats, d'extorsions de fonds. On est ici entre gentilshommes. On est chouans, mais avec élégance. On porte des gants blancs.

Après l'armistice, le château d'Uriage avait d'abord été le siège d'une école de cadres d'esprit maréchaliste, fondée par des officiers de cavalerie, dirigée par le général Dunoyer de Segonzac. Cette école a disparu après l'invasion de la zone libre par les Allemands, qui soupçonnaient ses chefs de mauvaises pensées revanchardes. Dunoyer de Segonzac passe à la Résistance. Il commandera les maquis de la Montagne Noire.

L'école des cadres de la Milice de Saint-Martin-d'Uriage succède à l'école des cadres du S. O. L. de Saint-Cyr au Mont-d'Or. Ultérieurement sera créée à Vaugneray, près de Lyon, une école des cadres féminins de l'Avant-Garde.

L'école d'Uriage a pour premier chef de la Noüe du Vair, Acadien de nationalité américaine, docteur ès lettres et en philosophie thomiste, de formation maurrassienne. A ses côtés nous retrouvons l'enseigne de vaisseau Carus que nous avions aperçu sur la côte anglaise début juilllet 1940, résolu à sombrer pavillon haut avec le *Mistral*.

Du Vair, grand seigneur féodal, vit au château avec son épouse et une ribambelle d'enfants. Tout ce monde assiste à la messe chaque matin. Le fanion frappé aux armes des du Vair flotte sur Saint-Martin-d'Uriage, et quantité de drapeaux tricolores encore que certains ne cachent pas qu'ils préféreraient le blanc aux fleurs de lys. C'est le cas, entre autres, de l'un des lieutenants de du Vair, le comte Jacques Dugé de Bernonville.

Selon un document de l'époque, l'école d'Uriage se donne pour but :

« — Formation politique des cadres.

« — Formation en tant que propagandistes.

« — Formation militaire orientée vers les combats de guerre civile. »

Elle reçoit deux catégories d'élèves :

« Les STAGIAIRES, cadres ou futurs cadres des Fédérations régionales et des Unions départementales, qui, durant une période d'une ou trois semaines, suivent des cours d'éducation, de perfectionnement et d'information, tant politiques que militaires.

« Les ASPIRANTS, choisis dans les rangs de la Franc-Garde, futurs cadres des unités permanentes, reçoivent en quelques mois une instruction politique solide et une formation technique très poussée, qui les préparent à leur rôle de chefs.

« Formation politique :
— étude approfondie des doctrinaires du XIXe siècle, ayant joué un rôle dans la formation de notre ligne politique : Proudhon, Renan, de Maistre, de Bonald, Gobineau, Maurras, etc.
— étude des institutions de la France au cours des âges.
— étude des 21 points.
« Formation syndicale :
— réunion de groupes de travail constitués de patrons, cadres, ouvriers, syndicalistes.
« Formation en vue de la propagande :
— étude des méthodes communistes, critique des cas concrets intéressant diverses régions.
« Formation militaire :
— axée à la fois sur la guerre des maquis, mais aussi sur le combat de rues. Etude poussée des combats qui, en Allemagne, précédèrent l'avènement du national-socialisme. »

Exemples de thèmes d'exercice de combat à Uriage :
« — attaque d'une résistance isolée par une trentaine.
« — destruction d'un îlot de résistance en zone urbaine. »
Notons à propos de la formation militaire donnée à Uriage et plus tard dans les camps d'entraînement de la Franc-Garde, que les miliciens n'apprennent pas à com-

battre des chars d'assaut ou des unités régulières d'infanterie. Comme avant elle le S. O. L., la Milice et sa Franc-
Garde se veulent et se préparent à être une armée de
guerre civile préposée à la défense d'un ordre menacé. Et,
en effet, la Milice sera une petite armée versaillaise.
Comme l'armée de Versailles en 1871, elle ne combattra
pas les Allemands qui occupent la France, mais des Français.

Au premier regard, l'impression est favorable. En ce
temps où la France de Vichy n'a plus d'armée, où Saint-
Cyr a fermé ses portes, les futurs stagiaires et aspirants
sont séduits par le caractère militaire de l'école, par
l'allure de ses chefs. La plupart de ces hommes sont
jeunes. Ils débarquent à Grenoble. Ils viennent à pied, par
groupe, en chantant, par les routes de montagne. Du Vair
les accueille. Il parle du relèvement de la France, de la
nécessité de la discipline. Il dit que la Milice et Uriage sont
ce qui manquait à la patrie de jadis, anarchique, trahie,
décadente. Et puis ce sont les longues marches dans les
forêts, les bivouacs, les feux de camp [1], les veillées, les
couleurs que l'on hisse chaque matin, en uniforme impeccable, dans ce décor de remparts et de sapins.

Qui vient à l'école d'Uriage? Des jeunes bourgeois. Des
chefs comme Lécussan qui s'y pénètrent quelques jours de
la doctrine, bien mince, de la Milice, avant de prendre un
commandement important. Comme Saint-Cyr est fermé :
des cornichons, des bazards. Peu d'agnostiques, peu de
parpaillots. Quelques syndicalistes et intellectuels transfuges du communisme, qui sont fort bien reçus car ils sont
réputés spécialistes ès mystères du Kremlin : grâce à eux
on saura tout, on pourra copier.

Ailleurs, la Milice sera brutale. Ici, elle est surtout pué-
rile. Ce mélange d'infantilisme et de violence est l'un des
caractères du fascisme. Parmi les miliciens, il est des
esprits généreux, mais encombrés d'idées fausses, mais qui
voient mal.

Si l'on disait aux jeunes gens qui viennent à Saint-
Martin-d'Uriage au printemps 1943 que dans dix-huit mois

---

1. On pourrait croire qu'il y eut beaucoup de scouts à la Milice. Il n'en fut
rien. L'esprit du scoutisme était très différent : le racisme et le nazisme n'y
étaient pas admis. La Milice avait mauvaise réputation chez les scouts.

environ beaucoup seront en Allemagne en uniforme allemand, ils ne le croiraient pas. Et il ne peut leur venir à
l'esprit qu'on les accusera un jour de trahison alors qu'ils
sont à l'école d'un chef comme du Vair, Américain de
lointaine ascendance française dont la famille a témoigné
à la vieille patrie une fidélité admirable : son grand-père
est venu combattre dans l'armée française en 1870, son
père a fait la guerre de 1914, lui-même, en 1939, est arrivé
par le premier bateau.

Catholique mystique, monarchiste amoureux de la
France, le féodal de la Noüe du Vair a de la gueule. Les
miliciens d'Uriage l'adorent. L'homme est aussi un politique bouillonnant d'idées farfelues (l'un de ses thèmes de
prédication favoris est que le Canada reviendra immanquablement à la France puisque les Canadiens français
font plus d'enfants que les Canadiens anglais), et un cons-
pirateur.

A l'été de 1943, les choses se gâtent. N'étant pas Niçois, ni
ancien de la Cagoule, ni ancien du corps franc du
24e B. C. A., du Vair est considéré avec suspicion par le
grand état-major de la Milice à Vichy. A l'hôtel Moderne,
on trouve qu'il en fait trop, que son prestige grandit exces-
sivement parmi les cadres moyens, traditionalites ou royalistes. Degans et son 2e Service, Gombert et son service de
sécurité travaillent Darnand pour obtenir le limogeage de
du Vair.

Dans le même temps, à Saint-Martin-d'Uriage, l'enseigne de vaisseau Carus s'aperçoit que du Vair est en cor-
respondance avec le comte de Paris et qu'il couve de
grands desseins. Carus fait part de sa découverte aux
autres chefs. Bien sûr l'affaire vient aux oreilles de
du Vair, qui convoque son adjoint. Voici la scène :

Du Vair, résolu : « Est-ce que vous êtes avec moi? »

Carus, interloqué : « Pour quoi faire? »

Suivent de la part de du Vair des explications que Carus
juge confuses. Carus déclare à du Vair qu'il désire rester à
l'écart de toute entreprise intempestive.

Du Vair est décidé à passer à l'action. Il sait qu'à l'hôtel
Moderne les gens des services lui savonnent la planche.
Son plan est de marcher sur Vichy, de faire place nette de
Laval, des républicains déguisés qui se sont introduits dans

l'entourage de Darnand, peut-être même de Darnand lui-même (qui sait?). Après? Après ce sera le Retour du Roy.

Le chef de l'école et ses fidèles se concertent; parmi ceux-ci, de Bernonville et le chef Joannès Tomasi, qui commande la garde spéciale du service de sécurité de Saint-Martin-d'Uriage et qui jouera un rôle décisif dans le dénouement de ce drame médiéval.

A quelque temps de là se tient à Avignon une réunion des chefs départementaux de la Milice. Du Vair s'y rend, y noue des relations avec des chefs qu'il espère favorables. Il leur déclare que la Milice ne doit pas reculer devant un coup d'Etat, que Laval sabote la Révolution nationale, qu'il faut épurer l'état-major de la Milice. Les chefs miliciens se montrent pour la plupart réticents. L'un d'eux, Coutret, prévient Darnand.

A l'hôtel Moderne, grosse colère des services et secrète jubilation : du Vair a fait le faux pas qui va le perdre. Degans et Gombert obtiennent de Darnand que le chef de l'école soit relevé de son commandement. Marcel Gombert fait appeler Rouchouze et lui ordonne d'aller mettre du Vair aux arrêts, « pour avoir attaqué le directoire de la Milice ». Rouchouze se met en route.

Pendant ce temps, à Saint-Martin-d'Uriage, du Vair épure. N'ayant pas réussi à lever une armée à Avignon ni à ranger assez de contingents sous sa bannière pour marcher sur Vichy, il est rentré de méchante humeur, il soupçonne des trahisons. Il fait arrêter son adjoint, Carus, par Tomasi et sa garde spéciale, mitraillettes au poing. Carus est conduit à sa chambre où il est gardé.

Sur ces entrefaites, Rouchouze arrive au château. Du Vair refuse de s'incliner. Il n'est pas assez fort pour prendre l'offensive, mais il a de quoi résister : il tient la place, il a pour lui la majorité des aspirants et des stagiaires (60 à 80 jeunes gens), il croit pouvoir compter sur la garde du chef Tomasi (une trentaine d'hommes).

En vérité, Tomasi est déchiré par le cas de conscience qu'il lui faut résoudre. A qui le chef Tomasi, chef de la garde spéciale du service de sécurité, ex-sous-officier, gardien de prison dans le civil, doit-il l'hommage-lige, celui pour lequel on court verser son sang? Au chef de la Noüe du Vair dont le fanion flotte sur le château ou à Marcel Gombert, chef du service de sécurité?

Cependant, des pourparlers ont lieu entre du Vair et l'état-major de l'hôtel Moderne. Ils traînent. Rouchouze est reparti. Soudain, on apprend que Darnand en personne, avec Marcel Gombert et deux centaines de Vichy (francs-gardes et service de sécurité), marche sur Saint-Martin-d'Uriage.

Au château, branle-bas de combat. On ferme les portes. Arrivée de Darnand et de son ost qui prennent leurs quartiers à Uriage, en bas. Du Vair, en haut, barricadé, refuse de rendre sa forteresse. Pour réduire le vassal indocile, va-t-il falloir dresser les échelles, allumer les feux grégeois et les bombardes, faire donner le bélier à la poterne?

Non, car le chef Tomasi et sa garde, brusquement, font défection. Ils ouvrent les portes. Darnand et son ost se précipitent. Suit une scène affreuse. On voit des assiégés sauter par les fenêtres. Il n'y a toutefois ni mort ni blessé grave. Le suzerain a reconquis son fief. Du Vair, arrêté, est chassé de la Milice. Il aurait été tué en 1944, en Allemagne, dans un bombardement.

9

Darnand SS

Au secours du Grand Reich. – La « contagion magnifique ».
– Meurtre du chef de Gassovski. - Création de la Franc-Garde.
– Les réticences de Laval. - Darnand démissionne. – Contacts
avec Groussard et le B. C. R. A. – Deuxième voyage de Darnand en Allemagne. – Ses entretiens avec le général Berger. -
Darnand prête serment à Hitler. — Le Plan de redressement
français. – Appel de Darnand pour la Waffen SS. – Troisième
voyage en Allemagne. – Les représailles d'Annecy. – Assassinat
de Maurice Sarraut. – Ultimatum d'Hitler à Pétain. – Darnand
et Philippe Henriot entrent au gouvernement.

Sévèrement malmené par les HORDES JUDÉO-BOLCHEVIQUES
sur le front de l'Est et par la MISÉRABLE ARMÉE DE M. ROOSE-
VELT en Afrique du Nord et en Italie, le cruel Wotan
décline. Pris d'une rage furieuse qui croîtra avec l'évidence de sa défaite, il redouble de massacres mais ses
forces s'épuisent. Le Grand Reich ne manque plus seulement d'esclaves européens pour ses usines, il lui faut des
mercenaires.

A l'été, la campagne de recrutement commence. Sur les
ondes, dans les rues, portées par les haut-parleurs, les
marches militaires allemandes envahissent la France de
leur martèlement cuivré, de leur brutalité naïve, et les
murs se couvrent d'immenses affiches : des soldats en feld-
grau, gigantesques, l'arme sur l'épaule.

Légende :

AVEC TES CAMARADES EUROPÉENS

SOUS LE SIGNE SS

TU VAINCRAS

Les Français de 1943 qui ne sont ni en prison ni au maquis vont de temps à autre au cinéma. Qu'y voient-ils? La séance s'ouvre aux accents impétueux des actualités *Signal*. A peine la lumière est-elle éteinte, l'écran éclate dans un décor fulgurant et magnifique de Panzers qui foncent en grondant, d'isbas en flammes, de marxistes cadavres calcinés, tordus. Les nouvelles sont excellentes : dans le secteur du Donetz, 3 000 chars soviétiques ont été détruits; dans le secteur de X., le général Y. a brillamment réussi un repli élastique sur des positions préparées à l'avance (gros plan du général Y., bien gai; de ses soldats frais et joyeux) en dépit des tentatives d'encerclement de la cavalerie mongole (chevaux morts; eh oui! les Rouges en sont là : des chevaux et des Mongols contre les splendides machines allemandes).

Séquence : des soldats d'élite interrogent un prisonnier. Tout de suite on remarque le contraste entre la tenue TRÈS CORRECTE, LES BEAUX VISAGES RIEURS des ss, et l'uniforme en lambeaux, la figure TUMÉFIÉE ET REPOUSSANTE du COMMUNISTE. Ses caractères éthniques, manifestement, sont ceux d'un SÉMITE MATINÉ DE TARTARE. Sous le PUR REGARD NORDIQUE du ss qui braque sur lui sa mitraillette, les YEUX TROUBLÉS de l'HYBRIDE JUIF MARXISTE TARTARE vacillent. Le misérable a avoué. C'est un COMMISSAIRE POLITIQUE. Mais qu'on se rassure, les ss vont s'occuper de lui : il aura le sort qu'il mérite.

Autre séquence. Cette fois, ce sont des paysans ukrainiens qu'on emmène, les bras en l'air, livides. Ils savent ce qui les attend. Leurs crimes sont immenses. Ce sont DES SABOTEURS, ce sont DES ENNEMIS DU REICH, ce sont DES ENNEMIS DE L'EUROPE. Les ss vont s'occuper de ceux-là aussi. Ils les coucheront dans la terre froide et puis ils repartiront en chantant gaiement EIN HELLER UND EIN BATZEN.

Je Suis Partout, Gringoire, l'Œuvre, le Pilori trépignent d'impatience : ils voudraient qu'on tue davantage de JUIFS, davantage de MARXISTES, davantage de SABOTEURS, davantage de MONGOLS. Ils sont des esthètes : ils ne supportent que ce qui est beau.

Le culte de la nouvelle chevalerie SS enflamme le petit monde de la collaboration. C'est à qui soufflera le plus

fort dans la trompette. Ils ne trouvent pas assez de mots
pour exprimer leur adoration. Jean-Hérold Paquis dira
dans son éditorial du 20 novembre 1943 :

> « Ceux du Radio-Journal de Paris, dont les noms
> vous sont familiers, ont demandé l'honneur d'être de
> ceux qui portent l'écusson noir frappé de deux lettres
> stylisées, « SS ». Voilà, je pense, qui me donne main-
> tenant le droit de signer cet éditorial.
>
> « Lorsque, en avril 1931, Hitler donnait aux pre-
> mières formations SS la fière devise gravée sur les
> ceinturons et qui dit « mon honneur se nomme fidé-
> lité », personne, sans doute, et même pas le chef de la
> future Allemagne nationale-socialiste, personne, en
> Allemagne comme en Europe, ne pouvait imaginer que
> le drapeau noir aux lettres blanches pourrait un jour
> attirer à lui, mystérieux aimant d'une révolution euro-
> péenne, puissant symbole d'une croisade sentimentale,
> fier ralliement de nations victorieuses et vaincues,
> toute la jeunesse d'un monde vieux. C'est cela le
> miracle de cette guerre. Et nous n'avons pas été
> exempts, en France, de cette contagion magnifique, de
> cette maladie merveilleuse, la contagion de
> l'héroïsme, la maladie de la grandeur...
>
> « Voilà le poème guerrier de la SS. Il n'y aura
> vraiment que les jusqu'auboutistes de l'illusion, que
> les fanatiques du néant, que les panachards de la
> bêtise qui n'auront pas compris le sens magique de cet
> appel muet de deux lettres blanches sur fond
> noir... »

Contre les « panachards de la bêtise », pour « cette
contagion magnifique », le régime de Vichy n'est pas en
reste. Loi du 22 juillet 1943 :

> « Les Français peuvent contracter un engagement
> volontaire pour combattre le bolchevisme hors du ter-
> ritoire dans les formations constituées par le gou-
> vernement allemand (Waffen SS) pour y être groupés
> dans une unité française. »

Des objectifs que Darnand poursuit, deux s'imposent d'abord : l'extension de la Milice en zone Nord, la constitution et l'armement de la Franc-Garde.

Début février, *l'Œuvre* annonce dans sa manchette : Darnand et Déat fondent la Milice. Mécontentement de Darnand qui trouve que Déat tire un peu trop la couverture. En fait, Déat n'est pour rien dans la fondation de la Milice française, mais à cette époque naît à Paris un « Front national révolutionnaire » qui rassemble plutôt mal que bien la plupart des groupuscules ultras, et Déat s'efforce de mettre sur pied la « Milice nationale révolutionnaire » qui, réunissant les diverses équipes à baudrier et à brassard de la zone Nord, fera pendant à la Milice de la zone Sud.

Des contacts sont pris par Darnand, Pierre Gallet, Max Knipping et Bout de l'An, avec Déat, Constantini, des lieutenants de Doriot, avec le secrétaire général de *Je Suis Partout*, Claude Maubourguet, un colosse, un aryen magnifique, beau comme Siegfried. Tout ça ne donne pas grand-chose. Chaque chef collaborationniste est tout disposé à ce que la Milice française passe en zone Nord et s'y amalgame avec sa petite milice à lui, mais à condition d'hériter de l'ensemble.

Darnand obtient des Allemands l'autorisation de venir présenter la Milice en zone Nord. Le 9 juin 1943, il prend la parole pour la première fois à Paris, salle Wagram. Contre ceux qui veulent « creuser entre la France et l'Allemagne un nouveau fossé de sang », il lance un appel à l'union des collaborationnistes, pour l'Europe, contre le bolchevisme, contre les Anglo-Américains complices de Staline. Les chefs ultras de la zone Nord ne sont guère satisfaits : Darnand empiète sur leur territoire. De violentes bagarres opposent dans la salle des francistes de Bucard et les miliciens du service d'ordre. Les francistes sont expulsés. A la Milice même, le discours de Darnand est froidement accueilli par les « militaires » : traditionalistes et royalistes envisagent sans plaisir de se trouver mélangés avec le P. P. F. et le R. N. P.

Deuxième objectif : la Franc-Garde. Sur ce point les « militaires » appuient Darnand, mais il a contre lui les Allemands et Laval.

Pour la Wehrmacht, pas de problème. Elle reste foncièrement hostile à toute force française, aussi bien à la Milice qu'au « premier régiment de France », unité symbolique dont le gros finira d'ailleurs par passer à la Résistance. Oberg et les SS seraient plus favorables, mais ils se méfient de cette Milice peuplée d'anciens maurrassiens qu'ils soupçonnent de ne pas être totalement guéris de leurs ridicules préjugés antiallemands.

Fondamentalement, la position de Laval à l'égard de la Milice reste au début de 1943 celle qu'il avait un an plus tôt à l'égard du S. O. L. Laval flatte Darnand, il encourage la Milice, mais il n'a pas vraiment besoin d'elle : en 1943 comme en 1942 les forces de l'ordre traditionnelles sont fidèles à Vichy. Que la Milice soutienne sa politique de collaboration, Laval en est très satisfait. Qu'elle se mêle de « maintenir l'ordre », elle qui est composée essentiellement d'extrémistes de droite, et loin d'affaiblir la Résistance, elle risque de la renforcer par ses excès. Aussi Laval fait la sourde oreille quand Darnand lui demande des armes. Il le renvoie aux Allemands, disant en substance : « Débrouillez-vous avec eux. Moi, je voudrais bien mais ils s'y opposent. »

Darnand et les chefs miliciens ne sont pas dupes. Degans propose de faire sauter à la bombe le gouvernement. Darnand calme Degans. Il a besoin de Laval et il sent que Laval, tout réticent qu'il est pour l'armement de la Franc-Garde, est désireux de garder dans sa manche la carte Darnand.

Le 24 avril 1943, le chef départemental adjoint de la Milice des Bouches-du-Rhône, Paul de Gassovski, est abattu d'une rafale de mitraillette. Il est le premier milicien tué par attentat. L'affaire n'est pas claire. De Gassovski avait pris des contacts avec des résistants anticommunistes. Qui l'a tué? Peut-être des résistants, peut-être pas. Quelques jours plus tard, un autre milicien est abattu, le chirurgien Buisson. A partir de là, les attentats contre les miliciens vont se multiplier, et il n'est pas douteux que la plupart seront le fait de résistants.

Les anciens de la Milice disent aujourd'hui : ce n'est pas nous qui avons frappé les premiers, nous avons été provoqués.

Il est certain que, fin avril 1943, la Franc-Garde n'existe pas et que la Milice n'a pas mené d'opérations contre les maquis. Il est aussi certain que des meurtres ont eu lieu, en particulier à Lyon, à Marseille et à Grenoble, et que les préfets de Vichy et la police soupçonnent la Milice de n'y être pas étrangère. Quant aux résistants, traqués par les Allemands, ils sont convaincus que dans bien des cas c'est la Milice qui renseigne le SD et l'Abwehr, et s'ils n'ont pas toujours raison de le croire, ils n'ont pas toujours tort non plus. Les résistants combattent les Allemands, les collaborationnistes sont leurs ennemis.

Bien avant le meurtre de Gassovski, des policiers de Vichy et des stipendiés de la Gestapo avaient été abattus. Au printemps de 1943, le « terrorisme » s'amplifie. Coups de pistolet et rafales de mitraillette font désormais partie de la vie quotidienne. Naturellement, les attentats durcissent les miliciens. Ils apportent des arguments aux « militaires », les plus impatients à s'engager dans la répression.

En mars, le général Bridoux, ministre de la Guerre, a autorisé les officiers et sous-officiers d'active placés en congé d'armistice à devenir miliciens. Très peu profiteront de cette permission. Au total, dans toute la Milice et sa Franc-Garde, il n'y aura jamais plus d'une douzaine d'officiers d'active, même au moment des grandes opérations, en 1944, aux Glières et en Limousin.

En mai commence l'organisation de la Franc-Garde. Elle est créée officiellement le 2 juin 1943, au camp des Calabres, près de Vichy, où 200 à 300 miliciens s'entraînent sous la direction du commandant Charbonnier et du colonel de Saint-Antonin. Ils ont quelques armes, mais pas assez pour équiper fût-ce une trentaine. Pour en obtenir il y a bien une solution. Il suffit de s'adresser, sans roulements de tambour, aux chefs du SD. Et c'est ce que font des chefs départementaux ou régionaux comme Joseph Lécussan à Lyon et Max Knipping à Marseille. On conçoit que Darnand ne peut tolérer de tels arrangements. S'il les tolère, la Milice lui échappe et se brise. La police allemande récupérera les débris. Adieu le grand avenir français de l'Ordre nouveau!

Début juillet, une fois encore Darnand réclame des armes à Laval, qui lui fait une réponse dilatoire. Darnand lui offre sa démission, disant que la Milice n'a pas les moyens de remplir sa mission. Déjà, après le débarquement d'Afrique du Nord, Darnand avait fait semblant de démissionner, et la feinte lui avait réussi. Cette fois, il est dans l'impasse et les portes sont verrouillées. Derrière, il y a ses vassaux qui le poussent; devant, c'est Laval, les Allemands, le mur; et lui, il est là, au milieu, sans pouvoir avancer ni reculer, avec sur les bras cette Milice plutôt mal partie et qui menace de s'en aller en morceaux.

Il voit le Maréchal. Pétain, les chefs légionnaires, tout heureux des malheurs de Darnand, l'ont chapitré. Il lui dit en substance : « Puisque la Milice ne marche pas, revenez à la Légion. » Darnand n'est pas homme à aller à Canossa. Sa démission, bien sûr, ce n'est pas sérieux; mais que faire?

Alors, Darnand songe soudain à changer de camp. Il déteste les républicains et les « partisans de l'ancien régime », mais il n'aime pas non plus Laval et les Allemands. Sa première idée, c'est de reprendre contact avec le colonel Groussard, qui est en Suisse. Par l'intermédiaire d'un certain Louis Guillaume il lui fait remettre un message, puis il se rend à Genève avec l'espoir que l'ex-chef des G. P. acceptera de le rencontrer. Mais Groussard, qui vient d'échapper à plusieurs tentatives d'attentat et qui se demande de qui ça vient, prend ses précautions. Il écrit :

« Lorsque Guillaume me transmit la demande de Joseph Darnand, je le chargeai de faire parvenir à ce dernier, en retour, deux papiers. Dans le premier, je commençais par lui indiquer les raisons qui rendaient inéluctable la victoire alliée. Je continuais en lui rappelant la promesse qu'il m'avait faite et qu'il avait trahie, après avoir tant protesté auprès de moi de sa fidélité et de sa confiance. Cela posé, je m'offrais à lui donner une chance ultime de se racheter en participant à la dernière étape de la lutte contre le nazisme. Mais je ne lui donnerais cette chance que s'il recopiait et signait ce qui était écrit sur le deuxième papier, et s'il me le renvoyait dans le plus bref délai. S'il n'obéissait pas à ce que je lui demandais, lui dis-je, il était tout à fait inutile que nous nous voyions. Ce dernier papier portait la phrase suivante : « Je soussigné, Joseph Darnand, m'engage à servir sous les ordres du colonel Groussard contre les Allemands et à lui obéir en toute circonstance. »

Le ton des messages de Groussard ne plaît pas à Darnand. En 1943, il n'est plus un petit chef comme au temps des G. P., il est un personnage officiel de l'Etat. Groussard s'adresse à lui comme on s'adresse à un subalterne qui a commis une faute grave et dont on attend le repentir.

Le colonel Groussard ne recevra jamais de réponse. Darnand rentre en France. Deuxième tentative, en direction des Français de Londres cette fois, et méritoire, car Darnand hait de Gaulle. Bien entendu, cela a lieu par l'intermédiaire d'un réseau de résistance coiffé par des anciens de la Cagoule. Darnand tâte le terrain; bref, il offre de se rallier. Un télégramme arrive au B. C. R. A. où il provoque de l'émoi. Discussion. Il y a là Pelabon, Passy, Vallon; Brossolette, Jean Pierre-Bloch, Duclos, le commandant Manuel. Seuls Duclos et Manuel se déclarent pour l'acceptation. De Gaulle est mis au courant; il est contre. Cette fois, c'est Darnand qui ne recevra pas de réponse.

Darnand est plus que jamais coincé. A ce moment les Allemands lui ouvrent une porte. A Paris, des officiers SS l'entreprennent à propos de la possibilité de créer une unité Waffen SS purement française, commandée par des chefs français, qui participerait au combat européen, et dont il pourrait être l'animateur... A un an d'intervalle, c'est exactement l'affaire de la Légion Tricolore qui recommence, avec toutefois cette différence : ce coup-ci, ce sont les Allemands, parce qu'ils ont besoin d'hommes, qui attachent le grelot.

Quelques jours plus tard, Darnand reçoit une invitation à un voyage d'études en Allemagne. Il accepte. Il ne sera pas seul. Doriot, Déat, Clémenti et le capitaine Renault sont de l'expédition. Comme un an plus tôt, les collaborationnistes sont fort bien traités par les Allemands. On les installe à l'hôtel Adlon, près de la porte de Brandebourg. Le lendemain ou le surlendemain, la délégation est reçue par l'un des lieutenants d'Himmler, le général SS Godlob Berger, à l'état-major général de la SS, à Tolz.

Le général SS Berger n'éprouvait aucune sympathie pour la France et les Français. Rendant compte en juin 1944 d'un voyage en Alsace, il écrira à Himmler :

> « Les Alsaciens sont, révérence parler, un peuple de cochons. Ils croyaient déjà au retour des Français et des Anglais, aussi se montraient-ils particulièrement hostiles et haineux dans ces jours où commençaient les représailles. Reichsführer, je crois qu'il faut en expédier la moitié, n'importe où. Staline les prendra bien. »

Naturellement, c'est un tout autre langage que Berger tient aux collaborationnistes. Il ne parle point de ces cochons d'Alsaciens qui refusent, eux, de se laisser séduire. Il est bien aimable. En fait, c'est surtout Darnand qu'il désire enjôler. Il a avec lui des apartés. C'est du genre : « Je suis un soldat. Vous aussi, monsieur Darnand, vous êtes un soldat. Nous sommes deux soldats... »

Passant aux affaires sérieuses, Berger poursuit[1] :

> « Vous avez montré une certaine réticence à l'égard de la L. V. F. Mais l'unité française de la Waffen SS ne sera pas comme la L. V. F. un simple régiment de la Wehrmacht. Dans la Waffen SS, nous avons déjà des Hollandais, des Belges, des Finlandais, des Hongrois, des Indiens même. Cette fois, la France pourra participer réellement à la lutte contre le bolchevisme. C'est une occasion qu'elle ne doit pas laisser échapper. »

Le général, qui n'ignore pas la rivalité qui existe entre Darnand et Doriot, pousse astucieusement ses pions. Il critique la L. V. F., trop politisée, trop soumise à

---

1. Témoignage du chef de l'Avant-Garde recueilli par l'auteur.

l'influence du P. P. F., de valeur militaire médiocre. Ce
qu'il faudrait pour la Waffen SS française, c'est un soldat,
un vrai soldat, un Darnand...

Pour finir, il pose à Darnand trois questions :

« Quelle serait votre position à l'égard de l'unité
française de la Waffen SS si elle était créée?

« Accepteriez-vous d'y participer?

« Accepteriez-vous d'engager vos miliciens à y
entrer? »

Darnand réserve sa réponse. Les jours suivants, la délégation visite l'école des cadres de Neue-Stettin; elle assiste
à une manœuvre à Leipzig; elle se rend au dépôt de la
L. V. F. en Pologne, à Krushina. Puis retour à Berlin. Darnand rencontre de nouveau le général Berger qui lui
demande s'il a pris une décision. Darnand lui répond qu'il
ne peut s'engager sans prendre l'avis des chefs de la
Milice.

Dans le train qui ramène la délégation en France, Darnand s'entretient avec le capitaine Jean-Marcel Renault, en
aparté, dans le couloir. « Qu'en penses-tu? » lui demande
Darnand.

Le capitaine Jean-Marcel Renault, jeune officier de
l'aviation d'assaut, a eu en Belgique en 1940 une conduite
magnifique. C'est un patriote sincère et ardent. Mais il est
de ces jeunes hommes qui ont été littéralement hypnotisés
par l'efficacité, par la force allemandes. Il est partisan du
oui :

« Une Waffen SS française avec des cadres français,
ce serait très différent de la L. V. F., dit-il à Darnand; ce
serait valable.

— Accepterais-tu d'engager tes garçons de la J. F. O. M.
à y entrer? lui demande Darnand, pensant à la troisième
question de Berger.

— Non, répond Jean-Marcel Renault; ce n'est pas
mon rôle. »

Rentré à Vichy, Darnand prend conseil de son entourage. Avec plus ou moins d'enthousiasme, tous sont favorables : contre Doriot et les groupuscules de la zone Nord,

la Milice doit jouer la carte SS; d'autant plus que cette fois les garanties sont sérieuses : la Waffen SS française sera le noyau de la future armée française intégrée dans l'armée européenne.

Laval est informé de la décision de Darnand. Elle ne l'enchante guère. Plus Darnand se rapproche des Allemands, moins Laval a de prise sur lui. Juste avant que Darnand prête le serment SS, son ennemi intime, René Bousquet, tente de le raisonner[1] :

> « J'ai dit à Darnand : « Vous allez revêtir l'uniforme allemand, vous qui avez été un soldat français exceptionnel. Vous allez prêter serment à Hitler. Vous rendez-vous compte dans quelle voie vous vous engagez? » Comme il se taisait j'ai ajouté : « Dans la ligne de ce que vous faites, souhaitez-vous que la France ait un régime nazi en cas de victoire allemande? »
>
> « Darnand était lourd et lent. Il a répondu à côté car ma question était brutale : « Oui, mon geste a un intérêt. Si des Français ne s'engagent pas aux côtés des Allemands, que se passera-t-il? » Alors je lui ai dit : « Et si ça finit par une paix de compromis? Et si l'Allemagne perd la guerre? »
>
> « Darnand n'a pas répondu. Il était sûr que l'Allemagne gagnerait. »

En est-il si sûr? Il a bien dû avoir un moment de doute, sans quoi il ne se serait pas tourné vers le colonel Groussard et vers Londres, mais ce moment est passé, Darnand est un homme qui a besoin de se dépenser et d'agir, et c'est un ambitieux.

En août, à l'ambassade d'Allemagne, à huis clos, Darnand nommé SS Sturmbannführer[2] prête le serment rituel : « Je te jure, Adolf Hitler, Führer germanique et réformateur de l'Europe, d'être fidèle et brave. Je jure de t'obéir, à toi et aux chefs que tu m'auras désignés, jusqu'à la mort. Que Dieu me vienne en aide. »

---

1. Témoignage de M. René Bousquet recueilli par l'auteur.
2. Commandant.

Darnand n'est plus dans l'impasse. Il est carrément passé de l'autre côté du mur. Il n'y a plus de retour possible. Il ne peut désormais que s'enfoncer.

A Paris, le professeur Déat enrage de faire toujours antichambre. Puisque Pétain et Laval refusent de reconnaître ses mérites et de lui faire une place au gouvernement, Déat se résoud lui aussi à sauter l'obstacle et à s'adresser directement aux autorités supérieures : il va conseiller Hitler et lui expliquer ce qu'il doit faire en France. Mais Déat tout seul, en dépit de sa science, cela ne fait pas très sérieux. Le hasard fortement sollicité par les SS fait qu'il retrouve à ce moment-là Darnand avec qui il est en pourparlers depuis des mois au sujet de l'extension de la Milice en zone Nord. Les deux hommes s'adjoignent trois lieutenants : le directeur des *Nouveaux Temps,* président de la Presse française, Jean Luchaire; un « politique » de la Milice, Noël de Tissot; l'ex-S. O. L. Georges Guilbaud, ex-proconsul en Tunisie du collaborationnisme combattant anti-Alliés. Ils mettent au point un « plan de redressement français » qu'ils signent le 17 septembre et dont des exemplaires sont adressés secrètement à Hitler, à Himmler et à Goebbels.

Le « PLAN DE REDRESSEMENT FRANÇAIS » présenté aux autorités allemandes par les cinq, véritable manifeste du nazisme français, est un monument : les éclairs de lucidité, les illusions aberrantes, les appétits des ultras et leur « logique », tout y est noir sur blanc.

Préambule :

> « Les signataires... réunis sous la pression d'une commune angoisse qui les a incités à se serrer les coudes... convaincus qu'il n'est point de redressement français possible hors d'une Europe libérée par la victoire allemande » exprimt l'inquiétude que leur cause la situation intérieure de la France, caractérisée « par le fait que les Français, *dans leur immense majorité*[1], persistent à demeurer convaincus d'une très proche victoire américaine, ce qui a pour conséquence de développer d'une façon considérable

---

1. Les passages en lettres majuscules ou en italiques le sont dans le document original.

l'audace des ennemis de l'Axe, et d'aboutir en même temps à *une désagrégation des forces collaboration-nistes* et un véritable effondrement de l'autorité de l'Etat. »

« L'Axe et surtout l'Allemagne n'ont pas en effet seulement des ennemis aux frontières de la forteresse européenne, ils en ont aussi à l'intérieur et particulièrement en France. Et ces ennemis intérieurs ont pour complices passifs les *neuf dixièmes de la population* qui, demain..., pourraient devenir des complices actifs. »

Ces « ennemis intérieurs », ce sont « de nombreuses et puissantes organisations gaullistes et communistes », c'est « dirigée par d'anciens officiers de l'armée d'armistice », une véritable « armée secrète », ce sont les réfractaires au S. T. O. :

« On compte, sur l'ensemble du territoire français, quelque 160 000 réfractaires dont *20 000* ont pris le maquis, dans lequel ils vivent en bandes militarisées et armées à la façon des bandes de brigands type Mandrin qui ont pullulé en France à l'époque des décompositions du Pouvoir Central. »

« Un mot d'ordre radiophonique, une consigne des « centrales » gaullistes et communistes, une tentative de débarquement peut transformer en *massacre géné-ral des collaborationnistes* la série limitée des attentats terroristes... Le même mot d'ordre peut donner lieu à un soulèvement général du peuple français... Un front militaire intérieur s'ajoutera à la charge du front militaire proprement dit... Les armées allemandes auront à se battre contre des ennemis situés derrière elles et difficilement saisissables... »

Heureusement, le peuple français n'a aucune chance contre l'armée allemande :

« Nul doute qu'elle[1] ne soit à même de surmonter de telles épreuves. MAIS A QUEL PRIX ? AVEC QUELLES IM-

1. L'armée allemande.

MOBILISATIONS D'HOMMES ET DE MATÉRIEL, AVEC QUELS SOU-
CIS ? ET QUE DEVIENT DANS CETTE HYPOTHÈSE LA COLLABO-
RATION DE GRÉ A GRÉ AVEC L'ALLEMAGNE ? »

« Les organisations collaborationnistes plafonnent
depuis des mois dans le domaine du recrutement... La
Milice plafonne aussi et par cela même tend au décou-
ragement et à l'affaissement... *Songez que sur trente-
six millions de Français, il n'y en a peut-être pas
cinquante mille qui soient décidés* à risquer leur vie et
leurs biens pour la collaboration... »

La qualité suppléera au nombre. Les 0,14 pour cent de
Français en question se sentent tout à fait capables de
faire marcher à la schlague les 99,86 pour cent. Mais il leur
faut des armes et il leur faut s'unir :

« S'il est possible à une minorité agissante, décidée
et armée, de diriger une majorité réticente ou hostile,
il est impossible à cette minorité de faire quoi que ce
soit si elle est elle-même composée d'une dispersion de
minorités. En se groupant pour exposer les présentes
réflexions, les chefs responsables de la majorité de ces
minorités entendent au moins avoir accompli l'effort
nécessaire pour réduire ces oppositions au minimum. »

Ici, les cinq exagèrent nettement : ni Doriot ni Bucard
ne sont dans le coup. En passant, ils précisent qu'ils sont
en plein accord avec le Führer, avec Rosenberg, le super-
théoricien du nazisme, et avec le Gauleiter Sauckel, le
chasseur de réfractaires. Ils poursuivent :

« Le malheur de la France est que, depuis juillet 1940, elle subit un régime de réaction cléricale et de
conservation sociale sous la vaine étiquette de « révolution nationale ». Les masses ouvrières et paysannes
sont même persuadées que ce régime est voulu par
L'ALLEMAGNE, CAR ELLES PENSENT QUE CE RÉGIME NE DURE-
RAIT PAS SANS L'AGRÉMENT DE CELLE-CI. Elles concluent
que l'Allemagne est conservatrice des trusts et que le

national-socialisme n'est que la forme moderne et per-
fectionnée du capitalisme de la Réaction... »

Faut-il que les masses ouvrières et paysannes soient infi-
niment moins intelligentes que le professeur Déat et
consorts pour aller imaginer des choses pareilles !
Voici maintenant les remèdes :

« LE SEUL MOYEN DE REDRESSER LA SITUATION A CET
ÉGARD C'EST QUE LE GOUVERNEMENT SOIT ANIMÉ DU VÉRI-
TABLE ESPRIT NATIONAL-SOCIALISTE ET DÉMONTRE PAR SES
ACTES ET SES RÉFORMES, PAR SES LOIS ET PAR SES DÉCI-
SIONS QUOTIDIENNES DE DÉTAIL EN ACCORD VISIBLE AVEC LES
AUTORITÉS OCCUPANTES, QU'IL EST UN GOUVERNEMENT DE
RÉVOLUTION NATIONALE IMMÉDIATE ET RÉELLE... »

En conséquence, les autorités allemandes doivent :

« Exercer sur Vichy la pression immédiate et suffisante pour qu'au Gouvernement actuel succède sans
délai, toujours sous la direction du président Laval (*il
est le seul homme d'Etat français collaborationniste
capable de remonter un courant d'impopularité...*), un
gouvernement collaborationniste réalisant ces quatre
conditions :
— assurer aux autorités occupantes une sécurité suffisante pour que celles-ci lui accordent un maximum de
libertés et de moyens d'action.
— grouper dans son sein la totalité (ou presque) des
chefs collaborationnistes...
— grouper en son sein la variété suffisante d'hommes
pour que chaque Français (excepté évidemment les
Français irrémédiablement acquis à la cause des Alliés)
trouve au moins dans un ministre un reflet de sa
propre pensée et de ses propres préoccupations... D'où
aussi pour ce gouvernement la possibilité d'*apparaître*
comme un gouvernement d'union nationale dans le
cadre européen... ce qui lui *permettrait aisément de
juguler et d'isoler, dans les administrations comme
dans le pays, les éléments communistes et gaullistes.*
— de définir et de mettre réellement en action... une

politique réellement socialiste et révolutionnaire, susceptible de rallier autour d'elle ces énormes éléments français du travail qui correspondent à ceux par et pour lesquels agit le national-socialisme allemand...

« La composition de ce gouvernement? Un tiers de chefs de partis, organisations ou milices révolutionnaires, un tiers de techniciens à choisir, la plupart, dans le gouvernement actuel, un tiers de parlementaires valables, car non compromis par une attitude anticollaborationniste. »

Ce gouvernement pourra réformer ou mettre en place « les vrais instruments » de la « vraie Révolution nationale ». Il y en a trois : les rouages administratifs de l'Etat, le grand P. U., la Milice nationale unique.

Les rouages de l'Etat seront réorganisés, les anticollaborationnistes « découragés, détectés, puis expulsés » seront remplacés par des miliciens. La police sera unifiée « en faisant passer sous la direction du secrétaire général de la Police, la gendarmerie et la préfecture de Police de Paris ».

« Il faudra ensuite épurer énergiquement cette administration en remplaçant les éléments douteux par des miliciens ayant fait un stage à l'école de Lyon. »

Le parti unique « dont le chef sera obligatoirement le chef du gouvernement... sera l'éducateur de la Nation et surtout l'éducateur de la jeunesse... Il sera la pépinière de la Milice comme la Milice sera la pépinière de l'Administration... Le parti sera présent partout ».

Troisième instrument, la Milice nationale unique :

« C'est grâce à l'étape milice que l'on parviendra sans heurts à « l'Etat parti unique ».

On a déjà tenté d'intégrer les diverses milices en une seule organisation. On a échoué car :

« On a voulu ôter aux partis l'essentiel de leur patrimoine matériel, sans rien leur donner en échange.

Tandis que si la totalité ou la presque totalité des chefs des partis collaborationnistes entrent au gouvernement... ils apporteront en dot à l'Etat, sans avoir aucun motif de réticence ou d'inquiétude, LES FORCES MILICIENNES DONT ILS DISPOSENT. »

Cet Etat richement doté pourra avoir une armée :

« *Plusieurs milliers de jeunes miliciens pourraient,* si les autorités occupantes y consentent, recevoir une formation d'officiers pour, *à l'instant voulu, encadrer une classe normale de recrues, même formée en majorité d'éléments d'origine politique hostile.* Ainsi, dans des conditions de sécurité politique absolue, pourrait se constituer peu à peu une *armée française,* qui par son esprit comme par sa destination, *serait une armée alliée à l'armée allemande.* »

Il faut tout prévoir. Et si le maréchal Pétain, clérical, éactionnaire à l'ancienne mode, tentait de s'opposer à la nazification de la France? Eh bien! on se passera de lui :

« Si donc un gouvernement avait besoin *d'une autre investiture* que celle du Maréchal, il devra la demander à l'Assemblée nationale... IL N'Y A AUCUN DANGER... *Les parlementaires sont avant tout anxieux de leur abaissement et anxieux de leur avenir.* Il sera extrêmement aisé de les gagner au nouveau gouvernement, en leur rendant la situation officielle qu'ils n'auraient pas dû perdre, y compris leur indemnité mensuelle... Avant de réunir l'Assemblée nationale, il faudra réunir séparément la Chambre des députés et le Sénat, amputés et épurés... Chacune des deux assemblées devrait, en effet, élire un bureau nouveau et surtout un nouveau président... On fera nommer des hommes sûrs et TOUT LE SCÉNARIO SERA RÉGLÉ D'AVANCE. L'Assemblée nationale réunie de préférence à VERSAILLES, DANS UNE ATMOSPHÈRE SOIGNEUSEMENT CRÉÉE ET SOUS LA PROTECTION DES MILICIENS, ratifiera le gouvernement, LE DISCOURS POLITIQUE DE SON CHEF, et à sa demande révisera comme il est nécessaire le mandat donné le 10 juillet 1940... »

Suit un « projet de convention franco-allemande » où le « gouvernement français » si élégamment obtenu s'engage à « réaliser progressivement un régime national-socialiste », où l'Empire français devient « le prolongement nécessaire du domaine commun de l'Europe », et où le statut de « l'Alsace-Lorraine » est renvoyé au traité de paix.

Ce document ahurissant de cynisme grossier et de naïveté n'est pas l'œuvre d'un groupe d'espions allemands opérant en France, mais de cinq Français. Ce sont cinq Français, dont Joseph Darnand, héros des deux guerres, « artisan de la victoire » de 1918, secrétaire général de la Milice française, qui écrivent à Hitler et à Himmler pour leur dire que 160 000 jeunes Français ont échappé au négrier Sauckel, que 20 000 d'entre eux sont en armes dans le maquis, qui leur disent qu'il faut frapper vite et fort avant le « massacre général » des 0,14 pour cent de Français nazis. Ce sont cinq Français qui reprochent aux Allemands leur mollesse à l'égard de leurs compatriotes, qui offrent leurs services pour nazifier entièrement la France, à condition qu'ils soient ministres, qu'on leur donne des armes et que l'armée d'occupation les soutienne. En cachette du maréchal Pétain et de Pierre Laval, ces cinq Français décrivent par le menu à l'ennemi la marche à suivre pour écarter du pouvoir le maréchal Pétain, au cas où le vieillard refuserait de se faire leur complice.

Darnand se rend-il compte réellement de ce qu'il est en train de faire? En tout cas, il continue...

Désormais, le cours des événements s'accélère.

Le 11 octobre 1943, onze chefs de la Milice s'engagent dans la Waffen SS, dont Bout de l'An qui, comme Hérold-Paquis, sera SS en France, Noël de Tissot et Pierre Cance qui partiront dans le premier convoi avec le lieutenant Artus et le lieutenant Fenet, chef départemental de la Milice de l'Ain, que nous retrouverons à Berlin fin avril 1945.

Le 20 octobre, les Allemands remettent à Darnand cinquante mitraillettes pour l'armement de la Franc-Garde.

Le 6 novembre, Darnand lance dans *Combats* son premier appel public pour l'enrôlement de miliciens dans la Waffen SS :

> « L'Europe est en danger. La France est menacée de perdre son indépendance. Notre civilisation serait asservie par le judaïsme triomphant ou détruite par le bolchevisme. Mais rien n'est perdu si un assez grand nombre d'hommes affronte la lutte (...) La lutte que nous menons sur le front intérieur a son complément sur les champs de bataille européens (...) La France est une nation guerrière; sa grandeur sera restaurée par l'héroïsme de ses fils. Plusieurs de nos camarades l'ont depuis longtemps compris, et risquent, depuis plus de deux ans, leur vie sur le front de l'Est. Un grand nombre, à l'heure où les habiles passaient dans le camp juif, viennent d'imiter leur exemple et de gagner les camps d'instruction où s'organise la division française de la Waffen SS. Je suis décidé à les rejoindre lorsque, dans quelques mois, ils aborderont le feu (...) Je ne le ferai ni par désespoir ni par bravade. Je partirai avec la conviction de servir, plus utilement que jamais, la cause française. »

Le 12 juillet 1942, à Lyon, Darnand avait lancé un appel à ses hommes en faveur de la Légion Tricolore. Nous avons vu ce qu'il est advenu. Faut-il s'étonner si cette fois encore les Allemands ne tiendront pas leurs engagements? Car la Sturmbrigade française (pas une division, une simple brigade; les candidats ne se sont pas bousculés pour entrer) ne sera pas « Waffen SS » mais SS tout court, ce qui signifie qu'elle manœuvrera à l'allemande et que les commandements y seront donnés en allemand, ce qui n'était tout de même pas le cas à la L. V. F. que Darnand trouvait pourtant « germanisée »...

L'appel du 6 novembre 1943 provoque un malaise à la Milice. Des bourgeois, des traditionalistes s'en retirent. Darnand, pour conjurer l'épidémie de démissions, fait une tournée de conférences. Salle Berlioz à Limoges, il prend la parole en présence de Bout de l'An, récemment promu secrétaire général adjoint de la Milice, devant un auditoire de 600 miliciens et sympathisants. Il critique le gouvernement qui subit toujours l'influence des forces judéo-maçonniques. Il déclare que Laval est hostile au mouvement milicien mais que le Maréchal désire toujours la collaboration. Il explique qu'il a prêté serment à Hitler en tant que chef militaire, mais non point comme chef politique car, sur ce terrain, il est lié par son serment au Maréchal. Il ajoute que les Waffen SS qui combattent à l'Est font l'admiration de tous.

Parlant des unités de la Franc-Garde, il annonce qu'elles ne vont pas tarder à se montrer actives et que leur intervention pourra aller « du simple coup de poing à la peine de mort », mais que cette action vengeresse des 25 martyrs de la Milice « tombés en service » devra se faire « discrètement [1] ». Un défilé de 250 francs-gardes et miliciens en uniforme suit la réunion.

A la mi-novembre, Darnand retourne en Allemagne. Il y rencontre des SS de l'entourage d'Himmler, dont Berger. Des accords sont pris. La police française sera réorganisée. La Franc-Garde sera armée. Les autorités allemandes mettront les partis collaborationnistes en demeure de céder leurs milices ou services d'ordre à la Milice française. Un parti national-socialiste français sera créé; il sera patronné par la Milice et la Waffen SS. La Milice coiffera la division française de la Waffen SS, dont la L. V. F. deviendra un régiment. Une deuxième puis une troisième division française de Waffen SS seront créées ultérieurement. Tous les partis existant en France seront interdits dès la création du parti national-socialiste.

Cependant, en France, les attentats contre les miliciens se poursuivent. Le 21 novembre à 13 h 45, trois miliciens, le capitaine de réserve Jacquemin, chef départemental de la Haute-Savoie (jadis inculpé dans l'affaire François de Menthon), son adjoint Roger Franc et Paul Courtois déjeunent à l'hôtel du Midi, à Thones où ils enquêtent sur un précédent attentat. La porte s'ouvre. Quatre hommes armés et masqués entrent : le chef F. T. P. Simon

---

1. Ces citations sont extraites d'un document inédit.

et trois de ses hommes. L'un d'eux tire une rafale de mitraillette. Le chef Jacquemin et Roger Franc sont tués, Paul Courtois est légèrement blessé.

A cette date, des represailles ont déjà été exercées par des miliciens, mais sans l'autorisation de Darnand. Cette fois, avec l'accord d'Oberg, mais sans en référer à Laval, chef du gouvernement et chef de la Milice française, Darnand donne le feu vert : la Milice va riposter ouvertement.

Les obsèques du chef Jacquemin et de Roger Franc ont été fixées au 24 novembre, à Annecy. Le préfet régional et Darnand y assisteront. La veille, des miliciens de Lyon, des Alpes et d'autres venus de Vichy se rassemblent à Annecy. Entre 20 heures et 21 heures, un commando formé de chefs de la Milice passe à l'action. Six victimes ont été choisies par le 2ᵉ Service de Degans : six parce que six miliciens ont été tués en Savoie, en Haute-Savoie et à Lyon. Ce sont :

— M. François Busson, âgé de 60 ans, commandant en retraite; tué sur le coup.

— M. Elie Dreyfus, âgé de 70 ans, réfugié, qui mourra à son arrivée à l'hôpital.

— M. Edouard Dreyfus, âgé de 77 ans, réfugié, ancien avocat à Colmar; grièvement blessé.

— M. Louis Paget, âgé de 53 ans; décédé à l'hôpital le lendemain.

— M. Georges Volland, âgé de 35 ans; blessé.

— M. Albert Bel, âgé de 33 ans; blessé.

De ces six hommes, deux seulement, Georges Volland et Albert Bel, appartenaient à la Résistance. Elie et Edouard Dreyfus ont été choisis parce qu'ils étaient d'origine israélite, le commandant Busson parce qu'il était franc-maçon.

L'un des tueurs, le chef régional Joseph Lécussan fait quelques jours plus tard à un milicien le récit du meurtre de Elie Dreyfus :

> « J'ai frappé à la porte. Le type a ouvert. Je suis entré. Je lui ai dit : « Monsieur, notre camarade Jacquemin a été lâchement assassiné par vos amis. La Milice vous a condamné à mort. Si vous avez des

convictions religieuses, faites votre prière. Vous avez trois minutes pour vous préparer à la mort. »

« Je tenais d'une main une grosse montre et de l'autre mon pistolet. Quand les trois minutes furent écoulées, j'ai tiré plusieurs fois et j'ai tourné les talons.

« Je m'étais juré de vider mon chargeur. Une fois dehors, je me suis aperçu qu'il contenait encore une balle. Je suis rentré. Le type était par terre et autour de lui il y avait des gens. J'ai dit aux gens : « Excusez-moi », je les ai écartés et j'ai tiré ma dernière balle. Et puis je suis parti. »

D'autres représailles ont lieu à Grenoble où le 25 novembre commence la « semaine rouge ». A Grenoble, les coups sont mieux dirigés car c'est la police allemande qui mène l'opération. En quelques jours, la plupart des chefs de la Résistance sont abattus par des groupes de miliciens, de militants du P. P. F. et d'agents du SD.

Le 28 novembre 1943, Darnand, qui revient de Berlin, prend la parole à Nice, au palais des Fêtes. Des miliciens armés de mousquetons et de mitraillettes sont postés à toutes les issues. A l'entrée, les hommes sont fouillés, les femmes priées d'ouvrir leur sac à main. Quelques jours plus tôt un collaborationniste, le docteur Tourtou, a été tué par attentat.

Environ 1 200 personnes sont venues écouter Darnand : miliciens en majorité, quelques légionnaires et P. P. F. Au premier rang de l'assistance l'intendant de police Durafour, Philippe Henriot, Bout de l'An, Max Knipping, le docteur Durandy — chef départemental de la Milice des Alpes-Maritimes, le commandant Mélandri — chef départemental de la Légion, M. Lauvel — secrétaire général de la préfecture, Barthélémy et Canobbio — qui représentent le P. P. F., Macagno — représentant de la L. V. F., Soehlke — directeur de l'office de Placement allemand, et six officiers allemands en uniforme, juste devant la tribune.

A 14 h 40, Darnand commence à parler. Son discours va

durer presque une heure. La salle est chaude. Très vite, le ton va monter [1].

Darnand rappelle d'abord qu'il y a trois ans il créait à Nice la Légion des Combattants « dans un enthousiasme indescriptible ». Il ajoute qu'en dépit de ce magnifique enthousiasme la Révolution nationale a échoué, car il y avait à la Légion un nombre trop important d'adhérents et certains chefs n'avaient pas la foi nécessaire ou même se préparaient à trahir. Il prononce le nom de François Valentin. (*Cris de : « Au poteau! », sifflets, clameurs.*)

Darnand rappelle la création du S. O. L., force dynamique prête à agir. Mais le S. O. L. ne pouvait suffire :

> « La Révolution était trahie chaque jour par ceux qui la proclamaient... Nous avons eu à lutter contre une administration hostile et contre l'insolence des Juifs plus puissants qu'autrefois. »
> (*Huées. Cris de colère.*)

Nice n'étant pas très loin de Marseille, Darnand confie à son auditoire qu'un poste émetteur clandestin lui a appris que des S. O. L. se battent encore pour leur idéal dans les montagnes de l'Atlas, coupant les communications de l'ennemi et le gênant dans son action [2].

(*Vifs applaudissements.*)

Darnand déclare qu'il n'a peur de rien et qu'il est certain de réussir :

> « Malgré l'incompréhension de la masse et les dangers, ajoute-t-il, j'ai eu scrupule à engager mes hommes, privés d'armes, contre des terroristes puissamment armés. »

Il énonce les sacrifices de la Milice : 33 morts et 25 blessés graves depuis avril dernier. Il précise avec fierté que les derniers d'entre eux sont déjà vengés, et il s'écrie :

> « Je ne veux plus vous sacrifier en vain, j'ai décidé de faire payer à nos adversaires leurs forfaits.

---

1. Les citations suivantes proviennent d'un document inédit.
2. Les maquisards S. O. L. de l'Atlas n'ont jamais existé. Le bruit en avait couru à l'état-major de la Milice.

(Applaudissements.) Nous n'oublierons personne, pas même nos ennemis! *(Vifs applaudissements.)* Désormais nos vengeances seront plus fortes et plus rudes. Il ne s'agit pas des rebelles du S. T. O., il s'agit des gens qui ont tué des soldats allemands, puis se sont jetés sur notre personne : la proie était plus facile! » *(Applaudissements. Clameurs.)*

Darnand salue la mémoire du docteur Tortou : « Je veux croire, parce que j'en suis sûr, qu'il sera vengé. »
(Cris de : Oui! Applaudissements.)

Il invective les tièdes. Il dénonce la justice, trop lente, et stigmatise les magistrats qui craignent pour leur personne :

« Je ne méconnais pas l'effort des agents de l'autorité qui risquent leur vie, mais je suis convaincu qu'à l'intimidation il faut répondre par une répression impitoyable. »
(Clameurs. Vifs applaudissements.)

« On a pu prendre, dit-il, notre silence depuis cinq mois, pour de la peur. J'armais nos troupes. Je leur apporte aujourd'hui les armes nécessaires! *(Applaudissements.)* Nos derniers martyrs seront vengés! *(Applaudissements.)* Nos adversaires sont prévenus. *(Applaudissements.)* Nous nous battons! *(Applaudissements.)*

Après avoir déclaré : « Il faut constituer l'union des Nationalités européennes contre les Alliés et les communistes », Darnand explique que les combats actuels sont de même nature que ceux de la guerre d'Espagne, qu'ils ont la même cause : le bolchevisme. Il annonce que, déjà, un grand nombre de miliciens engagés à la Waffen SS sont à l'entraînement à Cernay.

« Moi aussi je me suis engagé, dit-il. J'ai prêté serment. Bientôt, j'irai les rejoindre sur le front de l'Est, le seul combat, lorsque leur entraînement sera terminé. Je suis fier de le dire à nos amis et à nos ennemis. »

Comme au début du mois à Limoges, il distingue son serment « militaire » à Hitler et son serment « politique » à Pétain, qu'il tiendra. Il se moque de la mauvaise interprétation que l'on pourra donner de sa conduite et rappelle son passé des deux guerres. Pour terminer, il déclare que la cause de la France est liée à celle de l'Europe et que la révolution intérieure se fera après la victoire. Il attaque les gros patrons, les trusts, qui réalisent des bénéfices scandaleux alors que des hommes meurent de faim. Il se dit prêt à imposer « un socialisme humain où chacun, ouvrier ou intellectuel, aura sa place au soleil ». Il lance un appel à la jeunesse et s'écrie :

> « Nous sommes fiers de dire que nous allons nous battre à côté des Allemands! *(Applaudissements.)* C'est une question de vie ou de mort! Vous serez pendus avec moi, nous serons tous pendus si nous ne savons pas nous battre! Décidez, ensemble nous vaincrons! » *(Clameurs. Cris de : Vive Darnand! Les officiers allemands applaudissent. La salle se lève.)*

A l'issue de la réunion, un attentat est commis devant le restaurant de la Légion des Combattants, rue Perdinac, où dînent des miliciens venus du Var et des Bouches-du-Rhône, en attendant le train. Vers 19 h 30, comme un groupe de miliciens sortent du restaurant, une grenade est jetée sur eux d'une fenêtre de l'immeuble en face. Neuf miliciens sont blessés et deux tués, Pierre Oilivíer, âgé de 23 ans, étudiant en droit, et Claudius Rodier, tous deux de Marseille. L'immeuble aussitôt est cerné. L'auteur de l'attentat réussit à échapper aux recherches.

L'incubation durait depuis l'été. La crise éclate en décembre. Elle est marquée par deux événements : l'assassinat de Maurice Sarraut et l'ultimatum d'Hitler au maréchal Pétain.

L'isolement du régime s'accentue. L'entourage du Maréchal s'en inquiète. Pour tenter de regagner du terrain, des approches sont menées en direction de parlementaires et de personnalités centristes. Une tendance au rapprochement avec Vichy se dessine chez des radicaux : le centre redoute que la victoire de de Gaulle et de la Résistance signifie sa disparition. Parmi les personnalités radicales avec qui des émissaires de Vichy ont eu des contacts, le directeur de *la Dépêche de Toulouse*, Maurice Sarraut.

Le soir du 2 décembre, Maurice Sarraut regagne en voiture sa propriété, « Les Tilleuls », dans la banlieue de Toulouse. A l'entrée le chauffeur klaxonne, comme à l'ordinaire, pour qu'on vienne ouvrir la porte. A ce moment un individu posté à deux mètres de là tire plusieurs rafales de mitraillette sur Maurice Sarraut, assis à l'arrière, qui est atteint à la mâchoire et à la tempe. Il s'écroule. Il meurt peu après.

A Vichy, la nouvelle fait sensation. On pense d'abord que les auteurs de l'attentat sont soit des gaullistes (le journal clandestin *Bir Hakeim* avait annoncé récemment que Maurice et Albert Sarraut avaient été condamnés à mort par la Résistance), soit des hommes de Doriot, le P.P.F. ayant menacé Maurice Sarraut à plusieurs reprises.

L'enquête, conduite par la 8e brigade de police de Sûreté, établit tout de suite que, depuis quelque temps, la Milice de Toulouse avait organisé une surveillance aux abords de *la Dépêche* aux fins de connaître les heures d'arrivée et de départ et l'itinéraire du directeur du journal. Des présomptions s'accumulent contre le chef départemental de la Haute-Garonne, Henri Frossard. Le secrétaire général de la police, René Bousquet, convoque Darnand et lui déclare : « Je vous préviens que je mènerai l'enquête jusqu'au bout et que je monterai aussi haut qu'il le faudra. »

Darnand répond, blême : « Je n'y suis pour rien personnellement. »

L'enquête se poursuit. Les faits sont bientôt connus. L'assassin est un membre de la L.V.F., un homme de main, Maurice Dousset. La surveillance dont Maurice Sarraut était l'objet avait été décidée par le chef départemental Frossard, qui en avait chargé le chef du 2e Service, Albert Barthe. Quatre miliciens y ont effectivement participé : Belaval, Troule, Sourd et Saint-Jean.

Maurice Dousset est arrivé à Toulouse, venant de Paris, fin novembre. Il s'est présenté au secrétaire départemental de la L. V. F., Raymond Garin, à qui il a annoncé qu'il était envoyé par Jean Giacomini dit Ferloni, adjoint à l'inspecteur général du personnel civil de la L. V. F., avec la mission de tuer Maurice Sarraut. Garin met Dousset en rapport avec le chef régional de la Milice à Toulouse, l'avocat Jean Colomb, et avec le chef Frossard qui lui remet une mitraillette.

Le 2 décembre au soir, Maurice Dousset prend place dans une voiture que conduit le chef du 2° Service de la Milice, Albert Barthe. Les deux hommes se rendent près de l'entrée des « Tilleuls ». Seul Dousset, qui dissimule sa mitraillette sous un imperméable, met pied à terre. Nous connaissons la suite.

Le crime accompli, Dousset regagne la capitale où il se met sous la protection des SS, mais au grand déplaisir de ceux-ci René Bousquet fait arrêter les miliciens qui ont trempé dans l'affaire. Pour Oberg et pour Himmler, ce sera une raison supplémentaire d'obtenir son limogeage. Les miliciens arrêtés ne resteront pas longtemps en prison.

Pourquoi Maurice Sarraut fut-il assassiné?

Dans la seconde moitié du mois de novembre, une réunion s'était tenue à Paris, à l'hôtel Lutetia, à laquelle participaient des membres du M. S. R., de la L. V. F., des miliciens et des Allemands du SD. Là fut prise la décision de tuer Maurice Sarraut.

Le directeur de *la Dépêche de Toulouse* n'était nullement gaulliste, mais il était haï de l'extrême droite et des collaborationnistes des diverses tendances. Il était la bête noire de la milice toulousaine où, le 3 novembre, un attentat avait fait un mort et plusieurs blessés. Comme victime expiatoire, Maurice Sarraut faisait très bien l'affaire.

Pour les Allemands, le meurtre présentait l'avantage d'être à la fois un avertissement à Vichy et aux centristes tentés de se rallier à un maréchalisme nouveau style qui eût ressuscité l'Assemblée nationale et se fût appuyé sur elle [1].

Plus tard, un agent du M. S. R. détenu à Fresnes dira que

---

1. Remarquons en passant que Déat et les quatre autres signataires du « Plan de Redressement français » avaient eu en somme la même idée ; toutefois, pour eux, il ne s'agissait nullement d'affermir le régime de Vichy mais au contraire d'évincer Pétain.

le gendre de Deloncle, Servant, membre du comité directeur de la L. V. F., l'un des participants à la réunion de
l'hôtel Lutetia, lui avait déclaré qu'il avait fait assassiner
Sarraut « sur l'instigation de de Brinon et pour le tenir ».

En juin 1944, Maurice Dousset sera arrêté par la gendarmerie allemande sous l'accusation d'avoir extorqué de
l'argent à des familles de travailleurs français en Allemagne en se faisant passer pour un policier. Conduit à la
Feldgendarmerie, il fait téléphoner au SD puis téléphone
lui-même au siège de la L. V. F., boulevard Malesherbes.
Une interprète française qui se tient près de lui l'entend
demander « le chef », puis dire : « Je suis en ce moment
à la Feldgendarmerie. Je suppose que c'est pour l'affaire
Sarraut dont je suis l'auteur. Faites le nécessaire auprès
des autorités allemandes pour me sortir de là. »

L'interprète, Mme B., demande alors des précisions à
Dousset, qui lui répond : « J'ai agi selon les ordres du parti
et de Darnand. »

En décembre 1943, Darnand, depuis dix-huit mois[1], était
membre du comité directeur de la L. V. F. Ce qui est sûr,
c'est qu'il a couvert les miliciens complices du crime.

Le chef départemental Frossard et Raymond Garin ont
été fusillés en 1945[2]. Fusillé aussi, le 15 avril 1947, Fernand de Brinon.

Le tueur Maurice Dousset sera abattu en février 1945.
Nous verrons dans un prochain chapitre dans quelles circonstances.

Le 4 décembre, à Vichy, l'ambassadeur Otto Abetz remet
au maréchal Pétain un ultimatum d'Hitler. Le Führer met
son veto à tout projet de réunion de l'Assemblée nationale
qui « n'est plus, d'aucune manière, la représentation légale
de la volonté du peuple français ». Il critique Pétain qui
n'a pas su rendre « toujours plus féconde la collaboration
tant de fois promise avec l'Allemagne ». Après ce préam-

---

1. Depuis l'époque du lancement de la Légion Tricolore. Exactement, depuis
le 24 juin 1942.
2. Après condamnation à mort par la cour de justice de Toulouse le
10 avril 1945.

bule, Hitler reprend point par point le « Plan de Redressement français » du 17 septembre. Il exige :

> « — que, désormais, toutes les modifications de lois
> projetées soient soumises à temps à l'approbation du
> gouvernement du Reich;
> « — qu'en outre, M. Laval soit chargé de remanier,
> sans délai, le cabinet français dans un sens acceptable
> pour le gouvernement allemand et garantissant la col-
> laboration. Ce cabinet devra jouir de l'appui sans
> réserve de la direction suprême de l'Etat Français :
> « — enfin, la direction suprême de l'Etat sera respon-
> sable des mesures prises en vue d'éliminer immédiate-
> ment tous les éléments gênant le travail sérieux de
> redressement dans les postes influents de l'administra-
> tion ainsi que la nomination à ces postes de personna-
> lités sûres. »

Les « personnalités sûres » du gouvernement remanié, ce
sont Déat, Darnand et Doriot. Hitler rappelle à Pétain
que :

> « Aujourd'hui, le seul et unique garant du maintien
> du calme et de l'ordre en France même, et, par là
> aussi, de la sécurité du peuple français et de son
> régime contre la révolution et le chaos bolchevique,
> c'est l'armée allemande. »

Cela finit par une menace directe : si Pétain veut s'en
aller, qu'il s'en aille.
Le 11 décembre, Pétain répond par une lettre dans laquelle, rappelant ses services (« Je ne suis préoccupé que
de renforcer mon autorité vis-à-vis des dissidences et de
lutter contre un désordre grandissant. » « J'ai rappelé au
pouvoir M. Laval en 1942 parce que je pensais qu'il était
en mesure de faire comprendre et admettre par les Français le bien-fondé d'une politique pour laquelle j'avais
demandé l'armistice. »), il cède aux trois quarts : « Le
gouvernement qui pourra reprendre en main le pays aura
mon appui total. Je demande seulement, vous le comprendrez, monsieur le Chancelier, que les hommes qui compo-
seront ce gouvernement et ceux qui le serviront soient de

bons Français et qu'ils ne m'aient pas manifesté d'hostilité dans le passé. »

Le 18 décembre, après un nouvel ultimatum car il n'était pas allé assez loin dans sa première lettre, Pétain écrit à Hitler :

> « Comme suite à ma lettre du 11 décembre et au désir que vous avez fait exprimer, je précise que les modifications des lois seront soumises, avant la publication, aux autorités d'occupation. »

Le maréchal Pétain s'est avoué humblement le vassal d'Hitler. La France n'est plus qu'une colonie de l'Allemagne.

Le lendemain, dimanche 19 décembre, a lieu au Vel' d'Hiv' une manifestation sous l'égide du « FRONT UNI DES RÉVOLUTIONNAIRES EUROPÉENS », né la veille au soir de la Propagandastaffel, mort le jour même, après les discours. Sous une immense banderole : BOLCHEVISME = MASSACRE, Darnand et Philippe Henriot parlent au nom de la Milice, Déat au nom du R. N. P., Jean Hérold-Paquis pour le P. P. F. Darnand annonce :

> « Dès aujourd'hui nous mettons sur pied une Milice unique pour les deux zones, et dont chaque Français sera fier. Cette Milice, convenablement armée, aura tôt fait d'abattre tous les traîtres à la solde de Moscou. »

Cependant les Allemands précisent leurs exigences. Les trois personnalités qui doivent entrer dans le gouvernement sont Joseph Darnand, Philippe Henriot et Marcel Déat. Finalement, Doriot a été oublié dans la distribution : il a eu le tort de s'attarder en Russie.

Le maréchal Pétain ne fait pas d'objection à la nomination de Darnand comme secrétaire général au Maintien de l'Ordre, à condition qu'il soit subordonné à un secrétaire d'État à l'Intérieur. Il n'en fait pas non plus en ce qui concerne Henriot. Déat l'inquiète, et comme son sentiment rejoint celui de Laval, le professeur, qui chantait déjà victoire, devra patienter.

Sur les circonstances de son entrée au gouvernement, Joseph Darnand dira en 1945[1] :

« Dans le courant de décembre 1943, Laval me fit part de difficultés grandissantes que la présence de Bousquet au secrétariat général de la police lui valait. Je n'ai pas de précisions sur l'origine de ces difficultés, mais je crois qu'on reprochait à Bousquet d'être trop faible, et d'avoir laissé se créer le maquis.

« Laval ajouta que les Allemands voulaient son départ, et son remplacement par moi-même. Il me déclarait en outre qu'il était satisfait de Bousquet, qu'il désirait le conserver et que mon arrivée à ce poste prendrait une signification politique telle que j'aurais les pires difficultés avec les fonctionnaires et les militaires de la police.

« Le général Oberg, chef de la sécurité allemande sur le territoire français, me fit appeler à son tour et insista vivement pour que j'accepte le poste en question (...)

« J'ai répondu au général Oberg que je ne pouvais accepter cette fonction qu'à la condition expresse de ne recevoir d'ordres que du gouvernement français, de n'avoir de comptes à rendre qu'audit gouvernement, de ne pas être tenu d'exercer des représailles pour leur compte, pas plus que de livrer aux services allemands des Français arrêtés par nos propres services. »

En fait, l'éventualité que Darnand prît le commandement des forces de police et du Maintien de l'Ordre avait été envisagée lors des entretiens qu'il avait eus avec les SS en Allemagne à la mi-novembre, et peut-être même plus tôt.

Le 30 décembre au soir, la radio annonce les nominations de Darnand comme secrétaire général au Maintien de l'Ordre, de Philippe Henriot au secrétariat d'Etat à l'Information et à la Propagande, de Lemoine au secrétariat d'Etat à l'Intérieur. Deux jours plus tard, le 1ᵉʳ janvier 1944, Darnand et Henriot entrent en fonctions.

1. Document inédit.

10

La Milice se met en place

Darnand secrétaire général au Maintien de l'Ordre. – Assassinat de Victor Basch. – Encouragements à la Milice de Laval et de Pétain. – Le programme de Darnand en janvier 1944. – La Franc-Garde : son recrutement, ses moyens. – La Milice passe en zone Nord. – La Milice à Vichy : Bout de l'An, Tomasi et le Groupe spécial de sécurité. – Aveux en tous genres : les spécialistes. – Lécussan et ses équipes. – Le Maintien de l'Ordre à Paris. – Knipping et les Allemands. – La surenchère : Déat, Bucard. – Géromini à Uriage. – Philippe Henriot parle aux Français.

Le 1er janvier 1944, Darnand se présente à l'hôtel Thermal à Vichy, siège du ministère de l'Intérieur et de la direction de la police. Selon l'usage il y est accueilli par son prédécesseur, René Bousquet, qui se retire aussitôt suivi de ses principaux collaborateurs. Darnand constate après son départ qu'il a fait le vide : il n'y a plus un dossier, il ne reste même plus une feuille de papier vierge. Le gros des plantons et des dactylos a également disparu.

« Mon premier travail, dit Darnand, fut, après avoir pris contact avec les directeurs, de convoquer les préfets, les intendants de police, les commissaires divisionnaires de la P. J. et des renseignements généraux, ainsi que les contrôleurs généraux de la police, pour leur donner mes directives. Laval assistait à ces premières prises de contact.

« Je m'efforçai tout d'abord de tranquilliser ces fonctionnaires en leur disant que je n'avais nullement l'intention de faire des changements ou des révocations; que je ne me souciais guère de leur passé poli-

tique, et que je ne tiendrai compte que de leur activité
à venir. Je leur ai précisé que je tenais à ce que les lois
fussent respectées, que la circulation et le ravitaillement soient assurés, que les responsables des meurtres
et des attentats fussent arrêtés et poursuivis, et que les
forces du maquis et de la Résistance soient combattues
chaque fois que nos propres forces le permettraient [1]. »

Fondamentalement, sur la lutte contre le « terrorisme »
et la Résistance et l'épuration de l'administration, Pétain,
Laval et les Allemands sont d'accord. Sur les moyens à
employer et les modalités de la répression, des divergences
subsistent. Il n'est pas de l'intérêt du régime de Vichy que
la répression soit aveugle, ce qui aboutirait à l'isoler encore davantage en le coupant des modérés et des centristes
qu'il espère rallier sous la bannière de l'anticommunisme.
Les Allemands sont pressés. Ils s'attendent à un débarquement à l'ouest de l'Europe. Ils veulent assurer leurs
arrières. Leurs préoccupations ne sont pas politiques mais
militaires. Leurs solutions sont expéditives. Ils en ont
l'habitude et les moyens.

A Vichy, les moyens manquent. A cet égard, par rapport
à 1943, la situation a considérablement évolué : de la
police aux gardes mobiles, les forces de l'ordre traditionnelles montrent et montreront de mois en mois de moins
en moins de zèle dans la lutte contre la Résistance. En
1944, Pétain et Laval ont réellement besoin de la Milice.
Avec ses excités et ses voyous, elle n'est pas pour eux la
force de l'ordre idéale, mais elle a le mérite d'exister. La
Milice devient la garde prétorienne du régime.

L'ex-préfet régional de Rouen, Marcel Lemoine, promu
secrétaire d'Etat à l'Intérieur, ne sera jamais en mesure de
« contrôler » Darnand. Soutenu à la fois par les Allemands
et par Vichy, Darnand va poursuivre le jeu de bascule qui
jusque-là lui a fort bien réussi, s'appuyant tantôt sur les
uns, tantôt sur les autres.

Avec Darnand, Himmler, Oberg et les SS ont désormais
au gouvernement français un homme qui, pour l'essentiel,
a épousé leurs vues et leurs thèses. Il est naturel qu'ils en
profitent.

1. Document inédit.

Le 5 janvier se tient une conférence à laquelle participent Laval, Darnand, Oberg et Knochen. Des décisions
de principe sont prises sur les attributions et les pouvoirs
qui doivent être reconnus au secrétaire général au Maintien de l'Ordre. Le lendemain, Oberg écrit à Laval pour lui
rappeler les conclusions auxquelles ils ont abouti [1] :

« 1° En sa qualité de secrétaire général au Maintien
de l'Ordre, Darnand a un droit de commandement et
de contrôle, tant au point de vue du personnel qu'au
point de vue technique, sur l'ensemble des forces de
police (Police nationale, gendarmerie, garde mobile,
groupes mobiles de réserve, préfecture de Police à
Paris, sapeurs-pompiers, garde des communications,
services pénitentiaires et polices spéciales, y compris
le contrôle économique). A cet égard, il agira au nom
du président Laval pris en sa qualité de ministre de
l'Intérieur, de sorte que ces pleins pouvoirs généraux
ne seront limités qu'en vertu de dispositions restric-
tives prises par le Président en ce qui concerne certaines affaires déterminées dont il voudra se réserver
personnellement la signature. Relativement à la gendarmerie et à la préfecture de Police à Paris, la
réglementation suivante a été prévue au point de vue
du statut personnel des officiers et fonctionnaires.

a) Dans la gendarmerie, les nominations, promotions
et révocations d'officiers sont faites sur la proposition
de Darnand en accord avec le Chef de la gendarmerie,
par le président Laval agissant en sa qualité de
ministre de l'Intérieur.

b) En ce qui concerne les fonctionnaires de la préfecture de Police, les nominations, promotions et révocations sont faites sur la proposition du préfet de
Police en accord avec le secrétaire général au Maintien de l'Ordre.

Lesdites attributions du secrétaire général au Maintien de l'Ordre seront fixées par une Loi.

« 2° Sur la base des pleins pouvoirs ainsi conférés
au secrétaire général au Maintien de l'Ordre, tous les
services de police, y compris la préfecture de Police et

---

1. Document inédit.

la gendarmerie, sont tenus de communiquer directement à Darnand tous les renseignements dont ils disposent relativement aux questions relevant de sa compétence, afin que l'unité de direction puisse être réalisée en ce qui concerne la lutte contre le terrorisme et la Résistance sous toutes leurs formes.

« 3° La police antijuive et antimaçonnique ainsi que la police du contrôle économique relèvent directement du secrétariat général au Maintien de l'Ordre.

« 4° Toutes les demandes d'internement administratif seront approuvées et signées par le Président en sa qualité de ministre de l'Intérieur, sur la proposition du secrétariat général au Maintien de l'Ordre.

« Les pouvoirs des préfets régionaux, relativement à l'exécution des mesures d'internement, seront révisés et restreints. Les préfets régionaux seront, à cet égard, responsables devant le secrétaire général au Maintien de l'Ordre.

« 5° Tous les services délivrant des passeports continuent à relever directement du ministre de l'Intérieur, mais le secrétaire général au Maintien de l'Ordre dispose d'un droit de veto.

« 6° Des tribunaux spéciaux de police chargés de juger les infractions d'ordre politique seront rapidement créés.

« Indépendamment de cela, le secrétaire général au Maintien de l'Ordre donne à tous les membres de la police l'ordre de faire usage de leurs armes sans ménagement contre les terroristes et les membres d'autres organisations de Résistance.

« 7° La question, soulevée par le président Laval, de l'extension de la Milice à la zone Nord et de la constitution des Francs-Gardes comme force auxiliaire de police, sera étudiée par le général Oberg. »

Laval ne se dérobe point. Le 10 janvier, un décret pris sous sa signature donne autorité à Darnand sur toutes les forces « qui assurent la sécurité publique et la sûreté intérieure de l'Etat ». Ce décret sera publié au *Journal Officiel* le 20, en même temps que la loi instituant les cours martiales.

Entre Laval et Darnand, les rapports personnels restent en 1944 ce qu'ils étaient. L'ex-politicien de gauche et l'adjudant de 1918 monarchiste puis cagoulard ont des tempéraments trop dissemblables pour se trouver sur la même longueur d'ondes. Laval n'a pas choisi Darnand, mais il l'accepte et il va l'employer. Il sait parfaitement à quoi s'en tenir sur la Milice : il sait que des miliciens ont trempé dans le meurtre de Maurice Sarraut, il est au courant des représailles d'Annecy et de Grenoble. Il n'ignore pas non plus (ces choses-là se savent vite) que Darnand est l'un des signataires du fameux « plan de redressement français ». Ayant choisi de lutter contre la Résistance, c'est-à-dire, s'il faut en croire Déat, Darnand et Luchaire, contre 99,86 pour cent des Français, il lui faut bien faire feu de tout bois. Vichy n'a plus les moyens de se montrer difficile.

Le 10 janvier, alors que le chef du gouvernement signe le décret qui donne à Darnand la haute main sur toutes les forces de l'ordre, des crimes atroces sont commis par des miliciens à Lyon : le président de la Ligue des droits de l'homme, Victor Basch, 80 ans, et sa femme, 79 ans, sont assassinés.

Victor Basch n'était pas plus un « terroriste » que Maurice Sarraut, mais il était d'origine israélite et il était franc-maçon : cela suffit à le désigner à la vindicte du chef régional Joseph Lécussan.

Depuis des mois le président de la Ligue des droits de l'homme était traqué par la police allemande et celle de Vichy. Au début de janvier, Lécussan apprend du chef de son 2e Service, le Russe blanc Pauverine, que Basch et sa femme se cachent dans un quartier de Lyon. Pour faciliter les recherches, Lécussan demande au policier Macé, chef du service antimaçonnique de la police de Vichy, une photographie. Macé lui en remet une. Les miliciens du 2e Service repartent en chasse. Le couple est identifié. Il s'agit bien des Basch.

A Lyon, le chef Lécussan entretient des relations quotidiennes et cordiales avec le docteur Knab, chef du SD, et ses adjoints, Hollert, Moritz et le Français Barbier.

Il raconte[1] :

> « J'aurais voulu aussitôt le faire arrêter (Victor
> Basch) par la police allemande. Je me suis rendu au
> SD où j'ai trouvé Moritz. Il a approuvé ma décision et
> a immédiatement donné son accord pour cette arresta-
> tion qu'il a prévue pour la soirée. »

Le soir du 10, miliciens et Allemands partent dans trois
voitures. Lécussan a pris place dans la première avec Cot-
taz, chef départemental adjoint de la Milice du Rhône, et
deux autres miliciens, Gonnet et Lagron. Moritz et des
policiers allemands les suivent. Victor Basch est appréhendé ainsi que Mme Basch qui refuse d'être séparée de
son mari. Alors une difficulté s'élève. Devant l'aspect des
deux vieillards, l'Allemand Moritz déclare qu'il ne peut les
emmener. Qu'à cela ne tienne : les miliciens vont s'occuper
d'eux.

Lécussan raconte[1] :

> « Moritz jugea Victor Basch trop âgé pour pouvoir
> l'arrêter et nous décidâmes de l'exécuter.
> « Je partis avec Gonnet, Basch et sa femme, et un
> chauffeur allemand. Arrivé à un endroit qui me
> paraissait convenable, je fis arrêter la voiture, je fis
> descendre les Basch. J'AI DESCENDU BASCH ET GONNET A
> DESCENDU SA FEMME. »

Le lendemain matin, les corps des deux vieillards, tués
de plusieurs coups de feu, sont découverts au bord d'une
petite route de campagne, près de Neyron. Une enquête est
ordonnée. Il va de soi que les coupables ne sont pas identifiés.

Ce crime d'une lâcheté répugnante, qui vient après
d'autres, qui sera suivi de beaucoup d'autres, n'empêche
pas Laval et Pétain de prodiguer à la Milice leurs encouragements.

Le 5 janvier 1944, Laval déclare aux chefs régionaux et
départementaux de la Milice : « La démocratie, c'est l'antichambre du bolchevisme... Je marche en plein accord, en
total accord avec Darnand. »

---

1. Extraits d'un document inédit.

Le 21 janvier, Laval réunit les intendants de police pour leur commenter la loi sur les cours martiales. De cette loi Laval dit qu'elle est « absolument nécessaire ». Il témoigne à Darnand, qui est présent « sa pleine confiance pour remplir la tâche redoutable qu'il assume à un moment particulièrement critique », et ordonne aux intendants de police de lui obéir sans réticence.

Les relations de Darnand avec le maréchal Pétain sont bonnes. Les six premiers mois de 1944, Pétain recevra Darnand à plusieurs reprises et le complimentera sur la façon dont il conduit la répression. Faisant allusion aux mutineries de 1917, il lui dira en mars : « Vous faites ce que j'ai fait. »

En mai, à quelques semaines du débarquement, le maréchal Pétain dira encore à des chefs régionaux et départementaux de la Milice venus lui demander des directives : « Tenez bon; tenez ferme à vos postes. »

Il est juste de dire que le Maréchal et Laval admonesteront à plusieurs reprises Darnand à propos de crimes et de délits de droit commun perpétrés par des miliciens. Pétain conseillera à Darnand de faire des exemples. Ces critiques se rapporteront à l'exécution des missions confiées à la Milice, ou à des faits en marge, non point aux missions mêmes. Quand on charge des hommes qui sont des politiques extrémistes, et qui ne sont nullement des policiers professionnels, de maintenir l'ordre dans une époque de troubles, alors que cet ordre est contesté par la majorité de la population, on doit s'attendre à des affaires de ce genre. Pétain et Laval ne pouvaient l'ignorer. Et ils n'ignoreront pas non plus, pour l'essentiel, les excès à venir : les préfets, les hauts fonctionnaires, les services secrets les en informeront.

Darnand, lui, s'en tient au programme exposé dans le « plan de redressement français » du 17 septembre et dans ses discours. Il va faire, il va essayer de faire ce qu'il a annoncé. L'interview qu'il accorde à Pierre-Antoine Cousteau et qui sera publiée le 7 janvier dans *Je Suis Partout* est, sans ambages, une déclaration de guerre à la Résistance :

« Les victoires allemandes, dit-il, maintenaient dans l'obéissance de la peur tous ceux qui, depuis, à la faveur des trahisons, ont gagné le camp de la dissidence. L'attaque de l'Afrique du Nord, les offensives russes ont reformé le camp de nos ennemis. Je ne parle pas seulement des émigrés de Londres et d'Alger, mais de ce fameux front intérieur de la Résistance, composé non seulement des agents de Moscou et de leur habituelle clientèle communiste, mais du plus extraordinaire rassemblement de faux patriotes... La Milice française a supporté pendant cinq mois les coups des assassins, sans riposter. La terreur s'est accrue... Nous nous sommes organisés pour la lutte, nous avons étendu notre réseau de renseignements, nous nous sommes armés et, vous le savez, notre réplique a été brutale. Nous poursuivrons sans faiblesse nos justes représailles... On ne compose pas avec les hors-la-loi. On ne discute pas avec les professionnels du crime...

« Qu'on me comprenne bien, je n'ai pas l'intention d'encourager les représailles individuelles, de livrer l'exercice de la justice aux citoyens. Ces méthodes nous conduiraient au désordre et à la guerre civile. Les représailles doivent être ordonnées par une autorité supérieure... La France a besoin de la Milice. »

Le même jour, *Paris-Soir* publie une interview de Darnand, dans laquelle il déclare :

« Nous avons affaire à deux catégories de gens qui sont pour le pays une menace perpétuelle et un mortel danger : d'une part, les bandes qui tiennent le maquis et dont les effectifs ne sont pas tellement nombreux; d'autre part, la masse de ceux qui se font leurs complices en les ravitaillant, en les renseignant, en les abritant. Je frapperai aussi durement les uns que les autres. Les bandes du maquis seront attaquées partout où elles seront, avec les effectifs et les moyens nécessaires...

« Une épuration énergique rendra la tranquillité à tous les honnêtes gens. Quant aux autres, il faut qu'ils se disent bien que l'heure est venue de choisir : ou bien avec les défenseurs de l'ordre national, ou bien contre eux. Et, dans ce cas, ils seront frappés aussi impitoyablement que les hommes du maquis. »

L'analyse que fait Darnand n'est pas sans lucidité. En janvier 1944, les maquisards en armes sont encore relativement peu nombreux. Ils ont pour complices beaucoup de Français : Darnand en est conscient. Et il ne se trompe pas quand il dit que « la France », celle de Vichy, a besoin de la Milice. Où le fasciste Darnand déraille, c'est quand il se figure mater le soulèvement national par « une épuration énergique », par « de justes représailles » poursuivies « sans faiblesse », en frappant « impitoyablement » « les bandes qui tiennent le maquis » et « la masse de ceux qui se font leurs complices ».

Cependant, la Milice remporte un nouveau succès. A la mi-janvier, les Allemands l'autorisent à s'étendre en zone Nord. Le 27 janvier, sur les ondes de Radio-Paris, Jean Hérold-Paquis souhaite la bienvenue aux miliciens :

« Voici venir des camarades, dit-il. La nouvelle est maintenant connue : Darnand et ses miliciens, franchissant la ligne symbolique, sont désormais des nôtres en zone Nord. Il convient, sans tarder davantage, de saluer leur venue, de la saluer avec amitié, parce que ce sont des camarades...

« Aux arguments de sang, ils répondent par l'affirmation de la guerre. Ils font la guerre à la guerre, à la guerre sans nom du terrorisme, à la guerre déshonorante des assassins déshonorés.

« Camarades miliciens, soyez ici les bienvenus. Vous ne venez pas en conquérants, mais en renforts. Nous sommes avec vous parce que vous êtes des nôtres. Et nous vous tendons la main, et nous vous saluons du bras levé, et toute la France comprend qu'une armée fasciste est debout contre l'armée du crime.

« Nous gardons notre fierté d'avoir été les premiers mais nous crions notre joie de vous savoir ici. Vous étiez attendus, vous étiez désirés, vous étiez appelés. S'il y a tant de haine qui monte contre vous, c'est parce qu'il y a aussi une grande peur : la peur d'une foule qui renâcle devant les nécessités politiques, qui recule devant les évidences géographiques, et qui

doute des vérités élémentaires de sa propre histoire.
Avec vous, nous crèverons cette peur-là. »

Le plan de redressement français avait prévu, en corré-
lation avec la création du grand P. U., l'amalgame des
diverses milices dans la Milice nationale unique. Mais
Doriot et consorts se font tirer l'oreille pour le grand P. U.,
et les Allemands ont d'autres chats à fouetter. Oberg et
Abetz mettent les chefs ultras en demeure de céder leurs
armées privées à Darnand. Bout de l'An vient à Paris, il y
fait la tournée des états-majors. Déat, Bucard, Constantini
et Lebeau au nom du P. P. F. lui promettent leur soutien et
leurs troupes.

Commencé fin octobre, l'armement de la Franc-Garde se
poursuit. Le gros des armes est prélevé, avec l'accord des
Allemands, dans les stocks de l'armée d'armistice. Une
partie proviendra des parachutages alliés et des prises
faites au cours des opérations contre les maquis. De moins
d'un millier d'hommes en janvier, la Franc-Garde permanente passera à 5 000 hommes environ à la veille du débarquement, pour toute la France. Le gros problème reste de
trouver des candidats. La rémunération des francs-gardes
du rang est calquée sur celle des agents de police. C'est
assez pour séduire un petit monde de mal-nourris : représentants en chômage, garçons de bar, traîne-savate; des
garçons qui croient avoir trouvé la bonne solution pour
échapper au S. T. O. Et puis il y a les avantages en nature :
la popote, le tabac, l'uniforme (la Franc-Garde c'est sérieux, officiel, français). Les vrais guerriers de ce bord-là
sont déjà en Russie : L. V. F. SS. La Franc-Garde racle
les fonds de tiroirs. Peu de fils à papa ou de bourgeois à la
Franc-Garde permanente : ils sont « bénévoles » ou
simples miliciens. Aux postes de commandement, les seigneurs à particule et à batterie de cuisine. Ce sont eux qui
donnent le ton, France d'abord, France toujours, mais plus
« la France seule » : dépassé Maurras, il rechigne toujours
aux Allemands.

En zone Nord, la Franc-Garde puise dans les prisons.
Des condamnés, des prévenus écrivent. Qu'on les sorte de
là et ils seront dévoués corps et âme. Lettre de Roger
Berger, inculpé de vol et recel, écroué à la Santé :

« Cher Monsieur V [1]...

« Je ne sais si vous êtes au courant de mon affaire, mais, n'importe comment, je ne puis vous dévoiler les détails et le fond de mon affaire par lettre.

« Actuellement, je suis sans nouvelles de D. Je serais heureux de savoir s'il est arrêté ou s'il est en fuite. En tout cas, pour le moment, c'est moi qui suis dans le trou et j'ai hâte d'en sortir. A cette fin, je vous demanderais de faire une petite commission.

« Il y a environ deux mois, j'ai signé par l'intermédiaire du parti franciste un engagement pour entrer dans la Milice de réserve. C'est D. qui m'avait poussé à cet engagement. Vous devinez pourquoi. Il s'agirait pour vous d'aller trouver le docteur Rainsart, 27, boulevard des Italiens. C'est le chef de la Milice franciste. Vous pourriez lui expliquer que j'ai fait une bêtise et que je suis disposé à la racheter en transformant mon engagement de réserviste en engagement dans la Franc-Garde active. A lui de se débrouiller pour me faire sortir. Vous pourriez aussi aller trouver directement un chef milicien, 44, rue Le Peletier.

« Il est arrivé que des prisonniers d'ici aient réussi à sortir, par connaissance, en signant un engagement dans la Gestapo. Je sais que vous avez des accointances dans ces milieux. Je vous serai reconnaissant de tout ce que vous pourriez faire pour moi en ce sens, ou pour toute autre combinaison qu'il vous plaira... »

Comme on voit, le volontaire Roger Berger n'est pas regardant : Franc-Garde ou Gestapo, ce qu'on voudra.

Une autre lettre, celle de Pierre Robic, en date du 15 avril 1944, adressée à monsieur le Secrétaire général de la Milice française, 44, rue Le Peletier, Paris, IXe.

Pierre Robic, âgé de vingt-sept ans, condamné à dix mois de prison pour escroquerie le 10 octobre 1942, indicateur du 2e Service de la Milice de Paris à partir de janvier 1944, a été de nouveau incarcéré et condamné à dix-huit mois de prison et à la relégation le 7 mars 1944 pour émission de chèques sans provision et escroquerie.

1. Document inédit.

Il écrit :

> « Monsieur[1],
>
> « Comme suite aux différentes lettres que je vous ai adressées, j'ai eu avant-hier la visite de votre envoyé.
>
> « Je vous rappelle qu'afin de vous prouver ma bonne foi, je vous prie de me punir très sévèrement dans le cas où mes déclarations seraient inexactes ou imaginaires et je vous garantis à nouveau l'authenticité absolue de mes informations.
>
> « Je vous indique d'ailleurs, avec la feuille ci-jointe, comment, à mon avis, il faut opérer pour obtenir un résultat aux affaires dont je vous entretenais. Une fois celui-ci acquis, je vous demanderai, en échange, de bien vouloir me faire libérer définitivement, afin que je puisse continuer à travailler pour votre service, si possible, officiellement... »

L'envoyé du secrétaire général auquel le détenu Robic fait allusion est l'un des chefs du 2e Service de la Milice de Paris, Letourneau, qui visite les prisons grâce à un permis délivré par la direction de l'administration pénitentiaire, sous l'autorité de Pierre Laval, ministre de l'Intérieur, pour y dépister les cas intéressants.

Ces cas extrêmes d'individus récupérés dans les prisons n'auront lieu qu'en zone Nord où la Milice nouvelle venue recrutait particulièrement mal et où les chefs collaborationnistes, de longue date, avaient coutume d'enrôler dans leurs équipes la lie des coquins, comme le faisaient les Allemands eux-mêmes. Mais ce qui eut lieu cent fois, partout, c'est le marché. Un tel fait du marché noir, ou a commis un petit vol, une escroquerie, une indélicatesse. Les policiers qui l'arrêtent lui donnent le choix : la Milice ou la prison.

Hugues B. a vingt ans en 1944. Il est ouvrier sur une drague en Gironde. Un jour d'avril 1944, sa petite amie vient le trouver, en larmes. Bonne à tout faire, elle est accusée d'avoir dérobé 2 000 francs à ses employeurs. Il faut rembourser. Hugues B. n'a pas d'argent. Il vole

---

1. Document inédit.

25 kilos de charbon sur la drague, pour les vendre. Il est pris. Les policiers lui proposent le marché habituel. Hugues B. s'engage dans la Franc-Garde à Poitiers. Trois semaines il fait du maniement d'armes et puis, quand il apprend qu'il va partir en opération contre le maquis, il déserte et passe à la Résistance. Après la Libération, il fait campagne en Allemagne avec la 1re Armée. Il rentre en France en 1946. Entre-temps la cour de justice de Poitiers l'a condamné à mort. Il est arrêté, il passe en jugement devant la cour de la Seine. Il est acquitté le 8 mars 1949.

Autre cas : celui d'un volontaire tout à fait volontaire, Gil Prigent dit Julot, cinq condamnations, souteneur.

Dans la nuit du 28 au 29 juin 1944, boulevard Saint-Denis à Paris, trois gardiens de la paix, alertés par des cris, aperçoivent un homme et une femme en train d'échanger des coups. Ils s'approchent. Ils s'interposent. L'homme (Julot) leur déclare :

— Cette femme ne veut pas m'obéir. Arrêtez-la !

— Pourquoi? demandent les agents, stupéfaits.

Alors Julot est sublime. Il sort de sa poche une carte barrée de tricolore avec gamma et répond simplement :

— Maintien de l'Ordre !

Les agents emmènent Julot, griffé, et sa dame, battue, au commissariat des Arts et Métiers. En dix minutes l'affaire est éclaircie. Julot corrigeait une débutante qui ne « travaillait » pas assez. Elle est relâchée. Julot, vexé, se hisse au niveau des grands problèmes :

— Vous êtes des ennemis de l'Europe nouvelle, dit-il aux policiers. Vous serez tous fusillés.

Cette menace vaudra à l'Européen Julot de se retrouver devant la Cour de Justice de la Seine, en août 1948, où il écopera de sa sixième condamnation, pour intelligences avec l'ennemi.

Darnand s'est installé à l'hôtel Thermal. Ses collaborateurs fonctionnaires de métier s'apercevront bientôt qu'il travaille irrégulièrement, qu'il n'est pas un homme de bureau, qu'il passe beaucoup plus de temps à sillonner la France qu'à étudier les dossiers.

Darnand secrétaire général au Maintien de l'Ordre, cela

va être l'invasion de l'administration, des rouages de l'Etat et de la France elle-même par la Milice. La bande à « Jo » par la porte ouverte s'installe aux leviers de commande.

Directeur de cabinet de Darnand au Maintien de l'Ordre : Raymond Clémoz, officier de marine marchande; chef de cabinet, Emile Coutret, l'avocat de Darnand à Nice. Délégué général du Maintien de l'Ordre en zone Nord, Max Knipping. Tous miliciens.

A la Milice, pas de changements : Bout de l'An est secrétaire général adjoint; Jean Degans, chef du 2ᵉ Service; Marcel Gombert, chef du service de sécurité; Fontaine dirige le service financier; Carus, les effectifs.

Darnand manque d'hommes pour encadrer la Milice en cours d'extension. Il fait rappeler du front russe Jean Bassompierre et François Gaucher. Bassompierre est nommé inspecteur général, François Gaucher délégué général en zone Sud. Directeur de la propagande, Maurice Bertheux, ex-professeur au lycée d'Annecy..

Au titre du Maintien de l'Ordre, Darnand est secondé par un état-major technique composé d'officiers d'active : colonels Waringhem et Charles Dupuy, commandants Marcel Laguens, Jean Marty [1], Paul Linglet, Louis Guelot, Louis de Rosnay et Maurice Barbannaud. C'est cet état-major technique qui prépare les plans d'opération. Mais Darnand a d'autres conseillers militaires, non moins écoutés, comme de Vaugelas et le général Lavigne-Delville, ancien de la Cagoule et du M. S. R. Le général de Saint-Julien, inspecteur général de la Milice en zone Sud, n'a qu'un rôle honorifique.

Darnand ayant des fonctions multiples (en juin, il sera nommé secrétaire d'Etat à l'Intérieur), à partir du début de 1944 son adjoint Francis Bout de l'An grandit en importance. Au niveau de la Milice, c'est assez souvent Bout de l'An qui prendra les décisions. Et il y a une autre raison. A Vichy, c'est bien plus souvent Bout de l'An que Darnand qui sera en contact avec Laval, qui l'apprécie (le professeur Bout de l'An, qui vient de la gauche, est intellectuellement plus proche de Laval que Darnand), qui songera

---

1. Le commandant Jean Marty était membre du Parti nationaliste breton, dont nous aurons à parler dans un prochain chapitre à propos des opérations en Bretagne.

même à le nommer lui Bout de l'An, et non pas Darnand,
secrétaire d'Etat à l'Intérieur (Laval renoncera à son projet qui n'eût pas manqué de mécontenter Darnand et de
provoquer une levée de boucliers du gros des chefs).

Du point de vue idéologique, Bout de l'An est bien plus
collaborationniste que Darnand. Il est par contre moins
répressif : ce n'est pas un guerrier. Mais Bout de l'An est
de petite taille. Il est très myope. Il n'a pas le physique du
chef fasciste. Il n'a pas non plus le passé militaire de
Darnand. Les seigneurs de la Milice n'aiment guère Bout
de l'An. Chaque fois qu'ils le peuvent, les grands feudataires lui tirent dans les jambes. Cela ne va pas jusqu'à la
révolte ouverte parce que Darnand soutient Bout de l'An,
qui l'agace mais qui a des idées et qui parle comme un
livre. Bout de l'An n'est jamais à court. Il fuse d'Histoire
de France. Incollable. Mais quand par hasard il oublie ses
lunettes, il se cogne dans les meubles.

Depuis les attentats, les deux extrémités de la rue
Durant-Fardel sont barrées par des chevaux de frise. Le
service de réception du chef Rouchouze a disparu. A sa
place, depuis fin 1943, il y a le Groupe spécial de sécurité
(G. S. S.) du chef Tomasi (le Tomasi qui avait fait défection à Saint-Martin-d'Uriage : il est monté en grade). Le
Groupe spécial de sécurité comprend environ deux cents
gaillards triés sur le volet : des intraitables, des rigoureux.
Ils ont droit en sus du gamma à un insigne avec tibias et
tête de mort : on sait à qui on a affaire.

Le G. S. S. relève du chef Marcel Gombert (il est « service de sécurité »). Gombert n'aime pas trop Bout de l'An.
Bout de l'An est le supérieur hiérarchique de Gombert.
Menues frictions. Ça s'apaise. Tomasi dit Barberousse
(parce qu'il porte la barbe et qu'elle est rousse) claque les
talons à l'un, à l'autre. Il s'est pris d'affection pour le chef
Bout de l'An, respectueusement.

Un matin, Bout de l'An muni de ses lunettes descend
passer en revue le G. S. S. Présentation du chef Tomasi.
Présentez armes. Le petit Bout de l'An, la tête en avant,
passe sous le nez des deux cents terribles. A un moment il
s'arrête, il attrape un bouton sur une poitrine, il le tire et
dit l'air sec :

— Ce bouton ne tient pas, Tomasi.

Le chef Tomasi ne dit rien sur l'instant, mais son âme chancelle. Une demi-heure plus tard, Bout de l'An a repris place à son bureau de travail. On frappe à la porte. Entre Tomasi, la figure raide comme du bois, le bouton criminel dans le creux de la main. Il s'approche du bureau, pose le bouton dessus, joint les talons et dit d'une voix sépulcrale :

— Chef, je vous demande la permission de me brûler la cervelle.

Et il ouvre l'étui de son pistolet.

Bout de l'An regarde Tomasi. Il se lève. C'est un grand moment.

— Tomasi, dit Bout de l'An avec sévérité, je vous interdis de faire cette sottise. La France a besoin d'hommes tels que vous.

Tomasi n'ose pas embrasser Bout de l'An. Il sort en vitesse pour cacher ses larmes [1].

Pour ses déplacements, en voiture ou à pied, Bout de l'An est escorté par un garde du corps, qui n'est autre que Rouchouze. Rouchouze suit Bout de l'An partout. Généralement, ils vont en traction avant. Comme Bout de l'An est très myope et que Rouchouze, depuis sa blessure, n'y voit pas très clair, ils seraient fichus tous les deux de passer au milieu d'une foule de « terros [2] » et de « partoches [3] » sans même s'en apercevoir. Heureusement il y a Jame, le chauffeur, un antianglais féroce (son frère a été blessé à Mers el-Kébir). Jame, tout en conduisant, scrute les fourrés, les crêtes, les pentes, les escarpements : pan ! ils giclent.

Bout de l'An et son inséparable garde du corps ne tardent pas à être connus à Vichy du grand et du petit monde. Les méchants appellent Rouchouze l' « ours frisé » (parce qu'il marche en se dandinant et parce qu'il frise) et Bout de l'An, « Bout de Zan » (on devine pourquoi).

Avec Otto Abetz (qu'il connaît depuis l'automne), Bout de l'An a en commun la passion du *Grand Meaulnes*, d'Alain Fournier. Le professeur Bout de l'An, à force de recherches, a retrouvé l'école, la fameuse école où Meaulnes rentrait épuisé et somnolent après ses escapades extra-

1. Le chef Tomasi et le G. S. S. de Vichy opéreront dans l'Allier, dans les Alpes et en Dordogne. Voir les chapitres suivants.
2. Terroristes.
3. Partisans.

terrestres. Un bel après-midi où les terros lui laissent un moment de tranquillité, Bout de l'An fonce à Epineuil-le Fleuriel avec une équipe de sécurité. L'instituteur est en train de faire la classe. Les miliciens sautent des voitures et se postent avec le cérémonial habituel, figures terribles et mitraillettes en travers du ventre. Bout de l'An entre dans la classe, se présente et demande à l'instituteur s'il connaît le Grand Meaulnes.

— Non, répond l'instituteur, et il commence à bégayer, et on voit que c'est l'homme à mourir sous la torture : il ne parlera pas.

— Vous devriez, dit Bout de l'An avec force et méchanceté sournoise inouïe.

Mais Bout de l'An a bon cœur ce jour-là; et puis il a été lui aussi, jadis, il y a bien longtemps, du parti instituteur humaniste scientiste : il repart sans avoir sévi [1].

Le bras séculier à Vichy, les tout à fait méchants, ce sont Gombert, ses lieutenants, ses équipes : au château des Brosses le chef Henri Millou; au Petit Casino à partir d'avril, le commissaire Poinsot. On leur amène les suspects. Ils les interrogent. Les obstinés silencieux, les pas causants, on les passe au fouet, au ceinturon, à la dynamo, au frigidaire; on leur arrache la peau, on leur écrase les doigts de pied. La fine équipe spécialiste des questions et « promenades » est composée de Develle, Cordier, Desbard, Sobrier, Beranger, Gouverneur, Millou soi-même, de temps à autre Tomasi et Gombert.

A Lyon, fief du chef Lécussan, l'état-major régional [2] cantonne dans les locaux réquisitionnés du *Progrès de Lyon*. La ville est dangereuse. Allemands et collabos d'un côté, résistants de l'autre font les nuits crépitantes, l'angoisse des jours, la vie terrée secouée aux éclatements et aux rafales, les flaques de sang, les faux ivres qui s'enfuient en titubant, les courses, les contrôles, les rafles.

Côté Milice, le 2e Service a d'abord été dirigé par le chef de Susini. De Susini a été limogé par Lécussan : sa femme renseignait le maquis. A Susini a succédé le chef Touvier.

---

1. Francis Bout de l'An m'a conté lui-même cette anecdote.
2. La région de Lyon comprenait les départements suivants : Haute-Savoie, Savoie, Isère, Drôme, Ardèche, Loire, Rhône, Ain.

Lécussan accuse Touvier et son équipe de pillages. L'affaire va jusqu'au grand manitou du 2ᵉ Service, Degans. Degans soutient Touvier. Lécussan crée alors sa propre équipe de renseignements, avec le Russe blanc Pauverine, ancien de la Cagoule, qui travaille ouvertement avec le SD. Puis Lécussan se brouille avec Pauverine. Ils s'accusent mutuellement de gangstérisme. Arbitrage du grand état-major de Vichy. Match nul. Lécussan met sur pied une troisième équipe, commandée par le chef Roger Rondaux. Rondaux, condamné à cinq ans de réclusion pour meurtre en 1938 (cour d'assises du Var) est à la fois membre du P. P. F., de la Gestapo et inspecteur de la Milice.

Toutes ces équipes pratiquent systématiquement le vol et l'extorsion de fonds. Chacune a son petit quartier général, ses suspects, ses prisonniers. Toute la région lyonnaise est écumée. Le milicien Gérard de l'équipe de Pauverine est tué par des miliciens de l'équipe de Touvier à la suite d'un partage de butin qui a mal tourné.

Lécussan décide de mettre de l'ordre. Il fait arrêter par des inspecteurs du service de sécurité trois miliciens de l'équipe de Pauverine : Deléage, Parent et Hutin. Les trois hommes sont conduits à Vichy. Marcel Gombert, après les avoir interrogés, les incorpore dans son service de sécurité. Lécussan proteste auprès de Darnand.

Dans la région de Lyon, particulièrement gâtée, opéreront d'autres virulents de première catégorie : le chef Raoul Dugast, inspecteur national de la propagande; le chef Georges-Louis Marionnet, le lieutenant Dagostini, Di Constanzo, Tomasi et le G. S. S.

A Paris, le Maintien de l'Ordre a son siège à l'hôtel particulier du Chocolat Menier, 61, rue Monceau, et la Milice dans l'immeuble du parti communiste, 44, rue Le Peletier. Le service de sécurité est installé rue Alphonse-de-Neuville, l'état-major de la région parisienne, 34, rue de Châteaudun. La Milice occupe aussi la synagogue d'Auteuil et divers immeubles réquisitionnés dont l'hôtel Royal Navarin, rue Navarin, où sont logées des personnalités.

Délégué général au Maintien de l'Ordre en zone Nord,

Max Knipping, ex-chef régional à Marseille où lui a succédé le docteur Durandy.

Officier de liaison auprès du secrétariat général au Maintien de l'Ordre, Maurice de la Gatinais.

Chef régional de la Milice d'Ile-de-France, André de Larivière.

Chef de la Franc-Garde de l'Ile-de-France, capitaine Emile de Monneuse.

Au commandement des équipes de sécurité (ici aussi il en existe plusieurs), le Niçois Fréchoux, André Bousquet, Georges Bouttier, Louis-Gustave Constant.

Chef du 2e Service en zone Nord : Georges Belz.

Délégué général de la Milice en zone Nord, François Gaucher; inspecteurs généraux zone Nord : Henry Charbonneau (le directeur de *Combats*) et Roger Poisson.

Participent à la formation de la Milice en zone Nord, Georges Radici, chef de cabinet de Max Knipping, et Pierre Gallet.

Le directeur de la propagande en zone Nord, c'est Claude Maubourguet, le colosse, l'aryen magnifique, secrétaire général de *Je Suis Partout*. Appelé à siéger dans une cour martiale, le secrétaire général de l'implacable *Je Suis Partout*, « le journal qui ne recule pas », s'y montrera peu enclin à faire couler le sang : Darnand et Laval tourneront en dérision cette timidité.

Max Knipping, né en 1892 à Reims, officier aviateur de réserve, a eu une conduite très brillante pendant la Première Guerre mondiale. Il a reçu une instruction secondaire, il n'est pas bachelier. Après 1918, il est pilote de ligne, il remporte deux records du monde. Vers 1925, sans emploi, il obtient d'un de ses camarades, directeur de la société d'accumulateurs A. M. V. à Cachan, la gestion de l'agence de Reims de cette société.

Passionné d'aviation, Max Knipping s'adapte mal à la vie civile. Il a de multiples liaisons, il dépense sans compter, il aime le risque. La succursale de Reims fait de mauvaises affaires. Elle a bientôt un passif de 120 000 francs.

En août 1939, Max Knipping est mobilisé dans l'aviation et démobilisé un an plus tard, à Istres, avec le grade de colonel. Il s'installe à Avignon où il ouvre un magasin de photographie. C'est ensuite l'adhésion à la Légion des

Combattants, puis au S. O. L. dont il devient le chef dans le
Vaucluse, puis la Milice. Knipping vend son magasin.

Chef régional à Marseille, il était en très bons termes
avec les Allemands de qui, en octobre 1943, il a reçu des
armes. Il en sera de même à Paris avec Oberg, son chef
d'état-major Hagen (« fort intelligent, dit Knipping, mais
n'aimant pas la France »), le colonel Knochen, le commandant Noseck, le lieutenant-colonel Bickler, chef du service
de renseignements, et l'ambassadeur Otto Abetz. Max
Knipping a de gros besoins d'argent. Un rapport des services du commandant Noseck le présente comme : « Utile à
condition d'être couvert dans certaines opérations de rac-
ket. »

Selon Max Knipping, les rapports entre le Maintien de
l'Ordre et les Allemands en zone Nord étaient comme suit :

> « Toutes les semaines (le jeudi) avait lieu au P. C. du
> général Oberg une conférence à laquelle assistaient 3
> ou 4 officiers allemands et 2 ou 3 représentants du
> Maintien de l'Ordre.
>
> « Ces conférences avaient pour but d'examiner ver-
> balement les questions les plus diverses qui étaient en
> suspens, telles que mesures à prendre contre le sabo-
> tage des lignes électriques, canaux ou voies ferrées; les
> questions de personnel y étaient étudiées de très près.
> Chaque fonctionnaire avait un dossier chez les Alle-
> mands (jusqu'à l'échelon d'inspecteurs de police ou
> d'officiers subalternes de la gendarmerie, de la garde
> ou des G. M. R.).
>
> « Ils étaient notés d'après les renseignements fournis
> par les « kommandeurs » régionaux; classés en « gaul-
> listes » ou « amis des Allemands »; le docteur Kuebler,
> qui était le chef de ce service, m'indiquait ceux qui
> devaient faire l'objet d'avancement et ceux qui étaient
> à surveiller, à limoger, voire à arrêter [1]. »

Selon un officier de police, le commandant L. G., c'était,
au contraire, Knipping et la Milice qui dressaient les listes
des fonctionnaires suspects, listes qu'ils remettaient aux
Allemands.

---

1. Document inédit.

En fait, ce qui se passait aux conférences en question, c'est que les Allemands et le Maintien de l'Ordre confrontaient leurs renseignements. Knipping ajoute :

> « De plus, j'ai été appelé à assister une demi-douzaine de fois à la conférence interministérielle qui se tenait à l'hôtel Majestic, pour représenter M. Darnand. A cette conférence assistaient régulièrement MM. Bichelonne et Déat. Elle avait pour but d'étudier les modalités d'envoi de travailleurs en Allemagne.
>
> « Le Maintien de l'Ordre y était représenté à titre de renseignements pour fournir des explications sur les mesures prescrites pour rechercher les réfractaires au S. T. O... »

Les fonctionnaires placés sous les ordres de Max Knipping constatent très vite « l'incompétence notoire » de leur nouveau chef, « tant en matière administrative que policière ». Knipping ne s'intéresse vraiment qu'à la Milice et à son implantation en zone Nord. Le 18 février 1944, avec Henry Charbonneau, il la présente dans une réunion publique au cinéma Marivaux, disant : « Nous voulons l'entente européenne, et notamment l'entente avec l'Allemagne, car nous avons compris que l'ennemi de la France n'était pas l'Allemand mais l'Anglais. Nous aiderons de toutes nos forces l'Allemagne à vaincre le bolchevisme et ses alliés. »

Henry Charbonneau, de son côté, rappelle les 21 points, brosse un portrait du milicien idéal (« antigaulliste, anticommuniste, antiparlementaire, anti-franc-maçon, antijuif ») et annonce que la Milice rendra coup pour coup.

La Milice, en zone Nord, échoue à peu près complètement. Elle n'est pas ici l'héritière du S. O. L. de 1941 venu graduellement à la collaboration. Le P. P. F. et les groupuscules style R. N. P. ont depuis longtemps fait le plein des fascistes, nazis, pro-Allemands. Aussi la Milice récolte les plus énergumènes de la trahison, les bandes de gangsters à baudrier et à brassard, les indicateurs appointés par la Gestapo. Et encore la situation est passablement embrouillée. Les « milices » et « services d'ordre » des partis collaborationnistes, enrôlés sous le signe du gamma, dépendent toujours plus ou moins de leurs anciens patrons.

Les rapports entre la Milice et les partis collaborationnistes sont médiocres. Déat, qui espérait mettre Darnand dans sa poche, s'est aperçu qu'il s'était fourré le doigt dans l'œil. Parce que lui, le « plan de redressement » ne lui a pas tellement réussi (il n'entrera au gouvernement qu'en mars). Les autres « chefs » se rendent compte que leurs protecteurs habituels, les Allemands, sont en train de jouer contre eux la Milice, plus utile, plus intéressante (le professeur Déat ou le gras Bucard, on ne les imagine pas escaladant les pentes, mitraillette en bandoulière, et Doriot est en Russie).

La réaction des collaborationnistes est, comme d'habitude, la surenchère. En avril, Marcel Bucard déclarera aux militants francistes :

> « Pour moi, il faut qu'on le sache, j'aimerais mieux mourir en combattant aux côtés des Allemands, même vaincus, que de vivre sous le joug de nos maîtres d'hier réinstallés par les Anglais et les Américains sur le territoire national... Si demain les Anglais et les Américains débarquaient sur notre sol, vous avez le devoir de vous mettre immédiatement aux ordres, mais oui, aux ordres, il n'y a pas d'humiliation à cela, des autorités d'occupation. »

Quant au professeur Déat, totalement émerveillé par l'épopée SS contre les judéo-bolcheviques, il écrira en mai dans *Devenir, journal de combat de la communauté européenne*, appelant Valmy à la rescousse :

> « N'y a-t-il pas un parallélisme évident entre cette nouvelle et épique aventure et celle de l'An II? Les soldats de la Waffen SS sont, eux aussi, des soldats politiques. Ce sont des SS qui ont pris les armes, ce sont des militants devenus soldats et, bien entendu, des soldats d'élite. »

Le P. P. F. de Doriot restant en zone Nord le mouvement collaborationniste le plus important, Abetz et Oberg tenteront à plusieurs reprises, au printemps 1944, d'obtenir la sainte alliance de Doriot et de Darnand. Plusieurs rencontres auront lieu. La dernière, en juin, finira en rupture. Darnand et Doriot sont rivaux, et les miliciens de la zone Sud, surtout les « militaires », reprochent aux doriotistes d'être pro-Allemands » : pour eux les Allemands sont seulement des alliés.

Y compris la Franc-Garde, la Milice ne dépassera jamais 3 000 à 4 000 adhérents en zone Nord, dont environ 400 à Paris. Sauf en Bretagne, en Gironde et en Bourgogne, la Milice y fera peu d'opérations importantes contre les maquis. Il y aura, en revanche, énormément de perquisitions, d'arrestations, de vols, d'extorsions de fonds. Au siège de la Milice, 44, rue Le Peletier, le tortionnaire en chef est un ex-barman de Nice, Georges Cornet dit Fredo-la-Terreur, dit aussi Fredo-la-Moulinette à cause de sa spécialité : la dynamo, l'électricité. « Quand j'interroge, dit Fredo, il faut parler ou crever. »

Il a sous ses ordres les miliciens Pierre Grangey, Pierre Lambert, Bernard Fesler, Marcel Roland, la femme Bregtzer née Juliette Stein. Le bras droit du chef Fredo, Roland Angerer, souteneur à Belleville, est appointé en outre par le SD. Rue Alphonse-de-Neuville, au siège du 2e Service, opère une autre équipe sous le commandement du chef Louis Constant, inspecteur de la Milice. Là aussi on cogne dur.

A l'école des cadres de Saint-Martin-d'Uriage, cependant, le chef Jean de Vaugelas, ex-officier d'aviation, a succédé à de la Noüe du Vair bouté hors de la Milice après sa félonie. Grand et blond, de carrure athlétique, de Vaugelas est monarchiste. Il a deux adjoints, Paul Mascarelli-Giaume, assureur, monarchiste également, pour l'instruction politique des aspirants et des stagiaires, et le capitaine Emile Raybaud, saint-cyrien de la promotion Joffre, officier de chasseurs, chargé de l'instruction militaire. En février, de Vaugelas prendra le commandement de l'unité de la Franc-Garde qui participera à l'attaque des Glières. Le capitaine Raybaud lui succédera à la direction de l'école. Le lieutenant Géromini sera son adjoint pour les questions militaires.

Quand il arrive à Saint-Martin-d'Uriage, le lieutenant Géromini ne regrette plus de s'être laissé convaincre par

Darnand. Il est séduit par le décor, le château sur son
éperon, l'ambiance qui règne à l'école : la France à refaire,
la nouvelle chevalerie. Ce qui le chagrine c'est que les
aspirants et stagiaires qui sont là ont décoré leurs cham-
brées avec des photographies de soldats allemands et de
SS. découpées dans *Signal*. Géromini ordonne d'ôter ces
photographies. Les miliciens n'en croient pas leurs oreilles,
ils sont stupéfaits.

La Milice depuis le 1ᵉʳ janvier a deux représentants au
gouvernement : le premier est Darnand, le second est
Philippe Henriot, secrétaire d'Etat à l'Information et à la
Propagande.

Qui ne se souvient des allocutions de Philippe Henriot?
Deux fois par jour pendant six mois, jusqu'au 28 juin 1944,
cet orateur doué et passionné a exhorté les Français à la
soumission à Vichy, à la collaboration avec l'ennemi, à la
lutte contre d'autres Français. Habile, il savait pincer les
cordes sensibles. Sincère comme le sont les partisans, il a
beaucoup menti. Rival de Jean Hérold-Paquis, il était plus
adroit. Il était fasciste de longue date; il est mort
convaincu que l'Allemagne gagnerait la guerre : tout est
venu de cela.

Philippe Henriot est né en 1889 à Reims. Il est le fils
d'un officier d'infanterie. Famille chrétienne et traditionaliste. Il fait de bonnes études, dans des institutions religieuses, puis à la Sorbonne. Licencié ès lettres, il devient
professeur de l'enseignement libre à Saint-Foy-la-Grande.
La politique l'attire. En 1925, il entre à la Fédération
catholique du général de Castelnau. En 1932, il est élu
député de la Gironde et devient le vice-président de la
Fédération républicaine de Louis Marin. Dès cette époque
il est antirépublicain, fasciste, grand admirateur de Mussolini, plus tard de Franco. Fondamentalement, Philippe
Henriot est un petit-bourgeois de province rétrograde qui
rêve d'un âge d'or radicalement inaccessible : la France de
jadis, patriarcale, chrétienne, obéissante, sans communistes, sans socialistes, sans francs-maçons, sans capita-
listes aussi de préférence, sans industries, sans ouvriers :
un jardin dont l'entrée est farouchement défendue, où de

saints prêtres bénissent d'honnêtes mariages, où des fils d'officier s'unissent à des filles de notaire, sans cri, sans trouble-fête, pour que le monde tourne rond.

Henriot est réélu en 1936. En 1938, il est l'un des plus ardents Munichois de la Chambre. En juin 1940, il se rallie à Pétain, il devient l'un des hérauts de la Révolution nationale, aux côtés de Paul Creyssel, directeur de la Propagande. En mars 1943, il s'inscrit à la Milice dont il portera désormais l'uniforme. A l'été, il se rend en Allemagne. Fasciste, raciste, anticommuniste, antisémite, il ne peut qu'enchanter les Allemands. Désormais, ils le poussent. Le voilà arrivé.

Les ennemis que Philippe Henriot va désigner jusqu'à son dernier jour à la vindicte publique, ce sont les communistes, les Juifs et leurs alliés, les « faux patriotes » et les « nègres américains ».

Les gens du maquis sont « des assassins d'enfants, des affameurs d'enfants » (le 9 février 1944); « des individus qui ne peuvent vivre que de pillages et de vols » (le 2 mars 1944); « des coquins », « des meneurs qui travaillent pour le compte de l'Internationale bolcheviste », « des lâches ».

D'ailleurs, ce sont des étrangers :

« Chaque fois que la Milice arrive à s'emparer de ces patriotes, les chefs sont des Polonais, des Espagnols ou des Hongrois. » (Le 2 mars 1944.)

« Nos campagnes sont en train, dans certaines régions, de devenir inhabitables parce que des Juifs étrangers, des Polonais, des Hongrois, des Espagnols, toute la racaille internationale introduite naguère par Blum et Rucart et qui obéit à Marty — et Marty et Rucart sont vos collègues, messieurs d'Alger — toute cette pègre que Darnand est en train de mettre à la raison, n'attaque qu'à dix contre un et fuit dès qu'elle trouve une riposte. » (Le 31 mars 1944.)

« Tout se tient. Tout cela fait partie d'une opération montée dans ses moindres détails par le communisme et par les Juifs... Et il n'y aura ni débarquement, ni libération, mais proclamation de la république socialiste soviétique de France. » (Le 30 mai 1944.)

Il n'y aura donc pas de libération. Que les Français ne le regrettent pas car ce serait « la France dépouillée de ses colonies, livrée au bolchevisme et occupée par les nègres ». (Le 7 mai 1944.)

A propos du débarquement qui n'aura pas lieu :

> « Militairement, les Anglo-Américains savent qu'ils courent au plus retentissant échec de leur histoire. » (Le 17 mai 1944.)

Thème numéro 1 de la propagande collaborationniste : c'est seulement entre Hitler et Staline que le choix est possible :

> « Nous n'avons pas cessé de répéter qur l'hypothèse d'une victoire anglo-américaine est exclue et qu'il ne peut y avoir, comme conclusion de cette guerre, qu'une victoire allemande ou une victoire soviétique. » (Le 14 avril 1944.)

Ce sont les Américains et non pas les Allemands qui sont à bout de souffle. La preuve :

« A la suite des pertes qu'ils éprouvent, les Américains en sont réduits, pour trouver encore des équipages, à offrir des retraites confortables à ceux qui auront réussi à faire huit raids sur l'Allemagne et à en revenir vivants. » (Le 6 mars 1944.)

Les raids sur l'Allemagne sont absolument sans effet :

> « Rien de ce qu'ils ont détruit (les Alliés) n'avait la moindre importance pour la conduite de la guerre... Traverser l'Allemagne offre un spectacle à la fois pittoresque et grandiose... » (Le 6 juin 1944, jour du débarquement.)

En dépit de leur insuccès total, les Anglo-Américains, avec une « sauvagerie furieuse », s'acharnent sur « les plus magnifiques richesses que l'humanité ait, au cours des siècles, accumulees ». Pourtant :

> « Si les Anglo-Américains comptent sur la guerre aérienne pour remporter la victoire, ils se trompent

lourdement. L'Allemagne, avant d'être détruite, en a pour des dizaines d'années. Quand elle le sera, elle se fera souterraine. C'est ce que comprennent tardivement des gens qui espéraient être dispensés de se battre et qui sont obligés de reconnaître que c'est en pure perte qu'ils saccagent une civilisation qui ne veut pas capituler. » (Le 6 juin 1944.)

Que l'enthousiasme d'Henriot pour la magnifique civilisation hitlérienne n'incite pas les Français à croire qu'il est au service des Allemands : ils se tromperaient.

« Je mets bien au défi un de mes insulteurs de citer un exemple, un texte, où je fasse de la propagande allemande. Je n'ai été chargé que de la propagande française et je la fais de toute mon âme et avec l'espoir de contrarier de mon mieux l'action de l'ennemi, le communisme. » (Le 7 mai 1944.)

Philippe Henriot a pour ennemi le communisme. Les Français, eux, continuent de croire que l'ennemi ce sont les Allemands. Ils ne comprennent rien à rien. A quoi bon essayer de les convaincre?

« Quand vous les invitez à se souvenir que la défaite nous a laissé un lourd héritage, ils vous déclarent vendus, puisqu'ils ont décidé, en ce qui les concerne, de nier la défaite. Car, pour eux, le patriotisme ne peut se réfugier que dans une résistance qui est d'abord une négation des faits passés et ensuite une prédiction audacieuse d'un avenir incertain. » (Le 10 février 1944.)

Eh oui! là gît le mal : les Français refusent d'accepter que la France soit abaissée. Outré, Philippe Henriot dénonce « le chauvinisme revanchard qui sommeille au cœur des vaincus »; il convient, dit-il, « de faire table rase des rancunes d'hier ». (Le 17 avril 1944.) D'ailleurs « le patriotisme ne consiste-t-il pas à pouvoir regarder sans rougir et sans baisser les yeux, même un peuple qui vous a vaincu, quand on est sûr d'avoir tout fait pour forcer son estime »? (Le 9 juin 1944.)

Des esprits moins clairvoyants qu'Henriot pourraient imaginer que le plus sûr moyen de « forcer l'estime » d'un peuple « qui vous a vaincu » pour pouvoir le regarder « sans rougir et sans baisser les yeux », est de lui rendre la monnaie de sa pièce. Ces mêmes esprits bornés à qui Henriot ne cesse de donner l'hitlérisme en exemple pourraient même finir par vouloir imiter l'Hitler d'après 1918, le revanchard Hitler. Non, non, surtout pas :

> « Lorsque M. Hitler a écrit *Mein Kampf*, il cherchait à rallier son pays désorienté et découragé par la défaite autour d'une idée de revanche que nous comprenons d'autant mieux que c'est celle contre laquelle il nous faut réagir pour accepter loyalement l'idée d'une collaboration européenne. » (Le 5 mars 1944.)

C'est donc seulement contre les communistes, les Juifs et les nègres que les Français doivent prendre exemple sur Hitler.

Philippe Henriot abhorre les « bandits communistes », « la pègre internationale », « les régiments rouges qui descendront les Champs-Elysées », mais il n'est pas plus tendre à l'endroit des maquis blancs de l'A. S. :

> « Les maigres renforts qu'apportent aux péroreurs les terroristes qui racolent par l'effroi et le chantage, ne suffisent plus à combler les vides qui se creusent dans les rangs de l'armée secrète rassemblée par l'anti-France. » (Le 6 mars 1944.)
>
> « L'armée secrète, ce mot qui séduit les niais et qui enthousiasme les revanchards, ce mot ne couvre qu'un ramassis de gens, dont ceux qui s'y sont laissé prendre ne peuvent plus que suivre aveuglément leurs meneurs inconnus. » (Le 15 juin 1944.)

Ces meneurs inconnus, Henriot les connaît très bien. Ce sont Marty, « chef de la racaille internationale », de Gaulle, « ce fantoche doré dont la suffisance et la fatuité sont les mérites les plus éclatants », « les salariés juifs de Londres » qui éprouvent pour les Anglo-Américains « une tendresse irrésistible »; c'est même « un certain clergé en révolte qui fait cause commune avec les gaullistes, les dissidents, les réfractaires ».

A l'époque où Henriot s'adresse aux Français, il n'est pas encore de mise chez les vichyssois d'invoquer le « double jeu » de Pétain et de Laval ne cédant aux Allemands que contraints et forcés, et les trompant par-derrière. Henriot dénonce cette « hypocrisie »; il revendique pour l'Etat Français la responsabilité de ses actes :

> « L'infernale ruse des propagandes étrangères a consisté à ne jamais parler des autorités françaises et à présenter tout ce que faisait le Gouvernement comme exigé par les autorités occupantes. On a vu ainsi toutes les décisions gouvernementales travesties en ordres de l'Allemagne... Ainsi a-t-on fait croire à des âmes crédules qu'il n'y a plus en France de gouvernement français. Tout ce qui gêne les calculs des uns, les ambitions des autres, est justifié par cet argument : le Maréchal est prisonnier des Allemands, Laval est leur docile serviteur, Henriot et Darnand sont leurs hommes à tout faire. » (Le 9 mai 1944.)
>
> « La propagande de M. Pierre Dac met au compte de la Gestapo toutes les arrestations qui sont faites, en réalité, par les forces françaises du Maintien de l'Ordre, qui s'efforcent seulement de mettre hors d'état de nuire des bandits et des assassins, dont un nombre considérable sont étrangers et surtout Juifs. » (Le 19 mai 1944.)

Le 12 juin, à propos des opérations militaires en Normandie, il s'indigne de « la folie dévastatrice des Juifs et des communistes ». Le 13, il annonce que tous les soldats français qui seront capturés en Normandie seront fusillés. Le 14, il revient sur ce sujet :

> « Je vous ai rappelé hier que les Allemands ont fait savoir que tout Français trouvé dans les rangs alliés, même vêtu d'un uniforme français, n'est pas considéré comme soldat mais comme franc-tireur, puisqu'il combat en violation de la convention de La Haye et de la convention d'armistice. Chacun de ces malheureux, à

qui M. de Gaulle a persuadé qu'il suffirait d'être mobilisé par lui pour être considéré comme combattant, se
fait leurrer et reste, comme je le disais hier, client des
cours martiales. »

L'ancien secrétaire de Philippe Henriot m'a assure qu'il
disait en toute liberté ce qu'il avait envie de dire. En
vérité, pourquoi l'ennemi se serait-il donné la peine de
censurer Henriot?

Que peut-on trouver à sa décharge? Qu'il n'a pas agi par
esprit de lucre; qu'il n'a jamais varié. Avant la guerre, il
était un polémiste d'extrême droite parmi d'autres. Vichy
et les Allemands ont fait de lui un grand personnage.
Esprit étroit et brutal, le très catholique Henriot a prêché
le racisme et la haine. Secrétaire d'Etat à l'Information
d'un gouvernement dit français, il a invoqué plusieurs fois
dans ses éditoriaux les conventions internationales sur les
prisonniers, les civils, la guerre : toujours au profit des
Allemands. Pas une seule fois il ne s'est élevé contre les
atrocités hitlériennes. Il les a justifiées, disant après les
tueries de Français : « Ceux qui s'indignent des sévérités
allemandes, ce sont ceux qui les ont provoquées. »

Le massacre d'Oradour-sur-Glane eut lieu le 10 juin 1944.
Henriot fut abattu le 28. Entre ces deux dates, il a parlé
une trentaine de fois à la radio. Sans doute jugea-t-il préfé-
rable de ne pas s'aventurer : il n'a pas dit un mot d'Oradour-sur-Glane.

11

La Milice et la guerre populaire

Les caractères de l'insurrection. – Ses précédents historiques. –
État d'esprit des chefs de la Milice. – Les maquis. – Maurras et
« l'invasion métèque ». – Assassinat de Pierre Worms. – Assassinat de la famille Jourdan à Voiron. – L'isolement de la Milice. –
Comment avoir des renseignements ? – Le cas Dehan. – Les
tortionnaires, les voleurs, les assassins.

> *En dehors de sa vie politique et sociale*
> *normale, la Milice a aidé à assurer le*
> *ravitaillement, a procédé, notamment au*
> *Creusot, à Nantes, à Marseille et ailleurs*
> *encore, aux déblaiements après les bom-*
> *bardements; elle s'est employée également*
> *à faire sauter les bombes non explosées,*
> *etc. Mais sa principale activité a été*
> *évidemment la lutte contre le maquis.*
>
> Joseph Darnand.

Le temps des illusions est révolu. L'air sent la poudre.
Avec les bombardements, les attentats, les rafles, la guerre
a rattrapé tout le monde même ceux qui avaient suivi
Pétain parce que Pétain c'était la paix.

Les Allemands ne sont plus du tout corrects. Ils se préparent au dernier round. Un jour ou l'autre, c'est prévu,
les Américains débarqueront. En attendant, ils n'ont plus
seulement sur les reins les Russes à l'Est et les Alliliés en
Italie. Dans tous les pays occupés, Wotan s'use à combattre les résistants. Et ça n'en finit jamais, c'est exté-
nuant, c'est Pénélope, c'est le tonneau des Danaïdes, toujours recommencer, toujours plus de matériel, toujours
plus d'hommes : ceux d'en face, plus ils en tuent et plus il
y en a. Dieu sait pourtant que les nazis ne s'encombrent
pas d'humanisme décadent, des bobards pernicieux des
Untermenschen, sottises, fadaises à fusiller de suite, à brû-

ler sur les bûchers. « Tous les nuages viennent de la pitié »,
disait Nietzsche. Pas de pitié donc, *kaputt* la pitié, en tête
sur la liste, mais les nuages sont toujours là, de plus en
plus nombreux, de plus en plus sombres. Malheur la
guerre...

Pour la répression, les Allemands ont des unités spéciales
dressées, habituées. Ils les gardent pour les grandes occa-
sions[1]. Et puis, ils ont besoin d'hommes pour les vrais
fronts. Pour les opérations courantes de nettoyage, ils
prennent ce qu'ils ont sous la main, pas le dessus du
panier, des kyrielles d'armées Vlassof, des milices en
Ukraine, en Yougoslavie, en Norvège, aux Pays-Bas, des
gangsters partout.

Rien qu'en France seront employés contre le maquis des
Caucasiens, des Géorgiens, des Italiens, des Ukrainiens, des
Baltes, des Mongols, une légion hindoue, une légion nord-
africaine, et les « groupes d'action » du P. P. F., et les
« brigades bleues » de Bucard, et messieurs Bony, Lafont,
Pierre Loutrel, Abel Danos, Raymond Monange, tout un
petit monde d'assassins professionnels et de bagnards qui,
grâce aux nazis, trouvent enfin la sécurité de l'emploi et
des carrières qui répondent à leur vocation.

Contre les Allemands, leurs stipendiés et leurs alliés, les
résistants de France et d'ailleurs font une guerre de
pauvres (ils n'ont pas d'artillerie, pas d'aviation, pas de
chars d'assaut), avec le peuple, dans le peuple. La guerre
populaire n'est pas récente. C'est la guerre que menèrent
Jeanne d'Arc et le Grand Ferré, alors que le gros des
privilégiés, de la noblesse et des intellectuels de la Sorbonne, s'étaient ralliés à la domination anglaise; ce fut
celle des Espagnols contre les troupes françaises et le roi
fantoche que leur avait imposé Napoléon.

La guerre des Camisards contre les dragons de
Louis XIV, celle des Vendéens contre les soldats de la
République, présentent certains caractères de la guerre
populaire, mais restèrent au stade de la guérilla[2].

---

1. A la destruction du ghetto de Varsovie participeront deux unités SS
composées de condamnés de droit commun.
2. Ce n'est pas l'acharnement qui manquait. Que l'on relise les journaux des
camisards, Balzac (*Les Chouans*) et Barbey d'Aurevilly. On tuait et on se faisait
tuer beaucoup. Camisards et Vendéens échouèrent de n'avoir pu hausser leur
révolte au niveau national.

La guerre de Vendée fut, au principal, une guerre civile. En est-il de même en France sous Vichy? Certes, des Français combattent d'autres Français; mais remarquons à quel point les tenants de Vichy se trouvent en état d'infériorité par rapport à leurs adversaires; notons qu'après le départ des Allemands, il n'y aura pas une troupe de gardes mobiles, de G. M. R. ou de miliciens pour faire, pour l'honneur, « les dernières cartouches ». Ce sera la reddition ou la fuite : la fuite pour les plus compromis, l'aveu.

En fait, la France de Vichy est dans une situation de type colonial et la guerre qui se développe à partir de 1943 est une guerre coloniale où les Allemands sont le corps expéditionnaire et les résistants, les vietminhs, les fellagha.

Les Allemands, contre les résistants français, ont besoin de supplétifs autochtones. Les miliciens seront pour eux des harkis, et rien de plus : nous verrons comment les Allemands traiteront Darnand quand il ne leur sera plus utile.

La France de cette époque n'a pas connu la guerre d'Indochine et la guerre d'Algérie. Il est admis aujourd'hui, même des traditionalistes [1], que la population civile n'est pas une masse amorphe, que le peuple est une force. Les chefs miliciens en sont, eux, au XIXe siècle, sinon à l'Ancien Régime : le peuple a le droit de se taire et le devoir d'obéir; qu'un manant pense est indécent.

Dans *Les Mémoires de Porthos*, Henry Charbonneau rapporte l'incident suivant. Je cite :

> « Un jour, en Limousin, où l'on entendait des éclats de fusillades dans les futaies voisines, passe sur notre chemin un paysan conduisant sa carriole. Un de nos chefs de trentaine l'interpelle :
> — Holà, cocher, où va-t-on?
> Le paysan arrête sa jument et ne répond pas.
> — Alors, interroge le milicien, c'est calme le pays?
> — Oh! pour ça, bien sûr que oui...
> — Pas de maquisards, pas de parachutages?
> — J' connais point... On n'en voit point...

---

1. Du moins, s'ils ont fait l'une ou l'autre de ces guerres.

« — Et ce bruit de fusillade?

— J' sais point.

— Et ça, qu'est-ce que c'est? fit le chef de trentaine en tirant de sous une pile de sacs un morceau de toile de parachute, qui dépassait. Tiens, sacré menteur (et il lui flanqua une paire de claques). Tu peux filer maintenant... »

Henry Charbonneau ajoute à propos de ce paysan :

« J'avais vu Jacques Bonhomme de toujours. Celui qui craint à la fois les Goddons et les soldats de Dunois, les Armagnacs et les Bourguignons, la Ligue et l'Armée de la Foi, les Bleus et les Chouans. Il n'a jamais rien vu, il ne sait rien... »

Que « Jacques Bonhomme » craigne à la fois les Armagnacs et les Bourguignons, on peut en discuter. En tout cas, il n'aime pas recevoir des paires de claques, et en une circonstance, le chef Charbonneau eût été bien heureux de bénéficier de son hospitalité et de son aide. Car le chef Charbonneau sera blessé début mai 1944, dans une embuscade, près de Magnac-Bourg, et il ira de ferme en ferme, espérant du secours. Aucun paysan ne recevra le chef Charbonneau. Une fois pourtant la porte va s'ouvrir, et puis de l'intérieur quelqu'un demande : « Vous êtes bien du réseau Bayard? »

Non, Charbonneau n'est pas du réseau Bayard. Il est milicien et Jacques Bonhomme n'aide pas les miliciens : il ne les cache pas, il ne les renseigne pas. Dans *Combats* du 22 janvier 1944, un chef milicien se lamente :

« Si la population voulait tant soit peu nous communiquer les bribes de renseignements qu'elle peut avoir par hasard à sa disposition, le dépistage des agents de l'étranger qui, sous couvert de patriotisme, ne sèment que deuil ou douleur, en serait bien facilité. »

Pour rendre compte de ce comportement de la population, les miliciens ont un argument tout prêt : c'est la terreur communiste qui empêche la population de les renseigner. S'il n'y avait pas les communistes, la population leur sauterait au cou, à eux et aux Allemands. Et d'ailleurs s'il n'y avait pas Staline et de Gaulle son complice, il n'y aurait pas de Résistance, ce qui veut dire que la France, seule de tous les pays occupés, aurait l'immense honneur de subir la dégradante tyrannie des hitlériens sans prendre les armes.

Il est vrai que tous les Français ne sont pas disposés à sauter au cou de tous les résistants. La Résistance souvent inquiète. Les causes sont multiples. On a beau être résistant, on en est pas moins homme : on mange. Bien des maquis vivent sur le pays, et il n'est pas agréable de voir arriver chez soi des inconnus mal rasés et munis de mitraillettes qui viennent « réquisitionner » le cochon, l'essence ou l'automobile, en disant : « Vous serez remboursé plus tard. » Les maquis rouges F. T. P. font très peur aux notables. Des excités tuent à tort et à travers. Le « terrorisme » choque : un homme abattu à l'improviste et qui agonise sur le trottoir, cela est atroce. Mais l'aviateur qui lâche ses bombes sur Paris, sur Londres ou sur Berlin est-il d'une espèce moralement supérieure au tueur au couteau ou à la mitraillette?

Bien sûr, les maquis ne sont pas composés uniquement de petits saints. Il y a dans la Résistance (qui ne dispose pas de bureaux de recrutement ayant pignon sur rue) des assassins et des voleurs. Des bandits opèrent en se faisant passer pour des résistants. La presse de Vichy entretient systématiquement la confusion. En 1944, les terroristes condamnés à mort par les cours martiales et les bandits exécutés par les forces du Maintien de l'Ordre font la première page des journaux. Ainsi dans le quotidien *le Centre* du 31 mai 1944. Titre : « LES OPÉRATIONS DE NETTOYAGE EN LIMOUSIN : 17 BANDITS TUÉS, 55 FAITS PRISONNIERS » ; sous-titre : « EN UN SEUL JOUR, 32 BANDITS SONT CAPTURÉS, 8 AUTRES TUÉS PAR DEUX UNITÉS DE LA FRANC-GARDE MILICIENNE. »

« Vichy, 29 mai — La Milice française dont les hommes tombent chaque jour sous les coups des assassins à la solde de Londres et de Moscou, poursuit néanmoins sans faiblesse la lutte contre le bolche-

262visme qui cherche à instaurer son régime de sanglante terreur sur le sol de notre patrie.

« Nos francs-gardes de la Milice puisent dans le sacrifice de leurs camarades la volonté inébranlable de continuer le combat jusqu'au bout.

« La trentaine de la Milice, au cours d'un violent engagement, capturait 12 bandits fortement armés en grande majorité Juifs et Espagnols. 8 autres malfaiteurs étaient tués pendant le combat. Du côté milicien, on déplore la perte du chef de trentaine Luscans, qui dirigeait les opérations à la tête de son unité. Un franc-garde a été légèrement blessé.

« Ce même jour, la Milice de la Loire a pris en filature un groupe de bandits circulant en véhicules. Elle a attaqué le cantonnement de la bande au cours de la nuit du 24 au 25 mai. Un bref mais vif combat s'ensuivit. 20 prisonniers ont été faits. Les francs-gardes n'ont eu à déplorer aucune perte. »

Dans le récit des opérations de la Milice, je donnerai chaque fois que je le pourrai les noms des tués du maquis. Nous aurons ainsi une indication sur la proportion d'étrangers et de Français dans la Résistance. Les premiers y étaient, bien sûr, largement minoritaires, y compris dans le Limousin. Les mensonges de la propagande vichyssoise ont naturellement pour but de déconsidérer la Résistance. Ils donnent bonne conscience aux miliciens. Ils ne se battent pas contre des Français; ou si peu.

Un autre argument de Vichy repris par les miliciens est que les terroristes ne tuent à peu près que des Français : ils sont trop lâches pour s'attaquer aux Allemands. Des films de propagande sont tournés sur ce thème et projetés en début de séance dans les cinémas. Dans l'un de ces courts métrages on voit des terroristes assassiner une employée de mairie pour lui dérober ses cartes d'alimentation puis détaler à l'arrivée des forces de l'ordre. Un autre a pour héros un jeune homme d'une famille de bons bourgeois qui à force de lire *Les Chasseurs de chevelures,* s'est laissé emporter par le souffle de l'aventure. Il entre dans la Résistance. Il participe à un attentat contre un train dont ses chefs lui ont dit qu'il transportait des troupes

allemandes. Le train déraille. C'était un train de voya-
geurs. Des dizaines de Français, et rien que des Français,
sont tués. Alors le jeune homme comprend qu'il a eu tort
de ne pas croire Philippe Henriot; il comprend qu'il a été
floué par les Juifs de Londres : les chefs auxquels il faisait
confiance sont des communistes. Il tente de s'enfuir. Les
communistes l'assassinent.

Selon Otto Abetz, que l'on ne peut guère suspecter de
partialité en faveur de la Résistance :

> « De janvier à septembre 1943, on compta 534 assas-
> sinats, dont 281 dirigés contre des soldats allemands,
> 79 contre des fonctionnaires de la police française et
> 174 contre des Français collaborateurs. Dans la même
> période eurent lieu 3 802 actes de sabotage, parmi les-
> quels 781 contre les installations de l'armée alle-
> mande, 122 contre des usines françaises et des services
> publics et 1 262 contre les chemins de fer. »

Troisième thème, l'inutilité de la Résistance, ses conséquences néfastes :

> « Nous allions dans les villages et nous disions aux
> gens : « Vous voyez bien que les maquis ne servent à
> rien. Les Allemands sont les plus forts. Tout ce à quoi
> réussit le maquis, c'est à provoquer des représailles. Si
> les Allemands exécutent des otages, c'est à cause des
> attentats et des sabotages [1]. »

L'argument est d'une logique irréfutable, mais d'une
logique qui est celle de Vichy. On ne fait pas la guerre sans
qu'il y ait destructions et mort d'hommes. En mai-
juin 1940, à la débâcle, il se produisit à plusieurs reprises
des incidents de ce genre : le chef de telle compagnie ou
batterie a posté près d'un village ou d'une ferme un canon,
des mitrailleuses, sa troupe; il se prépare à combattre.
Arrivent des habitants, le maire, qui lui disent : « Mon
capitaine (ou mon lieutenant, ou mon commandant), ce
que vous faites ne sert à rien. Les Allemands sont les plus
forts. Si vous leur tirez dessus ils riposteront et notre

---

1. Témoignage recueilli par l'auteur du chef d'une équipe de propagande de
la Milice.

village (ou notre ferme) risque d'être détruit. Si vous
tenez à vous battre, allez vous battre ailleurs. »

Que devait répondre le chef de l'unité en question?

Pour les plus modérés des chefs de la Milice, la Résistance est malfaisante. Pour les plus durs (Darnand est de
ceux-là), elle est criminelle. Pour les uns et les autres, il ne
fait aucun doute en tout cas qu'elle est le fait d'inférieurs.
A l'égard de leurs adversaires, les chefs miliciens affichent
un mépris écrasant. Au fond, ils ont l'état d'esprit de beaucoup d'officiers les premiers temps de la guerre d'Indochine et de la guerre d'Algérie : ils refusent de comprendre
ce qui a lieu, et ils ne sont pas les seuls.

La Milice a déçu Maurras depuis qu'à l'automne 1943
elle est devenue l'alliée des Allemands. Maurras entend
garder ses distances à l'égard de ceux-ci, mais sur la Résistance, les Juifs et les gaullistes, il est intraitable. Il écrit
dans *l'Action française* qu'il faut châtier plus durement les
Juifs et leurs protecteurs chrétiens. Il s'indigne des bobards répandus de source anglo-saxonne sur le sort que les
nazis réserveraient aux Juifs dans les camps. Sans cesse il
appelle à un renforcement de rigueur contre les terroristes, « agents de Londres et de Moscou ». « Pour ce
troupeau sanglant de la vieille invasion métèque, écrit-il,
on ne peut former d'autres vœux que de le voir châtié vite
et dur. »

Il exige davantage d'otages, davantage d'exécutions :
« Nous répétons qu'il doit y avoir... des têtes de communistes et de gaullistes connus. Ne peuvent-elles pas tom-
ber?... L'important est de trier, de juger, de condamner,
d'exécuter... »

Comme tous les collaborationnistes, comme Laval, il
répète que les Français ne doivent rien espérer d'une victoire alliée, car : « Si les Anglo-Américains devaient
gagner, cela signifierait le retour des francs-maçons, des
Juifs et de tout le personnel politique éliminé en 1940. »

Comme Philippe Henriot, Maurras n'élèvera jamais la
plus timide protestation contre les crimes des nazis. Au
contraire, il désigne aux tueurs leurs victimes, et en une
circonstance, nommément.

Dans *l'Action française* du 2 février 1944, Maurras prend
violemment à parti Roger Worms, plus connu sous le nom

de Roger Stéphane, fils du banquier Pierre Worms, qui s'était signalé à l'attention de Maurras avant la guerre en préconisant l'établissement en France des Juifs qui fuyaient l'Allemagne. Il écrit :

> « On serait curieux de savoir si la noble famille est dans un camp de concentration, ou en Amérique, ou en Angleterre, ou en Afrique, — ou si par hasard elle a gardé le droit d'épanouir ses beaux restes de prospérité dans quelque coin, favorisé ou non, de notre Côte d'Azur? Dans la plupart des cas, la voilà hors d'atteinte et de portée, sauf en un seul, celui que nous mentionnons en dernier lieu : si la tribu nomade était restée en France, il faudrait faire cesser à tout prix une hospitalité scandaleuse et une tolérance qui touche à la folie. Nous disons plusieurs fois par semaine que la meilleure manière de répondre aux menaces des terroristes est de leur imposer une légitime contre-terreur. L'axiome est applicable aux violences de parole et d'attitude dont se rendent coupables les hordes juives : le talion. »

Si la plupart des miliciens jugeaient Maurras « dépassé », ils n'en continuaient pas moins à lire ses articles, et le père de Roger Stéphane, Pierre Worms, se trouvait effectivement sur la Côte d'Azur, dans une villa appartenant à une de ses amies, Mme Chassaing, à Saint-Jean-Cap-Ferrat.

Le 6 février 1944 au soir, une demi-douzaine de miliciens d'une des équipes du 2ᵉ Service de Lyon, conduits par le chef de S., arrive en voiture à Saint-Jean-Cap-Ferrat. S'annonçant comme un détachement de police allemande, le groupe se fait indiquer l'adresse de la villa. Pierre Worms est arrêté. Les miliciens lui demandent où se trouve son frère Marc. Pierre Worms refuse de répondre. Il est sauvagement frappé. Les miliciens repartent avec lui en voiture, sans négliger de faire main basse sur un million de francs de bijoux appartenant à Mme Chassaing. Le lendemain matin, le corps de Pierre Worms, achevé d'une balle à la nuque, est découvert près de là.

Les miliciens savent quels adversaires ils doivent frapper : ils leur ont été désignés à maintes reprises par Laval et par Pétain. Ils sont encouragés à la brutalité par Philippe Henriot, Charles Maurras, Jean Hérold-Paquis, par la presse et la radio collaborationnistes. Ils sont chauffés par les discours de Darnand. Ils sont exaspérés par les attentats qui les déciment; du 24 avril 1943 au débarquement, 240 sont tués, une moitié environ au cours d'opérations de police et d'accrochages contre le maquis, l'autre par attentats. Certains de ces attentats sont horribles. Le plus connu de ces sanglants épisodes, largement utilisé à l'époque pour discréditer la Résistance, est celui de Voiron.

En 1944, le chef de centre de la Milice à Voiron, Isère, était un certain Jourdan, commerçant, ancien de l'Action française. Jourdan était un personnage sans scrupule, un voleur, un dénonciateur. Selon le chef régional Joseph Lécussan :

> « Toutes les exactions commises par la bande de Pauverine dans la région de Voiron étaient commises à l'instigation de Jourdan, chef de centre de la Milice à Voiron, qui avait participé à tous ces pillages et qui fut tué avec toute sa famille le 20 avril 1944[1]. »

En avril 1944, des élèves de l'école professionnelle de Voiron, Colonna, Girard, Gonin et Touche, âgés de 18 et 19 ans, un surveillant, Durand, et un professeur, Meunier, résolurent d'exécuter Jourdan. Jourdan était sur ses gardes : sa villa était protégée jour et nuit par des miliciens en armes. Un plan fut élaboré. Les quatre élèves s'inscrivirent à la Milice et réussirent à gagner la confiance du chef Jourdan. Le soir du 20 avril, les faux miliciens se rendirent à son domicile. Jourdan avait avec lui deux miliciens et quatre membres de sa famille : sa femme, sa mère âgée de 82 ans, son fils âgé de 10 ans et sa fille âgée de 15 mois. Colonna et Girard abattirent d'abord les trois miliciens, puis ils assassinèrent à coups de feu les quatre autres personnes.

1. Document inédit.

Tuer des femmes et des enfants, assassiner un bébé de quinze mois dans son berceau : il va sans dire que des crimes si atroces sont absolument inexcusables.

Le surveillant Durand, Girard et Colonna furent arrêtés, interrogés par Lécussan et par le chef Julien Berthon, de Grenoble, longuement torturés, condamnés à mort par une cour martiale milicienne le 3 mai, à Lyon, et fusillés dans le dos, à l'italienne, ce même jour à 14 h 15 au fort de la Duchère. Pour l'exemple, la triple exécution eut lieu en présence de vingt élèves et professeurs de l'école, qui furent ensuite déportés en Allemagne où presque tous périrent.

Le cycle des violences exaspère les haines. Le journal clandestin *Bir Hakeim* publie des listes de collaborationnistes à exécuter. A Londres, à la B. B. C., Maurice Schumann lance le mot d'ordre :

> « Miliciens assassins,
> Fusillés de demain. »

La Milice n'est donc pas seule à se rendre coupable d'excès et de crimes. Ce qui la désavantage irrémédiablement par rapport à ses adversaires, ce qui condamne à l'échec sa propagande et celle de Vichy, c'est qu'elle est l'alliée de l'occupant. Que peuvent penser de la Milice les paysans des Alpes, du Massif central ou de Bretagne, qui voient des miliciens arriver dans leur village ou entrer dans leur ferme avec des Allemands, cherchant des « terroristes » ou des réfractaires au S. T. O. ? Tous les Français n'ont pas l'âme héroïque d'un Jean Moulin, d'un Brossolette ou d'un lieutenant Morel. Mais entre des Français de la Résistance, même mal rasés, même parfois inquiétants, et d'autre part des Allemands et ceux qui marchent à leur côté, l'immense majorité des Français, y compris les plus rassis, ceux qui n'éprouvent aucunement la tentation de se précipiter au maquis, même ceux-là, si on les force à choisir (et le développement des opérations fera que beaucoup devront choisir), se rangeront du côté des Français. Il en fut ainsi en France pendant l'occupation et il en est ainsi partout dans le monde où a lieu une guerre de type colonial. Quelles que soient ses forces, le parti qui choisit

le camp de l'étranger a contre lui le sens national et le
désir de liberté : à plus ou moins longue échéance, il est
condamné.

Les miliciens ont conscience de leur isolement. Ils en
tirent un surcroît d'orgueil : ils sont plus que jamais une
avant-garde, une élite; ils sont la France nouvelle qui,
grâce à eux, aura sa place dans l'Europe SS de demain.

Au fil des mois, l'isolement de la Milice et sa faiblesse
numérique auront de terribles conséquences. Car ce ne
sont pas 2 000 francs-gardes (en février), 3 000 (en mars),
4 000 (en avril), 5 000 (début juin), qui vont mettre à la
raison les résistants et leurs complices, soit 99,86 pour cent
des Français. Les gendarmes? les gardes mobiles? les
G. M. R.? Ils sont mous, ils n'en veulent guère, Darnand et
son état-major le savent bien. Si les Allemands n'occu-
paient pas la France, alors oui, les forces de l'ordre obéi-
raient à Vichy. Mais le postulat, justement, c'est que les
Allemands sont là. S'ils n'étaient pas là il n'y aurait ni
régime de Vichy ni Résistance.

Que cela plaise ou non à Maurras, la Milice, pour les
opérations militaires contre les maquis, va donc obligatoirement se trouver associée aux Allemands. Et il en ira
de même pour les opérations de police.

Déclaration que j'ai recueillie, à Agen, en 1967, du milicien Marcel H :

> « J'ai participé en 1944 à plusieurs opérations en
> Touraine avec trois autres miliciens. Nous allions en
> avant-garde, en civil, sans insigne. C'est nous qui frap-
> pions aux portes et qui commencions à interroger les
> habitants et à perquisitionner. Les Allemands nous
> suivaient à distance. Quand nous rencontrions de la
> résistance, nous nous retirions et c'étaient les Alle-
> mands qui attaquaient. »

L'association de la Milice avec les Allemands ne signifie
pas que tous les chefs miliciens se mettent aux ordres de
l'occupant. Il y a des degrés. Les chefs miliciens sont susceptibles. Beaucoup, au fond d'eux-mêmes, se sentent mal
à l'aise, et c'est pour cela qu'ils ont besoin de croire que
leurs adversaires sont des étrangers, des bandits, des

agents de Moscou. Pour les jeunes miliciens du rang, il n'y a guère de problème. Au contraire, ils éprouvent une grande fierté à l'idée d'avoir su « forcer l'estime » des Allemands, ces soldats magnifiques et invincibles, et d'être autorisés, eux, eux seuls, à combattre à leurs côtés en France.

On sait l'importance du renseignement dans la guerre populaire. Les multiples polices allemandes ont leurs informateurs à gages. La Milice a les siens. Souvent ce sont les mêmes, à cela près que les Allemands payent mieux. En conséquence, le SD et l'Abwehr sont la plupart du temps mieux renseignés que la Milice. Il est vrai que celle-ci a l'avantage d'avoir des informateurs bénévoles : les miliciens eux-mêmes. A la première page de *Combats* du 16 octobre 1943 se trouve à plusieurs places le texte suivant :

MILICIEN,
TU SERAS PEUT-ÊTRE ATTAQUÉ LACHEMENT DEMAIN
DÉSIGNE DE SUITE, A TES CHEFS, DES OTAGES

La délation est donc un devoir pour les miliciens : un devoir auquel tous n'obéissent pas. Mais de nombreuses listes d'otages sont établies. Par qui seront-elles utilisées? Par les miliciens eux-mêmes quand ils le pourront. Souvent ils ne le peuvent pas, à cause de leur petit nombre, à cause de l'hostilité générale à leur encontre. Mais qu'il y ait là une troupe allemande, à demeure ou de passage, et elle, elle a les moyens de frapper. Aussi l'arrivée de telle unité de répression dans telle petite ville de province où il y a dix ou quinze miliciens est-elle pour ceux-ci une excellente nouvelle. Enfin ils vont pouvoir venger leur camarade X., tué quelques jours plus tôt, enfin ils vont pouvoir aller attaquer un maquis à vingt kilomètres de là.

Tous les miliciens ne participent pas aux opérations : seulement les francs-gardes permanents, quand il y en a, et les volontaires. Tous ne sont pas non plus des mouchards. Il reste que des miliciens servirent de guide aux Allemands et que les dénonciations furent nombreuses. Avec 41 résistants et 3 aviateurs anglais capturés par la Gestapo sur ses indications, le milicien Anicet d'Aigle, dit Raoul de Fouquenies, de l'Oise, ne détient pas un record.

La plupart des miliciens ont moins de savoir-faire que le sieur d'Aigle. Souvent, comme lors des représailles d'Annecy, ils frappent à côté. Les Juifs, oui; beaucoup de Juifs. Il ne s'agit pas seulement d'antisémitisme : un Juif, cela se reconnaît; un résistant, allez savoir, et puis il est moins facile, surtout s'il est au maquis, de lui mettre la main dessus. Les miliciens les plus enragés tuent ce qu'ils peuvent. Beaucoup payeront pour l'insaisissable Guingouin.

Qu'ils soient durs ou modérés, les chefs miliciens ont le même problème : faire en sorte que leurs hommes n'aillent pas prendre leurs ordres des Allemands, ce à quoi certains inclinent : les « vainqueurs » ont plus de prestige que les chefs miliciens, ils payent davantage, ils ferment systématiquement les yeux sur les pillages et les extorsions de fonds. Pour les coquins, ces avantages ne sont pas négligeables. Fréquemment tel milicien du 2ᵉ Service ou de la Franc-Garde est appointé par le SD ou l'Abwehr. Les nazis y trouvent leur bénéfice : ces hommes-là sont carrément à leur service. Les chefs de la Milice, même les plus germanophiles, s'en irritent. Si ce sont aux Allemands que leurs subordonnés obéissent, eux ne sont plus que des figurants.

Quelques exemples :

Almyre Simondant, sans profession bien définie, a adhéré au R. N. P. en 1942. De fil en aiguille il devient un indicateur du SD. En 1944 il s'inscrit à la Milice. Il y porte le titre d'inspecteur. Il opère à Lille. Il est spécialisé dans la chasse aux Juifs qui ne portent pas l'étoile jaune. Son procédé est simple. Il traîne dans les rues, les magasins, les bars, en civil bien sûr, bavardant amicalement avec l'un, avec l'autre. Quand il sait, il s'arrange de façon à rencontrer sa victime dans un lieu public. Il s'approche d'elle et lui tend la main. C'est le signal. Les policiers allemands qui suivent Simondant se précipitent sur le malheureux, ou la malheureuse (une fois, une femme et ses trois enfants en bas âge, arrêtés dans un magasin d'alimentation), qu'on ne reverra plus.

Simondant touche par « tête » de 500 à 5 000 francs du SD. Pour arrondir son magot, il améliore sa technique. C'est ainsi qu'il offre, moyennant 22 000 francs par per-

sonne, de faire passer la ligne de démarcation à une trentaine d'hommes, de femmes et d'enfants désireux de
gagner la zone Sud. Simondant déclare se charger de tout.
Il procurera un autocar et son chauffeur, un Allemand,
grâce à qui tout se passera le mieux du monde. Le jour dit
le car est là avec le fameux chauffeur allemand. Les trente
y prennent place avec leurs bagages qui contiennent, naturellement, ce qu'ils ont de plus précieux. Le brave Simondant encourage tout le monde. Il n'oublie pas de réclamer
son dû. On le paye. Le car démarre. Des voitures de la
Gestapo surgissent. Les trente sont arrêtés. Ils seront
déportés en Allemagne d'où UN reviendra. Simondant et les
Allemands pillent les bagages. Pour sa part, Simondant
reçoit une partie des bijoux.

Almyre Simondant a livré aux Allemands environ
200 personnes, juives et non juives. Il était milicien. C'est
toutefois comme stipendié du SD qu'il a commis ses
crimes.

Jean-Marie Dedieu, âgé de 27 ans, adhère à la Milice lors
de sa fondation, à Toulouse. Il participe à diverses opérations. Convaincu de vols et d'extorsions de fonds, il est
exclu de la Milice en mai 1944. Le 27 du même mois, il
entre à la Gestapo avec laquelle il opérera à Saint-Girons,
Cazères, Redeilhac, Saint-Lys, Pibrac, Ramonville. Après
la Libération, il avouera en cour de justice de Toulouse
avoir brûlé avec une torche les testicules de jeunes maquisards capturés; à Ramonville, en compagnie d'un autre
Français de la Gestapo, Arthur Shall, avoir exécuté quatre
résistants; à Pibrac (où les corps de neuf maquisards
seront découverts le 12 juin 1944), avoir tailladé à coups
de couteau le corps d'Antoine Marin, pour le faire parler.

Membre du S. O. L., puis de la Milice, Marcel Lagneau
s'engage dans la L. V. F. en 1943. Il déserte au cours d'une
permission en France « parce que je ne gagnais pas assez »
et reprend contact avec la Milice. En même temps il se fait
embaucher par le SR allemand de Dijon. En janvier 1944,
il participe avec d'autres miliciens à un attentat contre le
chanoine Kir, qui est grièvement blessé.

Membre de l'Abwehr, l'inspecteur de la Milice Jean Bon-
houre dirige des opérations en Corrèze, à Marseille, à Epi-

nal. A l'occasion, il travaille avec le gang Bonny-Laffont. De l'Abwehr et de la Milice également, René Poussin, titulaire de deux condamnations (désertion et trafic de stupéfiants), se fait ordinairement passer pour résistant. Il s'infiltre dans le réseau Mithridate, qui est démantelé en mai 1944.

Selon l'ex-milicien Marcel H., déjà cité :

> « L'un des trois miliciens qui allaient en opération avec moi était payé comme indicateur par la Gestapo. Ce n'était pas un cas unique. Je ne l'ai su que plus tard, quand nous sommes arrivés en Allemagne. Une fois en Allemagne, les miliciens qui travaillaient pour les Allemands ont quitté la Milice pour entrer carrément à leur service. »

Ce sera le cas, entre autres, de Lucien Dehan.

Dénonciateur, voleur, tortionnaire, assassin, responsable de la mort de centaines sinon de milliers de personnes, Lucien Dehan est né à Louviers dans l'Eure en 1907. Etudes médiocres à Périgueux et à Bordeaux. En 1937, il exploite une mercerie à Bruxelles. Faillite. Il monte une autre affaire à Waterloo. Echec. L'exode le ramène à Bordeaux. Il entre comme vendeur aux « Dames de France », au rayon mercerie et bonneterie. En 1941 il adhère au R. N. P. de Déat qu'il quitte l'année suivante pour le M. S. R. de Deloncle et Filliol. C'est le début d'une carrière fulgurante. Dehan a l'espionnage et la dénonciation dans le sang. Chaque soir quand il quitte le grand magasin où il n'est qu'un très modeste employé, il se précipite au siège du M. S. R. : sa vraie vie commence. Il fait des fiches, des centaines de fiches. Il y passe ses dimanches et parfois ses nuits. Mise à jour des renseignements du M. S. R. sur la police, la magistrature, les administrations. Dépistage des communistes, des gaullistes, des Juifs. Espionnage des employés des « Dames de France », tout, les affinités politiques, les vices, les couchages : comme cela est délectable une vie prisonnière d'un rectangle de carton. Ah! rien ne lui échappe. Grâce à lui, obscur, négligé, on saura, la morale aura sa revanche. Il note.

Le zèle de Dehan est remarqué. Il devient l'agent de renseignements numéro un du M. S. R. à Bordeaux. Là-dessus, il est présenté à Raiser, un inspecteur de la sûreté générale venu à Bordeaux pour y organiser le commissariat aux Questions Juives. Dehan devient son indicateur. En juin 1942, il quitte son emploi aux « Dames de France ». Il est nommé inspecteur adjoint aux Questions Juives. Son avancement est rapide : le voilà délégué régional. A ce titre, en collaboration avec la Gestapo, il est l'organisateur des rafles. Par ses soins, 1 500 israélites sont déportés en Allemagne. Un grand mutilé de 14-18, M. Asse, dont la femme, juive, le beau-frère et ses quatre enfants sont en route pour Auschwitz, vient supplier Dehan de sauver au moins ces innocents. Dehan lui répond : « Non et non! Moi, j'ai la haine du Juif! »

Mme Herrera, catholique, est mariée à un israélite. Le 10 janvier 1944, ses enfants sont arrêtés. Elle demande à partir avec eux. On lui refuse cette faveur. Elle vient trouver Dehan et lui demande de leurs nouvelles. Il lui dit en riant : « Ils sont partis! comme les autres! ils ne reviendront pas! »

En février 1944, la Milice est créée à Bordeaux. Dehan forme le 2ᵉ Service. Il en est le chef. Ce n'est pas assez. Il entre à l'Abwehr. Il y est connu sous le nom de « Monsieur Henri », matricule 300-360.

L'ex-vendeur des « Dames de France » est maintenant un personnage avec qui il faut compter, au propre et au figuré. Dehan ne dédaigne pas les petits cadeaux. Il les sollicite. Il promet d'arranger les choses. Exceptionnellement, il lui arrive de tenir parole (trois Juifs à qui il épargne la déportation). L'ordinaire pour les suspects ce sont des tortures affreuses. Le spécialiste est un milicien du 2ᵉ Service, Marcel Fouquey. Avec lui est une équipe composée des miliciens Tournadour, Lacouture, Pierre Beyrand, Jean Guilbeau. Les instruments sont constitués par des ceinturons, des gourdins, des pinces, des couteaux, le feu. Un expert-comptable, Pierre Touyaga, arrêté par la Milice à la suite d'une dénonciation, subit des sévices atroces. Fouquey est si réjoui de son œuvre qu'il crée un verbe tout neuf, amusant, « touyaguer ». Désormais donc, le 2ᵉ Service de la Milice bordelaise ne torture plus : il touyague. Les outils, toutefois, restent les mêmes.

Le chef régional de la Milice à Bordeaux est un officier

de réserve, ancien de la Cagoule, gros commerçant, le colonel Franc, père du jeune milicien Roger Franc tué avec le chef Jacquemin à Thones, le 21 novembre 1943. Le colonel Franc, brillant soldat de 14-18, est un modéré qui ne prise guère Dehan et son équipe. Il a hésité avant d'accepter les fonctions de chef régional. Il a demandé audience au maréchal Pétain, qui l'a reçu début mars et qui l'a vivement encouragé, lui disant que la Milice était nécessaire car l'ordre devait être maintenu.

Nous retrouverons Lucien Dehan et son équipe à propos de l'affaire de Saucats et plus tard à Poitiers.

Des chefs miliciens, en 1944, signaleront à plusieurs reprises à Darnand les agissements de telle ou telle équipe. Chaque fois Darnand répond qu'il n'y a pas lieu d'en faire une montagne, que toutes les polices du monde ont recours au passage à tabac dans la nécessité.

Le passage à tabac, en effet, est la règle à la Milice pour les suspects. Un passage à tabac, on sait ce que c'est : des gifles, des coups de poing. Normalement, on n'en meurt pas. Mais à Paris avec Fredo-la-Terreur, à Lyon avec les équipes de Lécussan, à Vichy avec le chef Millou, à Bordeaux avec Dehan et Fouquey, à Montpellier, à Annecy et ailleurs, ce n'est plus de passage à tabac qu'il s'agit quand des hommes sont brûlés vifs, tailladés, dépecés au moyen de tenailles rougies au feu, noyés à petits coups la tête dans un seau, frappés à coups de crosse et de gourdin jusqu'à ce que mort s'ensuive.

Un témoignage, celui du préfet de la Corrèze, M. Pierre Trouillé. Cela se passe à Tulle, le 21 juin 1944, alors que la division SS Toten Kopf, arrivée la veille, est en train de quitter la ville. Pierre Trouillé écrit :

« Comme je me dirige vers la sortie de l'usine, un grand SD au visage agréable se présente à moi : « Michel, fils de Française et de Bavarois. Je vous ai aidé tout à l'heure dans vos efforts en intercédant auprès de mes camarades obsédés par la haine du Français. Mais des Français à notre service sont pires qu'eux. Tenez, allez faire un tour au laboratoire de la manu, vous y verrez des choses instructives. » Piqué de curiosité, je vais vers le bâtiment qu'il me désigne.

Des hommes attendent là, l'air hébété, devant une salle du laboratoire. L'expérience est dans la pièce. J'entre pour voir trois miliciens âgés au plus de vingt ans verser de l'acide sur les plaies du visage d'un homme qu'ils viennent de frapper à coups de nerf de bœuf... Je les insulte, ils ricanent, mais lâchent leur victime. Hélas! je suis impuissant à leur arracher les suspects qu'ils prétendent devoir interroger [1]. »

Le cas n'est nullement exceptionel. Après le départ des Allemands et de leurs complices, on trouvera dans des fosses communes des centaines et des centaines de corps disloqués, les jambes cassées, les bras cassés, les yeux crevés, brûlés à l'acide sulfurique.

Sans acide sulfurique, sans gourdins et sans tenailles, de simples inspecteurs de police connaissant leur métier auraient obtenu davantage de renseignements que les tortionnaires de la Milice. Mais les policiers professionnels qui, en 1944, acceptent de « travailler » avec les équipes de Darnand sont rares. Il y aura le commissaire Poinsot, Fourcade et quelques autres. Etant des professionnels, ces hommes feront de terribles ravages.

Les miliciens, même s'ils ne participent pas directement aux interrogatoires, savent ce qui s'y passe. Ils ne s'en indignent guère, tenant pour évangile que les communistes, de leur côté, font pis. Et puis ils ont le sentiment qu'ainsi la Milice se hisse au niveau des Allemands. Il faut bien comprendre l'admiration que nourrissent les garçons de dix-huit ou vingt ans pour les SS, pour le SD, pour l'Abwehr. Même des miliciens qui ne font pas partie de la police allemande, pour arrêter tel suspect, se présentent en disant : « Gestapo! »

Qui sont les tortionnaires de la Milice? Ils appartiennent à tous les milieux : de la pègre, bien sûr; des traîne-savate; des ratés hargneux comme, Dehan; et de bons bourgeois; et des fils de famille.

Voici deux étudiants, de Cambourg et de Sérignac. En Bretagne, avec d'autres miliciens (Cardun, Hocquart, Daigre dit l'Œil-de-verre), ils ont commis des crimes atroces. Arrêtés alors qu'ils tentaient de partir en bateau

1. Pierre Trouillé : *Journal d'un Préfet pendant l'occupation.*

pour l'Espagne, ils sont traduits devant la cour de justice de Rennes. Que disent-ils? Leur défense tient en une phrase : « Nous sommes anticommunistes. »

Daigre dit l'Œil-de-verre était maître d'hôtel à Rennes avant les événements. C'est une brute épaisse et un alcoolique. Il a fait mourir des hommes à force de coups. Il le reconnaîtra. Confronté avec une de ses anciennes victimes il déclare : « C'est bien emmerdant, mais c'est vrai. C'est pas la peine que j'essaie de mentir puisqu'il connaît l'affaire [1]. »

Hôtelier à Nice, Georges Hirlemann s'est inscrit à la Milice « parce qu'il avait beaucoup d'estime pour Darnand ». Il prend part à des opérations en Haute-Savoie, puis en Bretagne sous les ordres du chef Di Constanzo. Pillages, tortures, assassinats : Hirlemann se distingue au point de mériter le surnom de « La Rafale ». Devant la cour de justice de Paris, accablé par les témoignages des rescapés, il dira en séance publique le 25 mars 1949 : « Que voulez-vous, le courage me manquait pour cela. Je me saoulais et alors je perdais le contrôle de mes gestes. Je regrette [2]. »

A Limoges, c'est Filliol à partir de mai qui supervisera les interrogatoires et les activités du 2ᵉ Service. Il s'y fait appeler Deschamp. Il opérera aussi à Clermont-Ferrand et dans le Massif central, sous le pseudonyme de Denis. La principale activité de Filliol consiste à assurer la liaison entre le SD, l'Abwehr et la Milice. Il ne répugne pas à mettre personnellement la main à la pâte avec ses équipiers : Maurice Peyronnet dit Lucas, son chauffeur; Jean Thomine et Roger Gaussens, du 2ᵉ Service. Le tortionnaire numéro un de l'équipe c'est Thomine. Thomine a une autre spécialité : il fait main basse au cours des perquisitions sur l'argenterie, les billets de banque, les titres. Chaque suspect conduit en lieu sûr (le petit séminaire à Limoges, la caserne de la rue Torrilhon à Clermont-Ferrand) est d'abord dépouillé de son portefeuille; puis la question commence. Thomine finira par s'attirer le courroux de Filliol. Au cours d'un interrogatoire particulière-

---

1. De Cambourg, de Sérignac et Daigre dit l'Œil-de-verre furent condamnés à mort et exécutés.
2. Georges Hirlemann, dit La Rafale, fut lui aussi condamné à mort et exécuté.

ment poussé, en juillet, à Clermont-Ferrand, il viole une jeune femme, Mme Ch..., institutrice. Le pieux Filliol se fâche. Thomine est exclu de la Milice.

L'autre équipier de Filliol, Roger Gaussens, arrêté à la Libération, expliquera que c'était la police allemande qui remettait au 2e Service de la Milice les listes des personnes devant faire l'objet d'une enquête.

La Milice sera très active dans le Massif central. Elle y est placée sous le commandement de deux hommes particulièrement brutaux : le chef régional [1] Jean Achon, maréchal des logis-chef d'active, et le sinistre Robert Bonnichon dit capitaine Bob, chef du 2e Service.

Le chef régional de la Milice du Languedoc, Jacques Pissard, industriel, est un modéré. C'est pourtant à Montpellier que sévira l'une des plus affreuses équipes de tortionnaires, avec Tortora, Vinas, Fort, Is et quelques autres. Nous y reviendrons.

Il peut paraître excessif de donner de l'importance à l'un des aspects les plus abominables de l'activité de la Milice. Mais c'est que la Milice s'est livrée à bien davantage d'opérations de police (perquisitions, arrestations, interrogatoires) qu'à des opérations militaires proprement dites, qui n'eurent lieu que dans certaines régions car souvent la Milice n'en était pas capable, à cause de son infériorité numérique et de son manque de préparation.

Les anciens de la Milice disent fréquemment aujourd'hui qu'on a systématiquement attribué à la Milice, depuis la Libération, les mauvais coups dont d'autres furent les auteurs. En un sens, cela est vrai. La réputation de la Milice était telle en France en 1944, qu'après la Libération, quand les brigades de gendarmerie, la police et l'administration procédèrent à un dénombrement des crimes perpétrés par les Allemands et leurs complices, il arriva que tel rescapé de telle tuerie accusât à tort les miliciens. Qu'a vu X. ou Y. ? Il a vu un jour de 1944 une troupe d'Allemands occuper tel village, arrêter des gens. Avec les soldats allemands se trouvaient des civils. Certains de ces civils parlaient français. Ils se sont montrés, souvent, plus brutaux que les Allemands. Et puis les Allemands et les civils

1. La région de Clermont-Ferrand comprenait les départements du Puy-de-Dôme, de l'Allier, du Cantal et de la Haute-Loire.

français qui les accompagnaient ont fusillé tant de personnes. Plus fréquemment, ils sont repartis avec ceux qu'ils avaient arrêtés, dont on a retrouvé les corps criblés de balles le soir ou le lendemain, dans un bois ou dans un champ, à quelques kilomètres. Les civils français en question étaient-ils des miliciens? Les survivants interrogés ont très souvent répondu par l'affirmative; et parfois c'était avec raison; et d'autres fois non, ou bien il y a doute. Deux cas :

Le 4 juin 1944, des soldats allemands en uniforme accompagnés de Français en civil, sans aucun insigne, surprennent au hameau de Manérol [1] un groupe de résistants dont huit sont tués, un grièvement blessé. Le blessé est interrogé par les Français en civil puis achevé par l'un d'eux d'une rafale de mitraillette. M. André Depradeux qui avait été arrêté un moment plus tôt alors qu'il circulait à bicyclette sur la route de Dontreix à Merinchal est témoin du meurtre. L'un des civils se tourne vers lui et déclare : « Tu vois comme on les arrange? »

M. Depradeux ne connaît aucun des individus en question. Il pense que c'étaient des miliciens. Il me l'a écrit. La petite enquête à laquelle j'ai procédé ne m'a pas permis d'aboutir à une certitude. Je ne retiens donc pas cette affaire. Ces Français étaient peut-être des agents du SD...

Le 14 août 1944, à la carrière des Grises près de Premilhat, Allier, des Allemands et des civils français massacrent 42 otages détenus jusque-là à la caserne Richemond, à Montluçon, et dont ils venaient d'être extraits. Cette tuerie est parfois portée au compte de la Milice : elle en est innocente. Les civils furent identifiés. Il s'agissait de militants du P. P. F. de Doriot.

Il y a bien des affaires de ce genre sur lesquelles il n'a pas été possible, à la Libération, de faire toute la lumière. Aujourd'hui encore les difficultés sont parfois insurmontables. Si les miliciens et francs-gardes avaient toujours opéré EN UNIFORME, il serait relativement facile de faire le partage entre ce qui est de la Milice et ce dont elle doit être déchargée. Il n'en fut pas ainsi. Non seulement des

1. Près de Dontreix, Creuse.

miliciens, fréquemment, opéraient en civil et sans insigne, mais certains, pour telle action, revêtaient l'uniforme allemand; et les doriotistes, et les Français du SD et de l'Abwehr en faisaient de même. Pratiquement, cela se passait ainsi : les Allemands emmenaient avec eux tous les supplétifs, à gages ou bénévoles, qu'ils pouvaient racoler.

Pour les opérations d'envergure auxquelles des miliciens participèrent en unités constituées, le problème est un peu différent, ce qui ne veut pas dire qu'il soit toujours très aisé d'aboutir à une certitude. En 1944, la « Légion nord-africaine » (environ 300 hommes) a opéré dans divers départements, en particulier en Dordogne, sous le commandement des gangsters Bonny et Laffont. En campagne, Bonny et Laffont portaient l'uniforme allemand, les Nord-Africains étaient vêtus de pantalons bleus, de chemises kaki, et coiffés de bérets bleus : l'uniforme de la Milice, en somme.

Les Nord-Africains de Bonny et Laffont n'étaient pas des miliciens. Mais la Milice a fait des opérations en Dordogne en même temps qu'ils en faisaient (ce fut l'occasion d'un échange de coups de feu entre Milice et Légion nord-africaine, chacun accusant l'autre de pillage), et à partir d'avril 1944, Bout de l'An, pour étoffer la Franc-Garde, fit enrôler environ 200 Nord-Africains, qui participèrent à quelques opérations.

Il va de soi que nous ne retiendrons ici que ce qui est indiscutablement le fait de la Milice française dont Joseph Darnand était le secrétaire général et Pierre Laval le chef.

Dans ses instructions et ses discours, Darnand a constamment ordonné aux miliciens de ne pas faire de différence entre les maquis rouges des F. T. P. et les maquis blancs de l'A. S. et de l'O. R. A. et de combattre les uns et les autres avec la même énergie. Prêchant d'exemple, il a conduit mitraillette au poing des opérations. Il s'est montré très dur (comme nous le verrons), et il a incité ses hommes à agir durement. Mais Darnand a toujours prescrit une intégrité absolue, disant : « Si nous perdons, je veux bien qu'on nous reproche n'importe quoi, sauf d'avoir pris un sou. »

Malheureusement, Darnand dit aussi à ses lieutenants :
« Tous les communistes sont des bandits, mais tous les
bandits ne sont pas communistes. »

Ce qui signifie pour Darnand que contre les communistes, qui sont des bandits, il est loisible d'employer les
bandits qui ne sont pas communistes.

Darnand sait très bien (et ses lieutenants le savent
aussi) qu'il y a à la Milice et à la Franc-Garde des repris
de justice et des individus extrêmement douteux. Darnand
et les chefs miliciens n'en sont pas spécialement enchantés
mais, à défaut de mieux, ils prennent ceux qui s'offrent. Le
résultat, évidemment, c'est que les vols sont très nombreux; et non pas des vols mineurs, des paquets de cigarettes, un poulet à mettre à la broche : de l'argent, des
effets, des automobiles, des bijoux.

D'avril à août 1944, le Limousin sera avec les Alpes la
principale zone d'opérations des unités de la Franc-Garde.
Selon un rapport du commissaire divisionnaire chef du
service régional de police judiciaire de Limoges, en date
du 27 avril 1945 :

> « Durant l'année 1944 et en particulier du mois de
> mai au mois d'août, les miliciens se sont livrés à de
> nombreux crimes et exactions dans la région de Limoges.
>
> « A notre connaissance, pendant cette période,
> quarante-deux personnes ont été tuées dans des circonstances diverses par des miliciens, cent six autres
> ont été victimes d'arrestations arbitraires, violences,
> vols ou pillages d'appartements commis par des miliciens. La majorité des plaignants sont des israélites. »

Plusieurs dizaines de plaintes seront déposées après le
départ de la Milice. Elles se décomposent en plaintes pour
violences subies au cours d'internement au petit séminaire;
en plaintes pour vols commis soit au domicile du plaignant
au cours de perquisitions, soit après leur arrestation.

Les trois chefs miliciens qui se succéderont à la direction
du Maintien de l'Ordre en Limousin, Jean de Vaugelas, le
capitaine Raybaud, et le chef régional Barrier sont intègres. Le Limousin est l'une des rares régions où des chefs

miliciens sanctionneront réellement des délits et des crimes commis par des miliciens. Aussi y aura-t-il moins de faits de ce genre en Limousin que, entre autres, dans la région lyonnaise ou à Paris. Mais en Limousin comme ailleurs, sauf à renoncer, les chefs miliciens sont bien forcés de combattre la Résistance avec ce qu'ils ont sous la main et ceux qui veulent maintenir l'ordre dans leurs propres troupes n'y sont guère encouragés par Darnand lui-même...

Dans le journal *le Courrier du Centre* du jeudi 22 juin 1944 on peut lire :

« La Direction des Opérations du Maintien de l'Ordre dans la région de Limoges communique :

« Les Forces du Maintien de l'Ordre ont été à plusieurs reprises saisies de plaintes justifiées émanant de personnes chez qui des perquisitions et des arrestations arbitraires avaient été opérées. La population est avisée que seuls les représentants officiels des forces du Maintien de l'Ordre, munis d'un mandat d'arrêt ou de perquisition ou d'un ordre de mission revêtu du cachet du directeur des Opérations, sont habilités à effectuer de telles opérations.

« Toute opération irrégulière doit être signalée immédiatement au directeur des Opérations, 2ᵉ Service, 29, avenue du Maréchal-Pétain, téléphone 76-49, 76-50.

« Le Directeur des Opérations
du maintien de l'Ordre de la région de Limoges.
« Signé : Raybaud. »

Sous ce texte, cet autre communiqué :

« La Milice française communique :

« Six miliciens s'étant rendus coupables de vols au cours de perquisition ont été condamnés à 5 ans et 10 ans de Travaux forcés par le Tribunal spécial de Limoges. »

Les six miliciens en question étaient les nommés :

Schweingruber, André, 35 ans, inspecteur régional de la Milice ;

Lallier, Kléber, 28 ans, inspecteur régional de la
Milice;

Jaeg, Alfred, 31 ans, inspecteur régional de la
Milice;

Chopard, Léon, 39 ans, inspecteur régional de la
Milice;

Laurent, Roger, 27 ans, inspecteur régional de la
Milice;

Filser, Albert, 24 ans, franc-garde.

Le titre « d'inspecteur régional de la Milice » était porté
par de nombreux miliciens du 2e Service, du service de
sécurité et des « équipes spéciales » qui existaient çà et là.
Pour le porter, il n'était nul besoin de passer un examen :
le zèle suffisait.

De la déposition de Léon Chopard reçue le 11 mars 1944
par le commissaire Albert Sonnet, de la police judiciaire,
j'extrais les lignes suivantes [1] :

« Je me nomme Chopard Léon-Victor-Eugène, né le
2 juin 1904 à Quingey (Doubs), de (....), divorcé, deux
enfants, inspecteur régional de la Milice à Limoges, y
demeurant 37, boulevard Gambetta.

« Je suis de la classe 1924. J'ai fait la guerre du Rif
en 1924-1925 et la guerre 39-40 au S. T. A. E. 806.
J'appartiens au corps de la Milice depuis sa formation ; auparavant, j'étais mécanicien radio et en dernier lieu employé de commerce à Saint-Léonard
(Haute-Vienne). Je suis titulaire du brevet de radio-
technicien.

« J'ai été condamné pour coups et blessures en 1930
par le Tribunal correctionnel de Besançon à 60 francs
d'amende.

« Je reconnais que les objets que vous avez trouvés à
mon domicile et que vous avez saisis proviennent de
vols à main armée commis dans la région de Limoges
dans le courant de février 1944 chez des israélites dont
j'ignore les noms et dans les communes de Sauviat-
sur-Vige, Saint-Léonard et Feytiat. Pour ce dernier

1. Document inédit.

vol, j'ai su depuis que nous avions opéré chez un nommé Bressler.

« Ces vols ont été commis avec la complicité de membres de l'équipe spéciale de la Milice sous les ordres de Schweingruber qui était notre chef. Cette équipe était composée de Lallier Gérard, Jaeg, Filser, Laurent et moi.

« Pour les expéditions de Sauviat et de Saint-Léonard, je pense que c'est Filser ou Jaeg qui a donné au chef les instructions nécessaires ; je ne sais au juste lequel des deux. Quant à celle de Feytiat, je suppose que c'est un franc-garde que j'ai su depuis s'appeler Rometain, domicilé dans cette commune, qui a donné au chef Schweingruber des renseignements sur les lieux ainsi que des précisions sur la famille Bressler. J'ai entendu dire depuis également que le chef susnommé et Rometain avaient été reconnaître les aires l'après-midi du soir où nous avons opéré.

« Les expéditions ont eu lieu la nuit vers minuit ou une heure du matin. Nous étions transportés sur les lieux par les « tractions avant » de la Milice. Arrivés sur place, nous nous faisions ouvrir les portes par les habitants qui, nous voyant armés, nous laissaient pénétrer sans que nous ayons besoin de dire qui nous étions. Ainsi, ils ont pu nous prendre pour des « gars du maquis ». Je ne sais pas si des effractions ont été commises à Sauviat et à Saint-Léonard, car je me trouvais dans les voitures pendant qu'on faisait ouvrir les maisons. A Feytiat, c'est moi qui ai cassé le carreau pour faire activer l'ouverture de l'immeuble, car notre mission consistait surtout à arrêter les deux fils qui, d'après les renseignements que Schweingruber venait de nous donner, étaient des « chefs de bande du maquis ». Je n'ai pas eu à insister davantage, car, dès que la glace a été brisée, les habitants ont ouvert, en levant les mains et en disant : « Nous sommes prisonniers (...) »

« A Feytiat, je me suis mis à la poursuite des deux fils de la maison dont il est parlé ci-dessus et qui venaient de s'enfuir par une porte dérobée.

« Dans les trois visites que nous avons opérées, c'est

le chef Schweingruber qui nous a dit, au moment où nous nous trouvions chez les Juifs, de « tout saisir », et il a même ajouté : « C'est là l'ordre du chef régional. » En entendant cela, ni mes camarades ni moi ne lui avons fait aucune objection, étant donné surtout qu'il paraissait se borner à transmettre des ordres supérieurs et nous nous sommes emparés des objets qui nous semblaient présenter le plus de valeur. Nous les avons placés dans les voitures qui nous avaient amenés.

« A Feytiat, les affaires de plus grand prix se trouvant dans des valises avant notre arrivée, nous nous sommes bornés à nous saisir de celles-ci, que nous avons placées dans les voitures.

« Une fois revenus à Limoges, mes camarades et moi, toujours dirigés par Schweingruber, nous avons déposé les objets que nous avions emportés au 37, boulevard Gambetta, dans le local qui avait été réquisitionné par la Milice pour loger l'équipe spéciale. Ce dépôt ayant été opéré, nous avons fait le partage des objets saisis.

« Je dois dire d'ailleurs qu'après l'expédition de Feytiat, devant l'importance du butin, j'ai pensé que mes camarades et moi ne pourrions nous le partager. J'ai entendu Laurent qui avec notre assentiment proposait au chef Schweingruber d'en donner une partie au Secours national. Le chef s'y opposa formellement, alléguant que tout devait être distribué entre nous. D'ailleurs, quelques jours après cet incident, il y a environ une dizaine de jours, le chef nous a dit qu'il avait rendu compte de nos missions au chef régional Barrier. J'en ai conclu que nos partages avaient été entérinés par ce dernier. »

Le chef régional Barrier n'avait pas entériné les partages. L'affaire arrive aux oreilles du préfet régional Freund-Valade, vichyssois mais peu favorable à la Milice. Des poursuites sont ordonnées. Dans le courant de juin, le tribunal spécial du Maintien de l'Ordre de Limoges condamne Schweingruber à dix ans de travaux forcés et ses coaccusés à cinq ans de la même peine.

L'affaire va-t-elle en rester là? Non. Le 20 juin, Darnand (depuis quelques jours nommé par Laval secrétaire d'Etat à l'Intérieur) écrit au garde des Sceaux, Maurice Gabolde, pour lui demander de suspendre l'exécution des peines prononcées à l'encontre des miliciens.

Le 23 juin 1944, Maurice Gabolde répond à Darnand[1] : »

« En réponse à votre dépêche du 20 courant relative à la condamnation qui aurait été prononcée par le Tribunal spécial de Limoges contre les miliciens Schweingruber, Laurent, Lallier, Jaeg, Chopard et Filser, j'ai l'honneur de vous adresser les renseignements suivants :

« Les faits reprochés à ces miliciens sont les suivants :

« 1° Le 22 février 1944, ils ont, sous la menace de pistolets et de mitraillettes, soustrait à Sauviat-sur-Vige, au préjudice des époux Behar Leibowitz, 4 000 francs, un poste de T. S. F., deux mallettes, deux pardessus, 10 paires de bas de soie, des fourchettes, des cuillères et des couteaux (préjudice évalué à 50 000 francs).

« 2° Le 24 février 1944, ils ont, sous la menace de leurs armes, soustrait à Saint-Léonard de Noblat au préjudice des époux Jacob, 26 450 francs, 3 pardessus, 1 complet, un coupon de drap, une chemise, un réveil, une montre, une mallette, un fût d'essence, un poste de T. S. F., deux valises, une serviette en cuir et diverses denrées alimentaires (préjudice évalué à 50 000 francs).

« 3° Le 25 février 1944, à Feytiat, ils ont soustrait toujours sous la menace de leurs armes, au préjudice des époux Bressier, 25 000 francs et un abondant butin. Le préjudice est évalué à 50 000 francs.

« 4° Le 17 décembre 1943, ils ont soustrait au préjudice d'une dame Caron, une montre.

« 5° Enfin, ils avaient, dans les mêmes conditions, soustrait divers objets au château de Meynieux, au préjudice de Mme de Tastes.

1. Document inédit.

« Le chef régional de la Milice à Limoges, avisé de ces méfaits, avait déclaré au commissaire de police Sonnet, chargé des enquêtes : « Je désire que cette « affaire soit poursuivie avec la plus grande rapidité et « que les auteurs de ces méfaits soient punis *sévère-* « *ment,* afin que cela serve d'exemple aux autres mili- « ciens. »

« Il avait fait paraître dans la presse locale, le 15 mars 1944, le communiqué suivant : « Les mili- « ciens ayant, au cours d'une perquisition, dérobé des « objets de valeur, leur incarcération a été demandée « par le Chef régional qui a prié les Autorités compé- « tentes d'agir à leur égard *avec la plus grande* « *rigueur.* »

« Les faits commis par les miliciens tombaient sous le coup de la loi du 24 avril 1941 et de la loi du 16 août 1943. La peine encourue était la peine de mort (article 1er de la loi du 24 avril 1941). En accordant des circonstances atténuantes et en descendant de deux degrés, la peine la moins élevée qui pouvait être prononcée était celle des travaux forcés à temps. En ne prononçant que des peines de 10 à 5 ans de travaux forcés et non pas de 20 et 10 ans comme vous me l'indiquez, le Tribunal spécial a donc atteint le minimum légal.

« Aucune critique ne peut donc être *légalement* éle- vée contre la décision du Tribunal spécial.

« Estimant que ces miliciens sont susceptibles de se racheter, vous me demandez d'envisager à leur égard l'application de la loi du 19 avril 1943 sur la suspen- sion des peines.

« Je vous indique que cette loi n'autorise la suspen- sion des peines qu'en vue de l'envoi du bénéficiaire en Allemagne pour le Travail obligatoire.

« Or, les Autorités d'occupation se sont jusqu'à maintenant refusées à comprendre dans les effectifs pénitentiaires désignés pour le travail obligatoire des condamnés aux peines de travaux forcés. Il convien- drait donc que l'Administration pénitentiaire obtînt de ces autorités une dérogation à cette règle, ce qui per- mettrait à un arrêté de suspension de la peine d'inter- venir.   Signé : GABOLDE. »

Maurice Gabolde a dit non. Sans doute de nouvelles pressions sont-elles exercées sur lui : par un arrêté en date du 6 juillet 1944, le Garde des sceaux ordonne la suspension de l'exécution des peines prononcées à l'encontre de Schweingruber et de ses complices, « condamnés le premier à 10 ans et les autres à 5 ans de travaux forcés pour pillages et vols qualifiés; actuellement détenus à la maison d'arrêt de Limoges ».

Les six miliciens sont rendus à la liberté. Pas question du S. T. O. : Filser, Laurent et Chopard participeront à d'autres opérations avec la Milice, non plus en Limousin mais à Lyon et en zone Nord; quant à Schweingruber, il entre tout simplement au SD.

Nous touchons ici à l'une des plus graves responsabilités de Darnand. Il est vrai que Darnand sanctionnera, légèrement, deux chefs de la Milice qui avaient outrageusement dépassé les bornes : Dagostini et Lécussan. Mais pour la majorité des cas, il ferme les yeux, quand il n'intervient pas, comme au temps du S. O. L., pour faire cesser les poursuites. Ajoutons qu'Oberg, les SS et la Gestapo favorisent et parfois imposent la clémence en faveur de leurs protégés et alliés. En Allemagne même, le pillage et les violences sont la règle dans les opérations de police contre les Juifs et les ennemis du régime. Les polices nazies sont peuplées de bagnards et de sadiques. On comprend que pour certaines besognes, il faut recruter ailleurs que dans les pensionnats.

L'une des premières mesures de Darnand, secrétaire général au Maintien de l'Ordre, en janvier 1944, est d'ordonner la relaxation du chef Henri Frossard et des miliciens arrêtés un mois plus tôt, du temps de René Bousquet, pour le meurtre de Maurice Sarraut.

Le 21 avril 1944, le cadavre de Germain Planche, né le 23 février 1914, à Sainte-Féréole, Corrèze, mécanicien-dentiste à Nîmes, est découvert sur la route d'Arles, au kilomètre 32, portant une dizaine de blessures par armes à feu. Germain Planche avait été appréhendé par des miliciens le 17 avril 1944 et conduit dans les locaux de la Milice, avenue Fauchères à Nîmes.

Ce même jour, 21 avril, le nommé Joseph Dumazeau, né le 27 août 1919 à Saint-Etienne, employé à la S. N. C. F. à

Paris, est découvert sur la route de Nîmes à Saint-Gilles, à proximité du mas de Belle-Rive, grièvement blessé de plusieurs balles de revolver. Transporté à l'hôpital Gaston-Doumergue, Joseph Dumazeau est aussitôt interrogé par le chef de la Sûreté à qui il déclare avoir été arrêté l'avant-veille par des miliciens et enfermé dans une cave au siège de la Milice, avenue Fauchères : le 21 avril, trois miliciens l'ont emmené en voiture à l'endroit où il a été découvert ; ils l'ont fait descendre et lui ont tiré plusieurs balles dans le ventre, puis sont repartis. Joseph Dumazeau meurt quelques heures plus tard.

Le Parquet de Nîmes ouvre une information sur le double meurtre. L'enquête établit que les miliciens ont agi sur les ordres du chef départemental Emmanuel Passemard. Un rapport circonstancié est adressé au Garde des sceaux. L'affaire est classée à la suite d'une lettre de Darnand, dont l'original se trouve au greffe du tribunal de Nîmes, et dont voici le texte :

« Vichy. — Le 7 juin 1944. — Secrétaire général au Maintien de l'Ordre à Monsieur le Garde des sceaux, secrétaire d'Etat à la Justice.

« Référence : Votre lettre n° 3. 615-A. 43-R. 36-Direction criminelle, 1ᵉʳ Bureau, en date à Paris du 18 mai 1944.

« J'ai l'honneur de vous faire connaître qu'il résulte de l'enquête que j'ai prescrite que la Milice n'a aucune participation dans les faits, objets du rapport transmis par votre lettre précitée.

« Signé : JOSEPH DARNAND [1]. »

Autre affaire ayant eu la même conclusion, celle dite des « Neuf-Soleils » à Clermont-Ferrand.

Dans le courant de mai 1944, le chef départemental de la Milice du Puy-de-Dôme, Léon Courjon, est tué par la Résistance. Quelques jours plus tard, le 22 vers 11 heures du matin, dans un tramway, son fils, Jean Courjon, chef de dizaine de la Franc-Garde, croit reconnaître deux jeunes résistants. Avec Jean Courjon sont trois autres francs-gardes, en uniforme, en armes : René Bouzon,

---

1. Document inédit.

Georges Dumas et Christian Charpentier. Les quatre miliciens se concertent, et quand les deux suspects descendent
du tramway, à l'arrêt des Neuf-Soleils, ils les suivent. Les
suspects entrent dans un café où ils retrouvent deux autres
jeunes gens. Les francs-gardes surgissent, les arrêtent, les
fouillent. Ils trouvent sur trois d'entre eux un colt de 9 mm
et une grenade, aucune arme sur le quatrième. Le chef de
dizaine fait sortir ces trois-là du café et les fait placer sur
le trottoir en face, de l'autre côté de la rue, les bras en
l'air. Il s'agit de Roger Astier, 23 ans, surveillant; de Marcel Delorme, 21 ans, électricien; de André Taiche, 22 ans,
employé.

La circulation est dense. Jean Courjon la fait arrêter.
Puis il ouvre le feu à la mitraillette, imité par ses compagnons. Les trois jeunes résistants s'écroulent; le quatrième
sera déporté en Allemagne au titre du S. T. O. Alertés par
téléphone, les chefs miliciens de Clermont-Ferrand
arrivent sur les lieux quelques minutes plus tard, puis le
procureur de la République, puis des Allemands et des
francs-gardes qui bloquent les issues du quartier et qui
contrôlent l'identité des passants.

A la suite de cette triple exécution sans jugement, une
information est ouverte par le parquet de Clermont-Ferrand. Darnand fait classer l'affaire.

Les harangues de Darnand à ses troupes choquent les
Français de sens commun qui les entendent. Et combien de
maladresse dans son comportement.

Le 29 janvier 1944, à Treignac, en Corrèze, un accro-
chage entre G. M. R. et maquisards de l'A. S. fait plusieurs
morts et blessés dans chaque camp. A l'issue du combat,
alors que le feu a cessé, un officier de G. M. R. va se poster
en surveillance avec quelques hommes sur la route 140, à
l'entrée du bourg. Soudain se présente une voiture à bord
de laquelle se trouvent cinq personnes dont une femme,
aucunement des résistants, la femme sortait d'une clinique
de Tulle, mais les G. M. R. s'affolent : sans sommation,
sans savoir à qui ils ont affaire, ils tirent. Deux occupants
de la voiture sont tués. Un troisième, blessé, mourra le
lendemain.

La population, indignée, dresse une chapelle ardente.
Une pétition réclamant une enquête impartiale et le départ

des G. M. R. recueille 388 signatures. Darnand vient pour
les obsèques. Après avoir dit aux G. M. R. : « Il n'y a pas
deux sortes de maquis, il n'y en a qu'une, et vous les
traiterez tous de la même façon », il décore plusieurs
d'entre eux, ce qui constitue à l'égard de la foule présente,
à quelques mètres des cercueils, une véritable provocation.
Le préfet de la Corrèze, M. Lecornu, adresse à Laval un
rapport sur les événements auquel il joint la pétition. Il est
aussitôt révoqué et Darnand, après avoir ordonné par télégramme au préfet régional Freund-Valade l'épuration de
Treignac, y fait procéder à huit arrestations. Quatre des
personnes arrêtées seront déportées en Allemagne, l'une y
mourra : M. Hoffre, âgé de 67 ans, à Buchenwald.

Encore une affaire de malandrin promu mainteneur de
l'ordre : le 11 juillet 1944, à Gensac-la-Pallue, Charente,
des miliciens sous le commandement du chef André Rouby
se présentent à la ferme de M. Beaulieu qu'ils viennent
arrêter sous l'accusation de se livrer à l'abattage clandestin. Prévenu par le maire, M. Beaulieu se cache. Furieux, les
miliciens frappent sa femme à coups de poing et menacent
de mettre le feu. Alerté, le sous-préfet de Cognac, M. Rix,
vient sur les lieux avec le capitaine de gendarmerie Poirier. Ils trouvent les miliciens mitraillette au poing sur le
seuil et Mme Beaulieu à l'intérieur, assise sur une chaise, le
visage tuméfié. Le sous-préfet Rix fait ouvrir une enquête.
Elle est menée par le capitaine de gendarmerie Poirier.
Voici le procès-verbal de la déposition du chef
Rouby [1] :

> « Ce jourd'hui quinze juillet mil neuf cent quarante-
> quatre, à quatorze heures.
> « Nous, soussignés Poirier Jean, capitaine, et Philip-
> pot René, adjudant à la Résidence de Cognac, départe-
> ment de la Charente, revêtus de notre uniforme et
> conformément aux ordres de nos chefs, à notre
> caserne, et agissant en vertu d'une réquisition de mon-
> sieur le Procureur de la République à Cognac en date
> du 13 juillet 1944, transmission section sous le
> n° 6437/3 en date du 14 du même mois, relative à un
> incident survenu entre la Milice et la famille Beaulieu

---

1. Document inédit.

à Gensac-la-Pallue (Charente) et à l'effet d'entendre le sieur Rouby, sur les faits qui lui sont reprochés, avons reçu de :

« Rouby André-Alphonse, ingénieur agricole, né le 30 novembre 1892 à La Chapelle-Baton (Deux-Sèvres), fils de (...), veuf, un enfant, instruction secondaire, CONDAMNÉ TROIS FOIS POUR ESCROQUERIE A 23 MOIS DE PRISON, chef d'arrondissement de la Milice, 41, rue d'Angoulême à Cognac, a fait la déclaration suivante :

« Sachant que M. Beaulieu Pierre, propriétaire à Gensac-la-Pallue (Charente), se livrait à l'abattage clandestin de bovins et à la vente de grains, j'ai convoqué cet homme à mon bureau pour le 8 juillet 1944. M. Beaulieu a obéi à ma convocation, mais il n'a pas reconnu les abattages clandestins et la vente de grains que je lui ai reprochés. NÉANMOINS, COMME LA MILICE M'EN DONNE LE DROIT, JE LUI AI INFLIGÉ UNE AMENDE DE DIX MILLE FRANCS A ME VERSER A MOI-MÊME, le 10 juillet courant.

« Le 11 juillet, cet homme ne s'étant pas exécuté, j'en ai fait part à M. Mouget, chef de détachement à Angoulême, qui était de passage à Cognac. Aussitôt ce chef a décidé de se rendre avec quatre de ses hommes et moi-même chez M. Beaulieu.

« Lorsque nous nous sommes présentés chez ce dernier, il n'était pas à son domicile; sa femme nous ayant fait connaître que son mari était allé chez M. Melayer, le boulanger, nous nous sommes présentés, mais en vain, chez ce commerçant. Revenus chez M. Beaulieu nous sommes entrés d'autorité dans son domicile et d'accord avec M. Mouget nous avons fait ouvrir l'armoire d'une chambre qui pouvait cacher un homme. Au cours de cette visite, j'ai saisi Mme Beaulieu par un bras pour l'inviter à me dire où était son mari.

« Je n'ai pas exercé d'autres violences contre elle.

« Les miliciens qui étaient avec moi ont bousculé Mme Beaulieu, mais ils ne l'ont pas battue. Aucun n'a appuyé son arme sur la poitrine de cette femme. Un seul a dit : « Si vous ne dites pas où est votre mari, nous mettrons le feu à la ferme. » Je prends

sur moi toute la responsabilité de cette visite domici-
liaire.

« J'ajoute que les miliciens ont ouvert une valise qui
n'était pas fermée à clef et qui contenait un morceau
de jambon, un demi-pain et des couvertures. Cette
découverte nous a fait présumer que M. Beaulieu avait
pris la fuite.

« Lecture faite, persiste et signe. »

Aucune disposition légale ne reconnaissait le droit aux
miliciens de mettre quiconque à l'amende. Les extorsions
de fonds, pourtant, furent fréquentes. Pour limiter les actes
délictueux, Darnand a posé comme règle que les miliciens,
pour les opérations de police, devraient être accompagnés
d'un officier de police. Cela fut rarement observé. Et il est
arrivé aussi, comme Knipping le déclara en 1945, que les
policiers professionnels qui accompagnaient les miliciens
participent aux pillages.

La nuit du 19 au 20 mai 1944, une quarantaine de francs-
gardes en uniforme, casqués, armés de mousquetons, de
mitraillettes et de pistolets, et accompagnés de cinq inspecteurs en civil de la brigade de l'intendant régional de
police de Toulouse, Pierre Marty, se présentent au domicile de M. Jean Gayraud, mécanicien-dentiste, 6, rue Ras-
pail à Carcassonne. Ce dernier, chef local des M. U. R.[1],
alerté, a fui. Ne se trouve dans son appartement qu'une
personne, la bonne, Mlle Mariette Mendez. Les francs-
gardes fouillent le logis de fond en comble. Ayant déni-
ché du vin et des victuailles, ils se mettent à festoyer et passent de la sorte plusieurs heures gaiement. Au matin, ils
repartent après avoir chargé dans des camionnettes dix
tonnes de sucre entreposées là par la Société générale
coopérative de Carcassonne. Ils prennent aussi 60 000 francs
en espèces, des bijoux, le linge de corps et le pécule de la
jeune fille, terrorisée.

Ou les chefs miliciens sont honnêtes, les denrées saisies
sont remises au Secours national ou distribuées aux néces-
siteux par le service social de la Milice; ou ils ne le
sont pas, elles sont vendues au marché noir. L'argent, les

1. M. U. R. : initiales de Mouvements Unis de Résistance.

bijoux et les valeurs sont ordinairement partagés entre les auteurs du vol.

De même qu'ils ne sont pas tous des dénonciateurs et des tortionnaires, les miliciens et francs-gardes ne sont pas tous des voleurs. Dans une troupe de trente ou de cent miliciens, il suffit qu'il y ait quelques mauvais garçons pour que des exactions soient commises. La grande excuse c'est que ce qui est pris était destiné au maquis : autant qu'il n'aura pas. Mais le 10 juin 1944, le lendemain du bombardement aérien de Fougères, une cohorte de la Milice sous la conduite du chef Dupuis vient participer au déblaiement. Certains d'entre eux se livrent au pillage des maisons et des magasins abondonnés, à la vue des habitants.

Le 29 juin 1944 à cinq heures du matin, sept Juifs sont exécutés à la mitraillette par des miliciens du 2ᵉ Service de Lyon, derrière le mur ouest du cimetière de Rillieux (Ain), où ils ont été amenés en camion. Dans l'après-midi, le commissaire de police René Faury, de Lyon, se rend au domicile de l'une des victimes qu'il a pu identifier, M. Emile Zeizig qui exploitait un magasin de bonneterie, 10, place Xavier-Ricard à Sainte-Foy-les-Lyon. Arrivant devant le magasin, le commissaire Faury y voit une camionnette dans laquelle des francs-gardes sont en train d'entasser ce que contenait la bonneterie, qu'ils mettent à sac.

Quand des miliciens font des opérations en compagnie de soldats de la Wehrmacht, il arrive que ce soit les miliciens et non pas les soldats allemands qui se livrent aux actes les plus odieux.

Le 13 août 1944, vers 11 heures du matin, deux maquisards du groupe F. T. P. Igon, de Verdun, Haute-Garonne, Cyrille Belloc et Jean Laveron, qui transportaient des explosifs dans une voiture, sont surpris par un milicien de Verdun, Maurice Squilbin, leur voiture venant d'être endommagée par accident. Ils réussissent à camoufler les explosifs et à fuir. La fille de Maurice Squilbin, Madeleine, milicienne, avise les Allemands par téléphone.

Un peu avant midi, Maurice Squilbin et une dizaine de soldats allemands dont un officier se présentent à la ferme de M. Pierre Belloc, âgé de soixante-dix-neuf ans, grand-père de Cyrille Belloc. Ils lui demandent où est son petit-fils. Le vieillard répond qu'il l'ignore. Tandis que Maurice Squilbin surveille Pierre Belloc devant la porte, les Allemands fouillent la ferme. Ils repartent sans rien emporter.

Le lendemain vers 13 heures, Maurice Squilbin retourne chez M. Pierre Belloc, accompagné d'une dizaine de miliciens. Quelques minutes plus tard huit soldats allemands arrivent dans deux voitures. Dans la première se trouvent Madeleine Squilbin et l'officier déjà venu la veille. Cette fois, ce sont les miliciens qui fouillent, les Allemands restent dehors. Une heure passe. Le milicien qui semble être le chef du détachement appelle Pierre Belloc, lui ordonne d'ouvrir un bureau fermé à clé. Il y trouve 500 francs, les prend, puis dit au vieillard : « Si tu ne me remets pas la somme de 50 000 francs, je mets le feu à ta maison. » Pierre Belloc répond qu'il n'a pas tant. Le chef milicien lui prend alors son portefeuille, qui contient 27 500 francs et des titres.

Au moment du départ des miliciens et des soldats allemands, l'officier allemand fait restituer les titres à leur propriétaire. Pierre Belloc, rentré dans sa demeure, constate que les miliciens ont dérobé des draps, du linge, des conserves, qu'ils ont pris dix poules et poulets. En outre, ils sont repartis à bord d'une voiture qu'ils ont trouvée là et qui appartient à une parente de M. Belloc, femme d'un prisonnier de guerre.

En zone Nord, où la proportion de crapules et de voyous est sensiblement plus importante à la Milice qu'en zone Sud, s'ajoutent les complications du fait des rivalités entre groupuscules collaborationnistes.

A La Rochelle, le 2ᵉ Service de la Milice est composé de quelques spécimens particulièrement distingués : le sieur Emile Heyraud, tenancier d'une maison close, jadis condamné pour trafic de stupéfiants, membre du R. N. P. de Déat ; le sieur Vachernprioux dit Prioux, successivement congédié de la police spéciale du contrôle économique et de la police des sociétés secrètes, pour malversations ; le sieur Ginguenaud qui, selon un rapport de police de l'époque, « est connu de nos services comme un cambrioleur dangereux et de grande envergure » ; le sieur

Coellier Maurice, « individu de basse moralité » ; quelques autres dont les sieurs Vidal, Le Bihan, le chef de Bretagne. Le chef départemental, Delestre, est membre du R. N. P.

Le 23 juillet 1944 au soir, à la caserne « Philippe-Henriot » où est cantonnée une trentaine de la Franc-Garde, Delestre, Heyraud, Coellier, Vidal, Ginguenaud, Vachernprioux et Mme Vachernprioux, réunis en conseil de guerre, décident d'exécuter le lendemain une opération de contrôle à Aigrefeuille et à Forges-d'Aunis.

Le 24 à l'aube, les miliciens du 2e Service et une vingtaine de francs-gardes investissent Aigrefeuille et Forges-d'Aunis. Des perquisitions sont opérées, onze personnes sont arrêtées, plusieurs vols sont commis. Pour empêcher toute intervention des forces de l'ordre traditionnelles, tant que dure l'opération, des francs-gardes en uniforme et en armes occupent de force la gendarmerie et la poste. Les suspects sont conduits à la caserne Philippe-Henriot à La Rochelle. L'interrogatoire commence. Il est mené par le chef de Bretagne, Heyraud, Vachernprioux, Degauge, Sauvage, et par les deux cuisiniers de la caserne, Dune et Gibault, à coups de nerf de bœuf. On ranime ceux qui s'évanouissent en leur jetant de l'eau au visage.

Les gendarmes se plaignent à leurs supérieurs hiérarchiques du comportement de la Franc-Garde. L'affaire s'ébruite. Envoyé en mission par le Maintien de l'Ordre, le chef milicien François Sidos, entrant à la caserne Philippe-Henriot, voit un suspect, Lacuska, étendu sur une pelouse, en sang. Le chef Sidos enquête, découvre que des actes délictueux ont été commis et que le chef départemental Delestre a toléré ces exactions.

Le 1er août, Sidos a un entretien avec Delestre et lui fait part du malaise qui règne à la Milice à la suite de l'expédition d'Aigrefeuille, faite par des éléments douteux ce qui jette un discrédit sur la Milice. Il l'informe que les miliciens Heyraud, Coellier, Ginguenaud et Vidal doivent être immédiatement exclus de la Milice. La décision est notifiée aux intéressés dans l'après-midi. Le tenancier de maison close Heyraud porte la discussion sur le plan politique. Il affirme l'existence d'un complot des francistes et des P. P. F. pour éliminer les militants du R. N. P. de la Milice. Il déclare à Delestre qu'il s'agit d'une manœuvre du camp bourgeois et capitaliste représenté par le chef Sidos, Grange — chef départemental adjoint de la Milice de Charente-Maritime, et Degauge. Le ton monte et Heyraud dit, parlant de Sidos : « On verra bien qui aura la peau de l'autre! » Ginguenaud et Coellier l'approuvent et profèrent des menaces de mort contre les chefs Sidos et Grange.

Delestre, impressionné, dit aux quatre exclus qu'à défaut de faire partie du 2ᵉ Service de la Milice, ils seront désormais sa garde personnelle.

Sidos s'oppose à cette solution. Il se rend à Poitiers voir le chef régional Aussenac et l'informe qu'il relève Delestre de son commandement et qu'il nomme à sa place son adjoint, le chef Grange.

Outré, Delestre part pour Paris où il est reçu par Marcel Déat. Déat intervient auprès de Darnand. Darnand renvoie Delestre au chef Aussenac, à Poitiers.

Pendant ce temps, à La Rochelle, les chefs Sidos et Grange, pour garder l'avantage, déposent une plainte contre Heyraud, Coellier, Le Bihan, Vachernprioux et Ginguenaud.

Venant de Poitiers, Delestre rentre à La Rochelle le 7 août et contre-attaque. Il se présente au commissaire de police chef de la Sûreté et lui exhibe un ordre de mission signé du chef régional Aussenac qui le confirme dans ses fonctions de chef départemental.

Heyraud et son équipe reprennent leurs activités.

Sidos et Grange tentent alors de faire inculper Delestre.

La conclusion de ce remue-ménage est tirée par le commissaire de police chef de la Sûreté dans un rapport en date du 14 août 1944, au juge d'instruction de La Rochelle, dont j'extrais ces lignes [1] :

> « Actuellement et d'après les faits portés à ma connaissance, il semble y avoir une confusion dans le commandement départemental de la Milice de Charente-Maritime puisque monsieur Delestre a été confirmé dans ses fonctions sans que monsieur Grange

---

1. Document inédit.

ait été destitué. La question de savoir qui commande
et qui ne commande pas, qui appartient encore et qui
a été exclu de cet organisme a en effet son importance (...).

« D'autre part la justice ne peut exercer seulement
sur une partie des individus à l'encontre desquels
l'enquête relève des charges : ces charges sont les
suivantes :

1° M. Delestre, chef départemental de la Milice
ordonna et couvrit de son autorité une expédition de
police à Aigrefeuille-d'Aunis et Forges-d'Aunis, où
11 arrestations, autant de perquisitions et des réquisi-
tions furent faites. Les personnes arrêtées furent gar-
dées neuf jours, maltraitées et finalement relâchées
faute de preuves. Leur innocence avait d'ailleurs paru
dès le troisième jour.

2° Toutes ces opérations n'ont jamais été faites
régulièrement ni légalisées par la suite, et le concours
d'aucun officier de police judiciaire ne fut jamais sollicité. Les perquisitions ne furent jamais régulari-
sées.

3° Une opération a également été faite à Fourras
où se reproduisirent les mêmes faits qu'à Aigrefeuille.

4° A la date du 1er août, M. Delestre notifia à
quatre membres du 2e Service leur exclusion. Or, pos-
térieurement, celui-ci leur délivra un ordre de mission
et des bons de réquisition qui permit à la bande d'agir
sous le couvert de la Milice (...).

« On a l'impression très nette que sous couvert de la
Milice quelques individus de moralité plus que dou-
teuse ont satisfait leurs appétits. »

L'ancien chef de l'Avant-Garde de la Milice m'a déclaré
en 1967 : « Sanctionner les conneries ? Il aurait fallu en
sanctionner trop... »

Et M. Pierre A., milicien à Nérac, engagé à la SS Sturmbrigade, lieutenant pharmacien à la division Charle-
magne : « Il y avait à la Milice 50 pour cent de garçons
bien et 50 pour cent de voyous. »

12

Les cours martiales

« La justice sera plus expéditive ». – Qui et comment? – Le comité juridique du secrétariat au Maintien de l'Ordre. – Les cours martiales itinérantes : Jocelyn Maret, Joseph Boiron, Félix Bétaz. – Darnand à Eysses. – Darnand et les maquisards de Vancia.

La loi du 20 janvier 1944 qui instaure les cours martiales donne aux chefs miliciens une arme terrible. Préparée par le secrétariat au Maintien de l'Ordre, prise sous la signature du chef du gouvernement, elle répond à la volonté maintes fois exprimée de Laval et de Darnand d'activer la répression, et au vœu de nombreux magistrats, très satisfaits d'être déchargés de la mission de juger et d'envoyer au peloton d'exécution les « terroristes ».

Le 21 janvier, à Vichy, Pierre Laval, en même temps qu'il présente Darnand aux intendants de police, commente la nouvelle loi qu'il déclare absolument nécessaire et venir à point.

Comme on peut s'y attendre, le commentaire de *Combats* du 29 janvier 1944 est également chaleureux :

> « Ainsi le chef Darnand se trouve maintenant investi de pouvoirs qui vont lui permettre de mener à bien la lutte contre le banditisme, tout en maintenant l'ordre menacé de notre pays.
>
> « Désormais, le laisser-aller que l'on a eu à déplorer trop souvent durant ces derniers mois dans les prisons

ou camps de concentration, a cessé d'exister. Ceux parmi les fonctionnaires qui, obéissant aux ordres de l'étranger, pensent encore le prolonger, seront frappés sans pitié.

« Finies également les longues plaidoiries et formalités administratives et judiciaires qui donnaient le temps aux bandits de délivrer leurs complices tombés dans la souricière. Désormais, avec l'institution des cours martiales, la justice sera plus expéditive.

« Déjà, certains limogeages retentissants ont eu lieu. La sécurité du pays en réclame d'autres, en même temps que des exemples. Le chef Darnand saura leur en fournir. D'autant plus que le Chef ne saurait maintenant être entravé dans son action. Il n'a de compte à rendre qu'au chef du gouvernement, qui l'a appelé à ces fonctions et qui, vendredi dernier, lors d'une importante réunion des préfets et intendants de police de zone Sud, a témoigné sans ambiguïté sa pleine confiance en Joseph Darnand pour remplir la tâche difficile qu'il lui a confiée. »

De son côté, Philippe Henriot déclare : « On a simplement repris les dispositions de la loi du 19 mars 1793 sur la commission militaire pour mettre fin à la rébellion de Vendée », et assure que les cours martiales sont uniquement destinées à juger les « bandits ».

Aux « longues plaidoiries », aux « formalités administratives et judiciaires », au « laisser-aller » qui sévissait trop souvent « dans les prisons ou camps de concentration », succède donc, pour venir à bout de la Résistance, une justice « plus expéditive ».

Elle le sera en effet.

La loi du 20 janvier 1944, en vigueur jusqu'au 30 juin et prorogée, suspend les garanties judiciaires de droit commun. Elle s'applique aux « individus, agissant isolément ou en groupes, arrêtés *en flagrant délit* d'assassinat ou de meurtre commis au moyen d'armes ou d'explosifs, pour favoriser une activité terroriste ». L'accusé est immédiatement déféré à une cour martiale réunie à l'initiative de l'intendant de police, formée de trois membres, magistrats ou non-magistrats, désignés par le secrétaire général au

Maintien de l'Ordre. Pas d'avocat, pas de défense et pour ainsi dire pas d'accusation. Deux cas : l'accusé est justifiable de la cour martiale, il est passé par les armes ; l'accusé n'est pas justifiable de la cour martiale, il est déféré au Parquet.

Notons que la loi du 20 janvier ne fait pas de différence entre celui qui tue par surprise un Allemand ou un collaborationniste dans la rue, en pleine ville, et celui qui ouvre le feu à la mitraillette ou au fusil mitrailleur sur un convoi allemand, en embuscade au bord d'un chemin du Limousin ou du Vercors. Dans les deux cas, la sanction est le peloton d'exécution.

Pratiquement, les choses se passent ainsi. Dans les cas où il y a réellement flagrant délit, c'est l'intendant régional de police (certains sont des miliciens et de plus en plus le seront à partir d'avril) qui décide en toute souveraineté et sans avoir à en référer au préfet régional qu'UN TEL sera traduit en cour martiale et qui demande au secrétaire général au Maintien de l'Ordre (Darnand) d'en former une. Selon Darnand, la désignation des trois membres était faite par son directeur de cabinet, Raymond Clémoz. Les juges sont soit des chefs miliciens de Vichy, soit des chefs locaux.

Le flagrant délit est rarement respecté. Un comité juridique est institué auprès du secrétariat au Maintien de l'Ordre. Il comprend des magistrats ou des anciens magistrats membres de la Milice ou sympathisants, dont Chastelain de Beneroche, Felix Betaz, Joseph Boirón. Le comité juridique se fait communiquer les dossiers des personnes déjà arrêtées et emprisonnées. Il trie. Il choisit.

Dans la très grande majorité des cas, l'accusé est en fait condamné à mort AVANT d'avoir comparu devant ses juges. C'est le cas, entre autres, de tous les maquisards capturés les armes à la main : flagrant délit. Mais c'est aussi le cas de tous ceux qui sont détenus que les chefs du Maintien de l'Ordre désirent faire exécuter : aucun recours n'est possible. L'affaire est réglée en quelques minutes. Souvent, la cour martiale se borne à demander à l'accusé de confirmer son identité : son nom, son prénom, sa date de naissance. Parfois, un bref interrogatoire a lieu. L'accusé reconnaît-il tel fait? Ce n'est qu'un simulacre. La réponse de l'accusé est indifférente. Les juges sont pressés. Quelques heures plus tard ils repartiront et ce sera la salve, le plus souvent par des gardes mobiles, dans une cour de la prison.

Il arrive que l'accusé ne sait même pas ce qu'on lui reproche. Il ne sait jamais qui sont ses juges : l'identité des membres de la cour martiale est tenue secrète. Tantôt le procès-verbal de l'exécution n'est pas signé, tantôt on y voit des gribouillis.

Pierre Gallet qui présidera la cour martiale à la prison de la Santé, le 15 juillet 1944, dira en 1949 devant la cour de justice :

> « J'ai entendu dire qu'on reprochait à Hulot d'avoir apposé sa signature au bas d'un arrêt. Je crois devoir vous dire que les présidents de cour martiale n'avaient pas l'habitude de signer aussi lisiblement. Ils n'aimaient pas se manifester publiquement. »

On conçoit que des « erreurs » sont inévitables. Parmi les « terroristes » fusillés à Montauban se trouvait un commerçant qui avait été incarcéré pour le meurtre d'un sergent de ville. On s'apercevra plus tard qu'il s'agissait d'un crime passionnel : le sergent de ville était l'amant de sa femme...

Une cour martiale fonctionne pour la première fois à Marseille, au cours des premiers jours de février. Quatre exécutions. L'intendant de police Andrieu qui refuse de se prêter à cette parodie de justice est aussitôt révoqué.

Le 9 février au soir, trois individus arrivent à Toulouse où ils descendent à l'hôtel Fagès. Le lendemain matin, ils se présentent au préfet Sedon, récemment promu par Laval, à qui ils exhibent un ordre de mission du Maintien de l'Ordre aux fins de constituer une cour martiale à la prison Saint-Michel. Le préfet les y introduit. Douze détenus politiques sont condamnés à mort dans l'après-midi et un moment plus tard passés par les armes par un peloton de gardes mobiles. Plusieurs gardes mobiles, écœurés de ce qu'on leur fait faire, tirent à côté : toutes les balles ne portent pas. Le président de la cour martiale sort un revolver de sa poche et le tend au chef du peloton avec ces mots : « Prends celui-là, ça ira plus vite. »

Les trois membres de la cour martiale, avant de quitter Toulouse, vont passer la nuit dans une maison de tolérance, « La Présidence ».

Après la Libération, la Justice aura le plus grand mal à établir l'identité des individus qui siégèrent dans les cours martiales. Tous ne sont pas connus. Voici quelques spécimens.

Jocelyn Maret, né le 10 avril 1910 à Moissat, Puy-de-Dôme, était représentant en produits pharmaceutiques avant les événements. Collaborationniste de choc, il est membre de la Milice et de la L. V. F. dont il est le « délégué administratif » à Vichy. Il accompagne le colonel Puaud dans plusieurs tournées d'inspection sur le front de l'Est. Carrière fulgurante : il est nommé fin 1943 délégué général du gouvernement dans les territoires occupés, sous-préfet de Dinan le 21 février 1944, sous-directeur de l'administration pénitentiaire en mai. Ces multiples fonctions n'empêchent pas l'ex-représentant en produits pharmaceutiques de sillonner la France, d'une prison à l'autre, comme président d'une cour martiale itinérante. A Rennes, le 12 mars 1944 : trois fusillés. A Loos, le 22 mars : deux fusillés. A Châlons-sur-Marne, le 11 avril : un fusillé. A Laon, le 19 avril : un fusillé. A Paris, le 30 avril, où neuf jeunes F. T. P. de la région de Troyes sont fusillés à 6 heures du matin tandis que tous les détenus de la Santé, y compris les détenus de droit commun, chantent *la Marseillaise*. A Besançon, le 19 mai, où huit jeunes gens du maquis Foncegrive sont passés par les armes.

Joseph Boiron, juge d'instruction, a fait partie de la Légion des Combattants, puis du S. O. L. puis de la Milice. Il est membre du comité juridique du Maintien de l'Ordre. A ce titre, il trie les dossiers en instance. Il siège à plusieurs reprises aux cours martiales de Lyon, en février, en mars, en mai, en juillet. Il entretient les meilleures relations avec l'intendant de police de Lyon, Cussonac, un forcené qui, passant devant les condamnés à mort, saisit et déchire en leur présence les lettres qu'ils viennent d'écrire à leur famille.

Felix Betaz, colonial, est rentré en France en 1941. Il trouve un emploi au sous-secrétariat aux colonies. Il s'inscrit à la Milice où il fait étalage de son extrémisme. Darnand le remarque et l'attache à son cabinet. C'est Betaz qui propose à Darnand et à Clémoz les miliciens à désigner pour remplir les fonctions de commissaire du gouvernement. Le 2 juillet 1944, il préside une cour martiale à Nîmes. Trois jeunes gens sont condamnés à mort. Les gendarmes du peloton d'exécution refusent de tirer. Ils sont aussitôt arrêtés. Les trois condamnés sont transférés à Marseille où ils sont exécutés.

Des cours martiales siégeront aussi à Poitiers, à Annecy, à Orléans, à Angers, à Limoges, à Lille, à Montpellier, à Clermont-Ferrand, à Nîmes, à Nice.

Retenons deux affaires où Darnand est intervenu en personne.

Le 19 février 1944, un soulèvement armé, préparé de longue date, se produit à la Maison centrale d'Eysses, près de Villeneuve-sur-Lot, Lot-et-Garonne, où sont rassemblés 1 200 détenus politiques de la zone Sud et quelques condamnés de droit commun. Les insurgés ont quelques mitraillettes et pistolets; ils ont des complices parmi les gardiens ; ils sont commandés sur le plan militaire par François Bernard, socialiste, qui en Espagne avait été le chef de la 12e brigade internationale puis de la 139e brigade. Le directeur de la Centrale, le milicien Schivo, en fonction depuis un mois, est capturé par surprise et sans bruit alors qu'il faisait visiter la prison à un inspecteur général des services administratifs, Breton, vers 15 heures. De nombreux gardiens sont également surpris et ligotés. L'évasion générale semble sur le point de réussir : le passage d'une corvée de détenus de droit commun la fait échouer. Les G. M. R. de la garde extérieure, qui jusque-là ne s'étaient aperçus de rien, bloquent les issues. Un dur combat s'engage au cours duquel sont tués l'un des insurgés, Louis Aulagne, et un employé de la prison. Il y aura quatorze blessés, moitié chez les G. M. R., moitié chez les insurgés, dont François Bernard, blessé à un genou dès les premiers coups de feu et qui, étendu sur un lit de camp, continue de coordonner les actions.

Sur les instances de la femme de Schivo, une Allemande née Schneiderborn, un détachement de troupes allemandes cantonné à Agen est appelé en renfort.

Trop inférieurs en armement, les insurgés ne parviennent pas à forcer le passage au couloir central. Ils entrent en communication par téléphone avec le sous-préfet du Lot-et-Garonne. Faisant état des otages qu'ils détiennent, ils demandent qu'on les laisse sortir sans leur opposer de résistance. Le préfet refuse. Les insurgés, alors, attaquent les tourelles. Ils sont repoussés. Les G. M. R. ont des fusils mitrailleurs et l'avantage de la position.

Le détachement de troupes allemandes arrive à Eysses vers 21 heures, alors que dans la prison le combat se poursuit avec intensité. Il est muni de mortiers et de pièces d'artillerie de campagne.

Aux premières heures du 20 février, les insurgés constatent que leurs munitions s'épuisent. A 3 h 40 du matin, un officier des G. M. R., le commandant Grat, les informe par téléphone que si au plus tard à 4 heures ils n'ont pas déposé les armes et regagné leurs dortoirs, les Allemands interviendront avec leurs mortiers et leurs 77. Les insurgés engagent des négociations avec leur principal prisonnier, Schivo. Un accord est conclu. Ils déposeront les armes et regagneront les dortoirs. Le directeur de la Centrale donne sa parole qu'aucune représaille ne sera exercée.

Les insurgés rejoignent les dortoirs. Mitraillettes et pistolets sont rendus inutilisables. Le détenu qui a la charge de les livrer, Hervé Combès, cache quelques grenades dans le jardin de l'infirmerie. Les G. M. R. entrent dans les quartiers de la prison qui étaient tenus par les insurgés. Ils y sont rejoints par des miliciens de Villeneuve-sur-Lot et d'Agen. Schivo, libéré (il n'a subi aucun sévice), appelle Darnand par téléphone. Celui-ci répond qu'il arrive par route.

L'enquête commence avant l'arrivée du secrétaire général au Maintien de l'Ordre. Elle est conduite par deux intendants de police, Hornus et Mino, et par des policiers de Limoges. Un détenu, Lambert, dénonce toute l'organisation de résistance de la prison (le « Collectif du Front national »), ses chefs communistes et gaullistes. Le surveillant en chef de la Centrale, Johannès Dupin, désigne les meneurs de l'insurrection.

Au début de l'après-midi arrivent de Toulouse des inspecteurs de la 8e brigade mobile de la Police nationale.

Darnand arrive dans la soirée avec une escorte de francs-gardes. Une conférence réunit les chefs du Maintien de l'Ordre et ceux de l'administration pénitentiaire dans le bureau du directeur de la prison. Selon la déclaration de Joseph Schivo en date du 31 août 1945, Schivo aurait déclaré à Darnand en présence de l'intendant de police Hornus qu'il avait donné sa parole qu'« aucune mesure ne serait prise à l'encontre des détenus »; Darnand lui aurait répondu : « Je m'en fous; vous n'aviez pas à prendre des engagements dont d'ailleurs je ne tiens aucun compte du fait que les détenus n'ont pas remis toutes les armes qu'ils possédaient. Votre parole ne m'engage pas. »

Les grenades enfouies dans le jardin de l'infirmerie ont été découvertes.

Selon le témoignage de l'intendant de police Mino, Darnand aurait déclaré qu'il fallait fusiller une cinquantaine de détenus, pour l'exemple, et que tout devait être réglé dans les quarante-huit heures.

Ce qui est sûr c'est que Darnand ordonne d'accélérer la procédure contre les meneurs de l'insurrection.

Les interrogatoires sont menés avec une extrême brutalité, moins par la 8ᵉ brigade mobile que par les policiers de la « brigade spéciale antiterroriste » de Limoges.

Darnand se retire vers 21 heures. Il se rend au domicile du chef cantonal de la Milice, Péribert, puis chez le chef départemental, le pharmacien de Perricot, où il dîne.

L'enquête se poursuit. Le mardi 22, trois miliciens se présentent, le soir, à la prison. Ils forment une cour martiale. Le mercredi 23, à 4 heures du matin, l'intendant Mino remet à la cour martiale quatorze procès-verbaux. A 7 heures, la cour martiale rend son verdict : 12 accusés sont condamnés à mort, 2 sont déférés au Parquet. L'exécution a lieu à 11 heures, dans une cour de la prison, par des G. M. R. commandés par un obsédé de l'anticommunisme, le lieutenant Martin, volontaire pour commander le peloton. Les douze meurent courageusement en criant : « Vive la France [1]. » Parmi eux deux Espagnols, Domingo

---

1. Le pasteur Féral, aumônier protestant d'Eysses, qui assista à l'exécution, en a fait une relation dont j'extrais ces lignes :
« Les condamnés chantent le *Chant du départ* et disent qu'ils meurent pour la France (...).
« Un détenu, s'adressant aux soldats en kaki qui tapissent le fond de la salle,

Serveto-Bertran et Jaime Serot-Bernat, et dix Français : le commandant François Bernard, chef militaire de l'insurrection ; Henri Auzias, Roger Brun, Jean Chauvet, Alexandre Marqui, Gabriel Pelouze, Emile Sarvisse, Jean Stern, Jean Vigne, Louis Guiral.

Fin mai, alors qu'une nouvelle tentative d'évasion se préparait, les 1 200 prisonniers politiques d'Eysses furent livrés aux SS et déportés à Dachau et à Buchenwald d'où beaucoup ne revinrent pas.

Le comité militaire des F. T. P. de la zone Sud est installé à Lyon [1]. La ville est le théâtre de grandes opérations des Allemands et de la Milice. Darnand s'y rend à plusieurs reprises.

Le 18 mars, des miliciens conduits par Darnand, mitraillette au poing, surprennent et capturent douze maquisards dont deux femmes dans des fermes, près d'Ecully et du fort de Vancia. Les prisonniers sont conduits salle de l'Alcazar, montée du Chemin-Neuf à Lyon. Ils y demeurent quarante-huit heures. Enchaînés, ils sont interrogés et frappés par des policiers et des miliciens. L'un des hommes est tué d'une rafale de mitraillette, « accidentellement ».

Les procès-verbaux des interrogatoires sont remis par les policiers au chef Georges-Louis Marionnet, l'un des adjoints de Darnand. Celui-ci, après en avoir pris connaissance, exige que l'interrogatoire soit repris et qu'il se borne à trois questions auxquelles chaque accusé devra répondre par oui ou par non :

— Etiez-vous à Vancia?
— Des coups de feu ont-ils été échangés?
— Avez-vous tiré?

---

e ur dit : « Vous aussi, vous devez trouver dur ce que l'on vou., fait faire. Nous sommes de bons Français. Nous mourons pour la France et pour la délivrer des Boches » (...).

« Comme on va leur bander les yeux, ils protestent et déclarent qu'ils veulent mourir en bons Français, la tête haute. On n'en tient pas compte. On les encapuchonne tandis qu'ils chantent à pleine voix et sans trembler :

La République nous appelle
sachons vaincre, sachons mourir
un Français doit vivre pour elle
pour elle, un Français doit mourir. »

1. Il était composé de Puyo, Jomard, du commandant Guimpel et du commandant Jacquot délégué du comité militaire de la zone Nord.

Après le nouvel interrogatoire, les deux femmes sont invitées à procéder à la toilette sommaire des neuf hommes, toujours entravés, dont les visages sont tuméfiés et couverts de sang. Puis les hommes sont conduits en camion au fort de la Duchère. Ils y comparaissent devant une cour martiale que préside Marionnet. Tous sont condamnés à mort et passés par les armes.

Au total, à ma connaissance, environ 200 personnes furent traduites devant les cours martiales miliciennes et exécutées.

A partir de janvier 1944, les prisons et camps, déjà bien garnis en 1943, regorgent. La Milice en crée d'autres : le camp des Tourelles à Paris, le camp du Petit Séminaire à Limoges, le bateau *France* à Annecy, après, les Glières.

Table des matières

Paul Murray Kendall
LOUIS XI
L'intelligence
au pouvoir

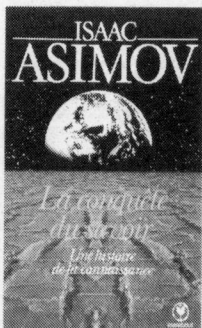

ISAAC
ASIMOV
La conquête du savoir
Une histoire
de la connaissance

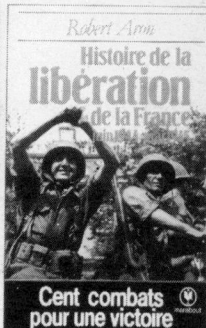

Robert Aron
Histoire de la
libération
de la France
Cent combats
pour une victoire

Edith Hamilton
la
mythologie

René Nelli
Les Cathares

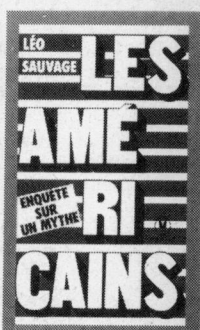

LÉO
SAUVAGE
LES AMÉRICAINS
ENQUÊTE SUR UN MYTHE

François
Mitterrand
POLITIQUE
Un document
pour l'Histoire

Inès Murat
COLBERT
Portrait d'un
grand argentier

Georges Bordonove
Les Templiers
Histoire et tragédie

marabout université ⚉

Les grandes disciplines du Savoir

Anthologies

Biographies

Histoire

Sciences

Sciences Humaines

Sexologie et psychologie

(voir aussi à Marabout Service : Psychologie, Education et Sexualité)

Dictionnaires

Encyclopédies

Achevé d'imprimer sur les presses de **Scorpion**,
à Verviers pour le compte des nouvelles éditions **Marabout**.
D. janvier 1985/0099/2
ISBN 2-501-00622-4